U0517047

河北省社会科学基金项目资助
华北理工大学学术著作出版基金资助

京津冀生态经济效率综合测度及协同提升研究

郑祖婷　郑亚男　李从欣　著

中国财经出版传媒集团

经济科学出版社
Economic Science Press

图书在版编目（CIP）数据

京津冀生态经济效率综合测度及协同提升研究/郑祖婷，郑亚男，李从欣著. —北京：经济科学出版社，2019.5
ISBN 978 - 7 - 5218 - 0540 - 6

Ⅰ. ①京… Ⅱ. ①郑…②郑…③李… Ⅲ. ①生态经济 - 区域经济发展 - 研究 - 华北地区 Ⅳ. ①F127.2

中国版本图书馆 CIP 数据核字（2019）第 089714 号

责任编辑：黄双蓉
责任校对：王肖楠
责任印制：邱　天

京津冀生态经济效率综合测度及协同提升研究

郑祖婷　郑亚男　李从欣　著

经济科学出版社出版、发行　新华书店经销
社址：北京市海淀区阜成路甲 28 号　邮编：100142
总编部电话：010 - 88191217　发行部电话：010 - 88191522
网址：www. esp. com. cn
电子邮件：esp@ esp. com. cn
天猫网店：经济科学出版社旗舰店
网址：http：//jjkxcbs. tmall. com
固安华明印业有限公司印装
710×1000　16 开　17 印张　260000 字
2019 年 5 月第 1 版　2019 年 5 月第 1 次印刷
ISBN 978 - 7 - 5218 - 0540 - 6　定价：49.00 元
（图书出现印装问题，本社负责调换。电话：010 - 88191510）
（版权所有　侵权必究　打击盗版　举报热线：010 - 88191661
QQ：2242791300　营销中心电话：010 - 88191537
电子邮箱：dbts@ esp. com. cn）

前　言

　　经济的飞速发展为人类社会带来了空前的繁荣，也对自然环境造成了严重的破坏，大气污染严重，能源面临枯竭，水土资源被过度消耗……，诸多环境问题接踵而来，经济社会的发展与生态环境保护之间的矛盾日益突出。为实现资源、环境、经济和社会的协调发展，应坚持生态文明，实行可持续发展战略。要推进可持续发展、提高"绿色GDP"，需要一个良好的衡量指标。生态经济效率广义上来说是产出与投入的比值，该指标能够有效衡量经济与生态发展的效率，既可以在经济效益与环境效益之间找到平衡点，将两者有效连接起来，也可以将微观、中观、宏观三个层面的因素综合考虑，其强调经济发展要在可持续发展框架下，建设生态文明，以生态有效的方式满足人们的需要。

　　京津冀经济快速发展，成为中国北方经济发展的重要增长极。但同时也应看到，该地区生态环境保护工作还做得远远不够，是我国大气污染最重的区域之一。重工业是京津冀地区尤其是河北省经济的核心，对污染严重的厂矿企业采取简单的关停措施并不能解决根本问题，既不能因抓生态环境而放弃经济发展、忽略国计民生，也不能因促进经济发展而忽略生态环境的保护，因此寻求经济与生态的协调发展，对京津冀地区来说尤为重要。

　　本书共分7章，总体结构如下：

第1章：绪论。主要介绍本书的研究背景和意义、研究目标和思路、采用的研究方法和主要框架，指出随着经济的飞速发展，人类赖以生存的生态环境遭到破坏并日益恶化。应该在发展经济的同时注重保护环境，保障生态安全。生态效率搭建了经济效益和环境效益二者间联系的桥梁，从经济盈余视角衡量环境绩效，强调提高经济效益的同时确保环境利益同步增长。京津冀地区是国家着力打造的经济增长极，是国家经济发展的重要引擎，近年来经济发展迅速，但环境污染问题非常严重，寻求经济与生态的协调发展，对京津冀地区来说具有重要意义。京津冀地区应重视生态经济效率的测度及提升。

第2章：理论基础。本章主要介绍了循环经济理论、承载力理论、生态经济理论、生态经济效率理论、系统动力学理论等重要理论，并简单回顾了相关的文献。循环经济理论、承载力理论、生态经济理论是研究生态经济效率的基础，系统动力学是研究生态经济效率评价因素的重要研究方法。循环经济理论主要从理论产生与发展、内涵、基本原则、特征、生态学基础等方面进行介绍；承载力理论分别介绍了资源承载力、环境承载力和生态承载力等；生态经济理论主要从产生、内涵、构成及特性等方面进行介绍；生态经济效率理论主要介绍了内涵、评价方法等内容；系统动力学理论主要介绍了研究内容和研究方法。

第3章：京津冀生态经济发展分析。本章分别分析了京津冀经济的发展状况，指出该区域经济运行上升趋势明显，河北省的国内生产总值（GDP）最高但人均最低，天津GDP增长率最高。在生态发展方面，该区域的土地资源没有受到严重破坏，但保护仍不到位；煤炭消耗降低、电力消耗增加，其中，北京地区大规模使用天然气对改善环境起到积极的作用；北京、天津工业污染治理和废水废气治理方面取得了良好效果，河北省应该加大对于环境治理的投入。

京津冀在生态经济协调发展方面成果比较明显，但矛盾仍比较突出，存在经济差距较大、产业协作缺乏、水土资源保护不到位、废气污染严重等问题。

第4章：基于系统动力学的京津冀生态经济作用机理。本章从系统动力学的角度，将京津冀生态与经济看成一个统一的复杂系统，全面对其内部各种要素进行深入剖析，研究生态与经济系统之间的互动关系。本章将京津冀生态经济系统划分为生态环境和社会经济两个子系统，分析过程中的重点是组成要素之间的相互关系或相互作用。首先通过因果关系反馈图对京津冀生态与经济子系统作用机理进行了定性描述；其次，在厘清因果关系的基础上，绘制生态环境子系统和社会经济子系统的流量图，对两个子系统之间的关系进行量化分析；最后进行系统仿真模拟，针对模拟结果对京津冀生态经济系统效率的影响因素进行辨识，并提出对策建议。

第5章：京津冀生态经济效率横向测度。本章借鉴国内外生态经济评价的经验，基于城市综合承载力理论，构建生态经济系统综合评价指标体系，通过主成分分析提取经济社会综合指数，基于熵值法对京津冀2011～2016年生态经济效率进行评价，评价结果显示，六年中京、津、冀三省市生态经济效率整体呈上升趋势，北京地区生态经济效率最高，远高于天津和河北；天津生态经济效率略高于河北；河北的生态经济效率虽然最低，但六年来发展比较平稳，且一直呈现上升的态势。构建我国生态经济效率评价指标体系，基于数据包络分析方法（DEA）对全国31省、市、自治区2012～2016年生态经济效率进行评价，对京津冀生态经济效率进行全国定位，评价结果显示，全国31省、市、自治区的生态经济效率排名中，北京排名第3位，天津排名第21位，河北排名第30位，生态经济效率的均值低于全国平均值；与东部、中部、西部地区相比，北京生态经济效率排名靠前，天津、河北排名基本在最后，京津冀区域生态经济效率均值低于东部、中部、西部地区的均值；与长江三角洲、珠江三角洲经济带相比，在三大经济区生态经济效率省市排名中北京排名第3位，天津、河北排名基本上排在最后，京津冀生态经济效率均值低于珠江三角洲和长江三角洲。

第6章：京津冀生态经济效率纵向测度。本章基于复合生态系统理论计算京津冀生态经济耦合协同度，对京津冀生态经济效率做纵向测度。分析生态经济协同耦合机理，构建指标体系评价生态环境和社会经济两大系统的综合发展水平，运用复合系统动态耦合度量模型测算两系统的耦合协调度，分析其动态变化，研究结果表明京津冀两系统耦合协调度逐年走高，呈良好的发展态势，但耦合协调发展并不稳定，两系统的耦合协调发展面临着比较严峻的挑战，仍需相关部门采取有效的政策措施促进两者协调发展。

第7章：京津冀生态经济效率协同提升的机制及对策。本章从宏观、中观、微观三个层面四个角度提出机制和对策，一是确立生态经济协调发展目标，构建包括多元主体机制、信息资源共享平台、生态和经济利益共享机制、生态治理监督机制、生态治理的绩效考核、责任追究机制等要素在内的京津冀区域生态治理网络；二是促进创新主体合作，打造京津冀创新生态系统，构建创新生态系统协同创新的合作机制；三是厘清合作利益主体关系，构建京津冀生态产业链，建设京津冀生态产业链合作利益主体共生耦合机制；四是加强企业生态设计管理，提高企业生态经济效率。

本书一是形成了较为完整的理论体系，在系统阐述生态经济效率理论的基础上，研究生态与经济的作用机理、生态经济横纵向评价的理论构成体系、生态经济提升的宏微观机制；二是完成了一定范围的实证研究，以京津冀区域为实证研究对象，定量分析京津冀以及全国的生态经济效率、京津冀生态经济两大系统的耦合协调度；通过对京津冀的企业和政府部门的工作人员发放问卷获得一手数据，研究京津冀产业生态共生的宏微观动力，提出京津冀生态经济效率提升的对策建议；三是具有较强可读性，有理论、有实证，可以作为高等院校相关学科的学生、政府管理人员和生态经济效率研究者的参考读本。

生态经济效率的研究涉及循环经济、生态学、管理科学、系统动力学等多个研究领域，由于作者的水平、能力和时间有限，本书有很多不足和有待完善的地方，后续研究工作还有很多，需要不断地深入探索。本书如有不妥之处，敬请广大读者不吝指正。

郑祖婷

2018 年 12 月

目 录

CONTENTS

第 1 章

绪　　论

1.1　研究背景和意义

随着经济的飞速发展，人口激增，资源被过度消耗，不合理的生产计划对自然环境造成严重破坏，大气污染、水环境污染、全球气候变暖、土地荒漠化和沙灾、水土流失、旱灾水灾、生物多样性被破坏等环境问题迅速接踵而来，经济的进一步发展和生态环境之间矛盾日益突出。人们开始反思以往的发展方式，总结经验教训，改变生产方式，追求资源、环境、人口和经济的协调发展，由此提出可持续发展思想。随后国家提出"可持续发展战略"，其核心思想是：经济发展、保护资源和保护生态环境协调一致；健康的经济发展应建立在生态可持续能力提升、社会公正和人民生活质量提高的基础上。

从党的十六大到十九大，生态文明思想逐渐完善，党的十六大将提升可持续发展能力、改善生态环境、推动人与自然和谐发展作为全面建设小康社会的目标，不断进行产业结构调整，转变经济增长方式，通过改革社会经济评价体系，如将"绿色 GDP"纳入考核体系并结合生态补偿机制，进行生态文明建设。党的十七大首次提出"建设生态文明，基本形成节约能源资源、保护生态环境的产业结构、增长方式及消费模式"，将资源节约型、环境友好型的生态文明建设纳入可持续发展范畴，并出台相关政策法规，以期系统地提高资源利用率，在有限的物质资源上产出尽可能高的回报，从而缓解污染情况，保护生态文明。党的十八大强调要大力发展循环经济，鼓励资源的重复利用，重视资源节约。党的十九大指出要形成节约资源和保护环境的空间格局、产业结构、生产方式、生活方式，推进绿色发展。

要推进绿色发展，提高"绿色GDP"需要一个良好的衡量指标，由此提出了生态经济效率，其是产出与投入的比值，强调的是在可持续发展框架下，建设生态文明，以生态有效的方式满足人的需要。因此，经济社会发展实现"两型社会"的关键在于提高生态经济效率。一方面，生态经济效率可以在经济效益与环境效益之间找到平衡点，将两者有效连接起来，实现同步发展；另一方面，生态经济效率贯穿经济、环境发展微观、中观、宏观三个层面，能够综合考察环境与经济的协同发展。

随着京津冀协同发展战略的提出，三地经济实现快速发展，成为新的经济增长极，与此同时环境也受到严重污染，中国环保部发布的公报指出，2014年全国重点区域和74个城市中，空气最差十城中京津冀占据八席；2015年北京市空气质量综合指数在74个城市中位列倒数第11，衡水、保定等城市达标天数比例不足50%；2016年京津冀区域同比有所改善，但仍是我国大气污染最重的区域；2017年全国重点区域和74个城市中，空气最差十城中仍有京津冀六座城市。河北省以资源型经济为主，重点发展重工业，针对污染严重的企业除了关停外，更重要的是鼓励企业进行转型。不能抓生态环境就放弃经济发展、忽略国计民生，也不能促进经济发展就忽略生态环境的保护，因此寻求经济与生态的协调发展，对京津冀地区来说已迫在眉睫。

推进京津冀协同发展，必须推动经济向绿色转型，使绿色成为京津冀协同发展的底色。因此，从经济学的角度，运用经济学相关理论研究生态与经济和谐发展的效率问题，以京津冀为实证研究对象，提高生态效率对于京津冀大协同发展至关重要。针对生态经济效率国内外学者开展了大量、翔实的研究，在概念界定、指标选取、模型分析、研究方法方面拥有大量的研究成果，为本研究提供了宝贵的经验和借鉴。但是目前国内外的研究成果，从地域上看对京津冀地区以及全国 31 省区市生态经济效率的研究很少；从研究内容上看，大多集中在对某一地域一定时间内生态经济效率的评价，缺乏横向、纵向评价的比较，涉及更深层次生态经济协调度的测算以及跨区域协同提升的研究很少。

近年来全球气候变暖、我国大部分地区雾霾严重，国内外学者越发关注生态与经济协调发展的问题，生态经济效率的研究成为学术热点。纵观国内外学者的近期研究成果，不难发现学者们更为关注复杂、深奥的模型方法，侧重工具的研究更甚于侧重对生态经济效率本身的研究。本研究从时间、空间角度拓宽对生态经济效率的测度，研究横向评价和纵向的协调度，研究区域评价和全局评价的关系，对增加生态经济效率研究的宽度和广度具有一定的理论意义。

本研究通过对整个区域生态经济效率的现状评价，找到区域生态与经济协调发展中存在的问题和解决方法。以京津冀地区为实证研究对象，力求找到京津冀地区当前生态经济协调发展存在的问题，找到京津冀地区在生态安全红线以内实现经济快速发展的方式方法，有针对性地提出相应的运行机制和对策，对京津冀地区实现快速、可持续发展具有一定的现实意义。

1.2 研究目标和思路

本研究理论上以生态经济学、经济效率理论等经典理论为基础，研究区域生态经济效率横纵向测评。实践中以京津冀地区为主要研究对象，通过对京津冀地区生态经济效率进行综合测度，找到解决京津冀地区生态经济协调发展的机制和对策。围绕研究目标，本书按照"理论梳理—实践调研—因素筛选—横向评价—协调度测度—问题查找—机制设定—对策研究"的步骤层层推进，展开研究，研究思路如图 1.1 所示。

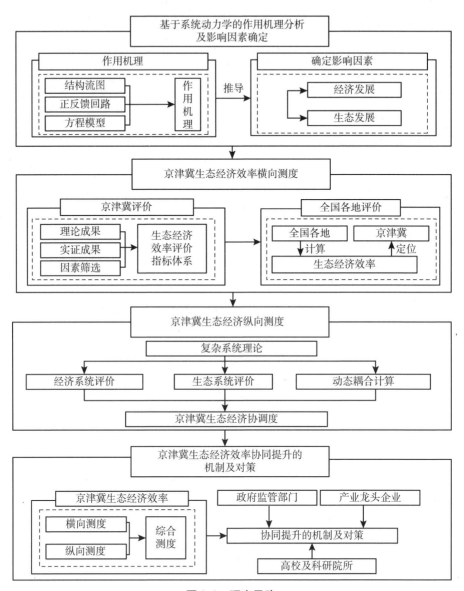

图 1.1 研究思路

1.3 研究方法和主要框架

1.3.1 研究方法

1. 理论与实践相结合的分析方法

本书对生态经济学、循环经济、经济效率理论等相关理论进行梳理研究，综合测度生态经济效率；以京津冀地区为主要研究对象，进行实践调研和效率测度，从理论与实践两个方面开展全面的生态经济效率研究。

2. 基于经济学模型的定量分析方法

本书将运用多种经济学模型定量分析方法进行生态经济效率的因素筛选、现状评价、生态经济协调度测度；构建系统动力方程模型，并借助 VENSIM 软件进行数据模拟，分析京津冀生态经济的发展趋势。

3. 实证推演法

本书以京津冀为实证研究对象，将研究的理论成果实证分析京津冀地区的生态经济效率、生态经济协调度，并结合京津冀协同发展的实际情况，提出京津冀生态经济效率协同提升的机制及对策，通过实证分析对理论成果进行反复推演。

1.3.2 主要框架

本书从理论上来说，以生态经济效率为研究对象，基于生态经济学、经济效率理论、复合系统理论对区域生态经济效率进行横纵向评价。从实践上来说，以京津冀地区为实证研究对象，有针对性地提出京津冀生态经济效率协同提升的机制及对策。具体研究框架如下：

1. 生态经济效率理论研究及京津冀生态经济发展实践评析

研究生态经济学、循环经济、经济效率理论等经典理论，梳理国内外学者对产业、地区生态经济效率评价的研究成果。对京津冀地区的生态经济发展状况进行调研，初步分析京津冀地区经济、生态两者协调发展过程中存在的问题及原因。

2. 基于系统动力学分析京津冀生态经济相互作用的机理，找出综合测度的影响因素

基于系统动力学构建京津冀经济子系统和生态子系统，分别绘制两大系统的结构流图，确定系统正反馈回路，构建系统动力方程模型，分析两大系统相互作用的机理，找出对京津冀生态经济效率进行综合评价的影响因素。

3. 京津冀生态经济效率横向测度研究

根据确定的影响因素，构建评价指标体系，对京津冀生态经济效率的现状进行评价。以全国31个省（市、自治区）为调研对象收集数据，对全国各地的生态经济效率进行评价。将京津冀的生态经济效率与全国其他地区进行比较，找准其横向定位。

4. 京津冀生态经济效率的纵向测度研究

基于复合系统理论构建经济与生态耦合度模型评价京津冀经济、生态系统的综合发展水平，运用复合系统动态耦合度量模型测算两系统的耦合协调度，分析两系统耦合协调度的动态变化，根据计算结果把握京津冀纵向生态经济效率。

5. 提出京津冀生态经济效率协同提升的机制及对策

基于对京津冀生态经济效率的横向和纵向测度结果，找到生态经济协调发展存在的问题及原因，深入探寻如何通过三地联动协同解决生态问题、经济问题，找到京津冀地区在生态安全红线以内实现经济快速发展的方式方法，并有针对性地提出相应的运行机制和对策。

第 2 章

理 论 基 础

2.1 循环经济理论

仅就"循环经济"这一概念来看，国外相关文献针对"生态经济"①"产业生态学"② 等方面的论著较多，而专门针对"循环经济"的论著相对较少，但循环经济的理论思想在很多相关理论中都有所体现，即通过循环利用的方式在经济发展过程中最大限度地减少资源的消耗和废弃物的排放，从而将对生态环境的干扰降到最低。

2.1.1 循环经济理论产生与发展

20 世纪 60 年代前后，循环经济思想逐渐在人们日益增强的环保意识中开

---

① 生态经济是指在生态系统承载能力范围内，运用生态经济学原理和系统工程方法改变生产和消费方式，挖掘一切可以利用的资源潜力，发展一些经济发达、生态高效的产业，建设体制合理、社会和谐的文化以及生态健康、景观适宜的环境。

② 产业生态学最早是 20 世纪 80 年代物理学家 Robert Frosch 等人模拟生物的新陈代谢过程和生态系统的循环时所开展的"工业代谢"研究。国际电力与电子工程研究所（IEEE）在一份名为《持续发展与产业生态学白皮书》的报告中指出："产业生态学是一门探讨产业系统、经济系统以及它们同自然系统相互关系的跨学科研究，涉及诸多学科领域，包括能源供应与利用、新材料、新技术、基础学科、经济学、法律、管理科学以及社会科学等"，是一门研究"可持续能力的科学"。

始萌芽。在这一阶段，美国在环保主义思潮的引导下开始兴起一系列环保运动。其中，"飞船理论"被视为生态经济和循环经济的理论雏形。该理论由美国经济学家博尔丁（Kenneth E. Boulding）提出，其核心思想就是说明人类在物质生产和消费过程中遵循生态循环规律对于人类的可持续发展的重要性。

1972 年，梅多斯等（Donella Meadows et al.）借助计算机模型，运用系统动力学原理，在对世界人口、资源、科技和经济增长之间的关系及未来预测进行多年研究的基础上，发表了著名的研究报告《增长的极限》。

进入 20 世纪 80 年代之后，循环经济理论和废弃物的再生与资源化理念结合起来，以减少对生态环境系统链的污染和破坏为首要目的。1987 年，世界环境与发展委员会通过历时三年多的调研，从人口、资源、物种、工业、人类居住等多个方面对人类当时的发展状况进行了分析，发表了研究报告《我们共同的未来》，明确提出了"可持续发展"理念①。

到了 90 年代，可持续发展理念迅速发展、成熟，在世界各国经济社会的运行管理中占据了日益重要的指导地位，并逐渐形成一套完整的战略思想体系。1990 年，英国环境经济学者皮尔斯和特纳运用"物质流"这一概念来分析经济活动与环境问题的关系，并在《自然资源与环境经济学》中明确提出了"循环经济"这一概念。1997 年，德国经济学家魏茨察克从制度机制的角度，提出通过建立合理的税收制度等激励机制来鼓励提高资源效率的市场行为。在这一背景下，《国际清洁生产宣言》（以下简称"宣言"）由联合国环境规划署（UNEP）于 1998 年提出。"宣言"中提出了清洁生产的理念和以"减量化、再利用、再循环"为核心的循环经济"3R"原则。这一循环经济的理念和原则逐渐成为在生产、消费等各个领域倡导的行为规范和准则。

进入 21 世纪以来，随着知识经济、大数据时代的相继到来，高科技、信息产业的迅猛发展使清洁生产、节能减排技术及相关理论研究日益深入。相关学者认识到要实现人类与生态环境的和谐发展，不仅要减少资源消耗、抑制废弃物产生和对废弃物进行循环利用，还要关注经济发展与环境保护过程中人的

---

① 根据《我们共同的未来》，可持续发展是指既满足当代人需要，又不对后代人满足其需要的能力构成危害的发展。具体而言，可持续发展的内涵包括经济、社会和环境之间的协调发展。

行为。循环经济理论围绕健全环境法律法规体系和节能减排激励机制等方面继续深入发展。纵观循环经济理论的发展历程，可以从内涵、评价体系和运行机制等方面进行归纳。

2.1.2 循环经济的内涵

"循环"一词在《现代汉语词典》中的解释是"事物周而复始地运动或变化"。在科学范式中，"循环"除了"周而复始"这一特征之外，还突出了事物的"发展"和"上升"。也就是说，"循环"不仅仅是"重复"的运动，还是螺旋式的"上升"运动，并且这种上升的运动还要以能量守恒和转化定律为基本的运动规律。物质世界的存在和发展就是由物质的永恒循环而形成的。基于循环的本质特征，循环经济就是要以可持续发展思想为指导，遵循生态学的原理和规律来重新构建人类社会经济活动。这也进一步拓展了循环概念的内涵。

1. 循环经济的定义

早在 21 世纪初期，国内外相关学者展开了对循环经济内涵的研究。"循环经济"这一中文概念来源于英文名词"Circular Economy""Recycle Economy"等。"循环经济"狭义上就是在经济运行过程中提高资源利用效率，并对产生的各种废弃物进行再利用和再循环。广义上就是将人类的社会经济活动融入自然生态的整体物质能量循环之中，研究人类如何最大限度地对资源进行合理高效地开发利用并将经济活动对自然环境的不良影响降到最低程度。

我国学者在关于"循环经济"内涵的讨论中，从不同角度对其进行了界定。

曲格平认为循环经济除了清洁生产之外还融合了废弃物的综合利用，必须以生态学规律作为社会经济活动基本指导原则，其本质可归纳为一种生态经济。简单而言，循环经济就是遵循自然生态发展规律来利用自然资源和占用环境容量，进而转变经济活动原有的方式使之生态化。可持续发展战略的顺利推行和基本目标的实现离不开循环经济的指导和保障。

段宁根据物质流动方向的特征来界定循环经济，指出循环经济是一种由资源到产品再到再生资源的物质流动过程。而传统工业经济社会的生产活动是一种由资源到产品再到废弃物的线性单向物质流动过程。这种传统经济的线性增长主要是基于对自然资源的高强度消耗，并造成了环境的严重污染和生态平衡的破坏。

王金南、俞德辉将循环经济的特征归纳为以低（零）污染、低能耗为主要环境表现的物质、能量梯次和闭路循环利用。循环经济是由生态规划与设计、资源充分综合利用、清洁生产以及绿色消费①等特征要素共同融合在一起构成的整体概念。循环经济中的社会经济活动要遵循生态学规律来进行，其根本任务除了保护自然资源、减少（避免）环境污染之外，还要求提高环境资源的利用和配置效率，从这一角度来说，循环经济的本质同样可以归结为一种生态经济。

周宏春主要从途径和目的的角度对循环经济的含义进行了总结归纳。他指出循环经济推动社会生产发展的途径是通过废弃物等物资的再生和循环利用，进而实现三个最少和一个提高的目标，即实现生产、消费过程消耗的自然资源最少，排放到自然环境中的污染物最少，对生态环境的影响和破坏最少以及提高自然资源和生态环境资源的利用效率②。

冯之浚、吴季松基于"3R"（reduce 减量化，reuse 再利用，recycle 再循环）理念，分别提出了循环经济的内涵。冯之浚指出循环经济是一种遵循自然生态系统物质能量流动规律来运行的经济模式。循环经济的原则是减量化、再利用、资源化；循环经济的目标是自然资源的高效、循环利用；循环经济的特征是能量的梯次流动和物质的闭路循环。

吴季松对循环经济的内涵进行了拓展和延伸，在"3R"理念的基础上加入了再思考（rethink）和再修复（repair）两个要素，形成了循环经济的"5R"原则。

诸大建从目标（资源高效、循环利用）、原则（3R，减量化、资源化和再

---

① 绿色消费又称可持续消费，是从满足生态需要出发，以有益健康和保护生态环境为基本内涵，符合人的健康和环境保护标准的各种消费行为和消费方式的统称。

② 周宏春：《循环经济学》，北京：中国发展出版社 2001 年版。

利用)、构成(闭合物质循环和资源循环)及模式(仿照生态系统使经济运行过程中物质和能量能够循环梯次利用的模式)四个方面来界定循环经济。

毛如柏、冯之浚基于库恩范式理论①,根据科技、经济发展的不同阶段,从经济运行机制对资源与环境问题的处理方式的角度,按"末端治理"② 和"循环经济"两种范式对经济发展进行了划分。

蔡守秋等从经济发展所遵循的规律和指导原则的角度来界定循环经济内涵,认为循环经济要以生态学的自然生态循环规律为运行规律来指导经济运行,综合了生产的清洁化、废物的再生化和消费的绿色化,循环经济具有生态经济的本质属性。

虽然不同学者对循环经济内涵的认识角度各有差异,但是通过总结分析可以发现这些循环经济概念界定的视角主要可归纳为以下几个方面:

第一类视角是从资源利用方式路径的角度来对循环经济进行界定。从这一角度对循环经济的界定强调了循环经济中对废弃物的回收和综合利用这一特点,强调通过循环利用废弃物以减少资源消耗和污染物排放,提高资源利用率,从而使经济发展实现高效、低耗、环保的目标。基于废弃物回收及循环利用,强调循环经济资源耗用、污染物排放的最少化。这类概念界定确实有其合理性,但其仅仅抓住了循环经济的一种资源利用方式和路径,其所能涵盖循环经济的内容较少,而且对于一些国家尤其是一些发展中国家来说,为了实现经济发展,很难避免带来物质流量的增加。因此,从这一角度来界定循环经济存在一定的局限性。

第二类视角是从人与自然关系的角度来对循环经济进行定义。从人与自然的关系来看,循环经济要求按照自然生态中物质和能量流动的基本规律来组织人类社会的经济活动,以求自然生态保持平衡。从这一角度来看,在传统经济的运行中,物质和能量是从资源到产品最终形成污染物排放到环境中进行单向线性流动的,不符合自然生态的物质能量流动规律,是一种高耗用、高排放、

---

① 范式概念是库恩范式理论核心,它指的是一个共同体成员所共享的信仰、价值、技术等的集合,是常规科学所赖以运作的理论基础和实践规范,是从事某一科学的研究者群体所共同遵从的世界观和行为方式。

② 末端治理是指在生产过程的末端,针对产生的污染物开发并实施有效的治理技术。

低效率的经济运行模式，最终会导致生态的失衡。与传统经济运行方式不同，循环经济是一种顺应自然生态系统物质能量运动规律，从自然生态系统的整体角度来考虑的经济发展模式，遵循从资源到产品再到再生资源流动过程，是一种低耗用、低排放、高效率的经济运行模式，能够最大限度地降低人类的经济活动对生态环境的影响。

第三类视角是从技术范式的角度来对循环经济进行界定。从这一角度定义循环经济的学者将循环经济视为一场经济发展的范式革命。他们将经济发展归纳为末端治理和循环经济两种不同的范式。纵观经济发展的历程，一度迅速发展的环境污染通过生产过程的末端治理得到了一定遏制，末端治理范式起到了其应担负的历史性作用。但是，末端治理无法从根本上扭转环境污染和资源枯竭的趋势。循环经济在这一角度的界定就是要求将经济社会系统能量与物质的"小循环"纳入自然生态的系统的"大循环"之中，遵循生态系统能量物质运动规律，合理利用自然资源和生态容量，将经济发展建立在物质循环利用的基础上，实现经济活动的生态转化。

第四类视角是从经济形态的角度来对循环经济进行定义的。从这一角度来看，循环经济被视为一种新的经济发展方式和形态。在这种新的经济形态中，生态环境被视为制约经济增长的要素，而良好的生态环境被视为一种公共物品。基于这一观点的界定，物质资源的减量化、再利用和再循环仅仅被作为循环经济中生产的目的，而循环经济的本质被归结为对社会经济生产关系的调整，从而实现可持续发展的目标。

综上所述，与高耗费、高污染的单向线性传统经济发展模式相区别，循环经济是一种在生态环境压力日益增大的背景下逐步形成的闭合循环的经济发展形式，这一闭合循环以低消耗、低污染和高效率为目标，最终实现经济社会的可持续发展。循环经济从目标、理念、运行原则、运行机制与模式到管理体系都是全新的。循环经济的核心是资源的充分、高效和循环利用；原则是3R；目的是调节资源、环境的稀缺性与经济、社会发展的无限性之间的矛盾，从而使资源短缺、生态环境污染、破坏等一系列困扰经济发展的问题得以解决，进而构建经济、社会和生态系统的良性循环和可持续发展。

2. 循环经济的基本内涵

作为一种生态经济，循环经济改变了传统工业经济的线性发展模式①，可从生态与环境经济、资源利用、物质流动以及系统发展等多个不同角度来理解其内涵。

（1）从生态与环境经济角度：循环经济中用来组织和管理社会经济活动的指导理论是生态学中生态平衡、能量与物质流动等生态系统运行的基本原理，将社会经济循环纳入自然生态的大系统循环中，构建能够维护自然环境和社会经济环境和谐平衡的经济发展模式。以低耗费、低排放、高效率为基本特征的循环经济的运行路径是通过对社会经济活动进行合理组织调控，从而形成一个从资源到产品再到再生资源的反馈式循环流程。在这一反馈式循环中，物质和能量都能够在各个流程环节得到合理充分的利用，同时将废弃物的排放及对外部环境系统的影响降到最小，从而消弭长久以来经济增长与生态环境保护之间存在的尖锐矛盾，实现经济活动向生态化发展模式转化。

（2）从资源利用角度：循环经济将人类的生产活动纳入生态系统循环之中，构建物质循环利用的经济发展模式，使得经济生产循环中的能量与物质能够得到充分高效的利用，并使得这一流程中产生的代谢废物降到最少，甚至使所有废物都能得到系统其他环境利用而实现零排放，从而提高经济发展对资源利用的效率和质量。

（3）从物质流动角度：传统工业经济中物质流动的具体环节为从资源到产品再到废弃物的物质流动，是一种线性流动过程，具有单向流动特征；而循环经济中经济活动组织流程是从资源开发、使用、回收和循环再利，其中生产过程中产生的废弃物作为再生资源又重新加入新的生产循环中去，这种反馈式物质循环流程实现了低耗费、低排放、高效率，提高了经济运行的经济效益、社会效益和环境效益。

（4）从系统发展的角度：循环经济是融合了原料供给系统、生产系统、

---

① 传统工业经济的线性发展模式是以高物耗、高污染和低效率为特征的发展模式，是一种不可持续的发展模式。

经营系统、物流运输系统、市场消费系统以及所有与经济产品全生命周期相关的所有系统共同组成生态化的链式闭环的经济发展网络系统。循环经济发展思路不仅可以体现在与经济相关的工、农、商等生产和产品消费领域，还可体现在人居环境建设、人文教育、人口流动与控制、防灾抗灾等社会管理领域，最终实现人类社会的生态和谐和可持续发展。

2.1.3 循环经济的基本原则

以资源的高效和循环利用为核心的循环经济要求在实践中组织生产，实现资源利用的过程中必须遵循生态系统的基本原理和规律。虽然循环经济在实践中的表现形式各有不同，但都是以 3R 作为基本原则的。在这一基本原则指导下，循环经济最终要通过资源消耗的减量化来实现节约自然资源减少环境污染的目的，通过产品的再利用提高资源的利用效率，通过废弃物的资源化、再循环，以最低的经济成本使经济生产对环境的影响降到最小，实现最大化的经济效益和环境效益，以及经济和生态环境的和谐发展。

循环经济 3R 原则中从减量化到再利用再到再循环这样的排列顺序，从一个角度也反映了自 20 世纪 50 年代以来人们在环境保护与经济发展之间关系问题上思考的不断深化发展的三个阶段：在这一历程的第一阶段，在日益恶化的生态环境面前，人们开始反思一直以来盲目追求经济增长而忽视其对于环境影响的单一的经济发展观，开始转变传统的只求发展不顾环境的经济发展模式，进而过渡到了循环经济萌芽的第一阶段：对生产过程的废弃物进行环保处理（末端治理）的新的经济发展模式。随后，在进行末端治理的实践过程中，人们认识到废弃物产生的根源在于资源利用的低效和不充分，环境污染实质上是另一种形式的资源浪费，因此循环经济由原来单一的末端治理模式提升到第二阶段：产品和生产过程的伴生品的再利用阶段。最后，随着科学技术日新月异的飞速发展，人们对于废弃物的认识进一步升华，开始认识到废弃物的再利用仍然只是一种辅助性手段，实现经济与生态的和谐发展的最根本路径应该是从根源上减少废弃物的产生，充分利用生产过程中的所有伴生品和损失的能量，这是人类对可持续发展的又一质的飞跃。可见，3R 原则是从实践层面上对可持续发展思想核心的抽象概括，是循环经济理论能够在实际操作中运用的可行的操作规范和指导措施（如表 2.1 所示）。

表 2.1   3R 原则

3R 原则	适应对象	目的
减量化	循环的输入端	减少物质和能量在生产和消费流程中的耗用
再利用	循环的过程方法路径	延长产品和服务的使用寿命，尽可能重复或以多种方式对产品加以利用，提高作为产品形态的资源利用效率
再循环	循环的输出端	将生产过程未能利用的以及生产过程产生的伴生品再次作为资源进入新的循环以减少废弃物排放

1. 减量化原则

减量化是指在经济活动中实现资源的最低消耗和废弃物的最低排放，不断使资源得到高效利用。减量化原则要求在经济生产循环的输入端就注意资源利用的节约和高效，从源头上减少对环境的影响。在进入生产过程中之后，一方面从产品设计角度，提倡产品的实用性、耐用性和可回收性，提倡产品小型、轻型化，以及包装的减量、环保化；另一方面从产品生产流程角度，要通过技术的改造和更新，采用清洁高效的生产工艺尽量减少对原材料和能源的使用，并尽量避免生产单位产品过程中废弃物的产生。

例如，惠普公司在推出新型打印机时，要求其设计满足在保持原有型号打印机核心功能不变甚至更优的前提下，要比原型号打印机在质量和尺寸上都进行减缩，从而从产品设计阶段就减少对资源的需要量和产生废弃物的可能性。目前，不论在生产还是生活环节中固体废弃物的很大比重都是由包装垃圾带来的。依据可持续发展和循环经济的基本思想，必须避免产品的过度包装和豪华包装，在产品包装设计时力求减量化、简洁化和环保化，从而在产品的使用环节提高包装物的可回收性，并减少废弃物的产生。例如，美国产品的包装曾经由于过于简单而受到欧洲市场的冷遇，而随着可持续发展思想和循环经济理念的日益深入人心，美国的包装风格成为减量化、环境友好化的设计典范而备受欧洲市场推崇。

减量化原则不仅适用于生产环节，它对消费过程也同样适用。消费的减量化原则要求人们改变盲目追求奢侈和享乐至上的消费观，由过度消费转变为适度的绿色消费，鼓励人们选择积极、健康、环境友好的高质量的生活方式，包括节约用水、用电，减少生活垃圾和厨余垃圾，选择包装简单、可循环使用的实用产品进行消费等。人们消费方式的改变不仅影响消费环节资源的减量化，还会通过市场机制对生产环节产生直接影响，推动企业生产环境友好的产品，更高效地利用资源、更努力地减少生产和产品对环境的污染。

2. 再利用原则

再利用是指为了延长产品的使用寿命，避免产品过早地进入回收环节，使产品能够满足重复循环使用，或能够通过修复、翻新后再次使用，以延长产品的生命周期，从而节约生产这些产品所需要的各种资源投入。这一原则一方面要求合理避免一次性用品的过度生产和使用，对于不可避免使用的一次性产品、包装物等也要通过回收使其重新回归到经济循环。但对于一次性产品还是耐用产品的选择要从产品的全生命周期之中进行考察，与一次性产品相比，耐用产品一般会耗用更多资源和能源，回收处理可能也需要更多人力和物力成本。

再利用原则不仅指产品整体的重复使用，或修复后的再次使用，它还意味着构成产品的零部件的标准化、通用化、可替换性和可拆解性。在一个可持续发展的社会里，在经济循环中作为生产环节的主要参与者，厂商要在不消耗更多资源和能源、不造成环境影响的前提下保证按标准化原则生产产品零部件，并保证零部件能够满足拆装、修理和替换，能够实现不同厂商生产的同类产品实现零件/附属设备的通用性，从而防止产品由于某元件或附属装置的损坏或丢失而导致整个产品提前结束其使用寿命。如对于更新速度很快的电脑、手机、电视机或其他电子类的产品，可提倡设计成模块化组合集成型产品，一旦更新换代，只需对产品中关键部件进行更新即可，而不必报废整个产品，这实际上就实现了产品的可持续利用，减少了资源的浪费和废弃物的产生，是再利用原则的另一种体现形式。

与减量化原则相同，再利用原则不仅对生产环节进行规范，对消费过程同样起到指导作用。根据再利用原则，消费者对于自己选购的产品一旦出现故障或某些部件需要更新，更应考虑的是进行产品修理或局部更新，而不是频繁报废产品。而且，消费者还可以将自己不再需要的、可继续使用的物品重新流入市场系统或捐赠给非营利机构或平台以供该产品潜在的需求者能够利用更小的时间、经济和资源成本获得该产品的使用价值。

3. 再循环原则

再循环是指将产品从资源开采、生产、使用到废弃的这一生命周期进行再次延续。产品生产、使用过程中产生的伴生废弃物和产品使用寿命结束后形成的废弃物通过加工或通过与其他产品生产的原材料相匹配，最大限度地开发它们新的利用价值，使其重新变为资源进入新的生命周期和循环过程。这一过程既能够减少生态环境中原生资源的损耗，又可以减少生产、使用、运输和消费等行为产生废弃物对环境带来的影响，同时减轻对废弃物的处置压力。

再循环一般可分为原级再循环和次级再循环两种形式。其中，原级再循环，顾名思义，就是废弃物被用来作为原料生产相同属性类型的新产品，如废旧报纸、废旧纸箱等废弃纸质包装用来生产再生报纸和纸质包装，废弃塑料瓶用来生产再生塑料器皿等。而次级再循环，即废弃物被用来作为原料再生产其他与其自身属性类型完全不同的产品。根据目前的科学技术水平，原级再循环在新产品形成过程中可以减少原生材料 20% ~ 90% 的使用量，而次级再循环在新产品形成过程中能够减少原生物质的使用量在 25% 左右。可见，原级再循环目前是循环经济和可持续发展所提倡的理想形式。

再循环原则对于生产者来说，它的重要任务和核心要求就是要解决产品生产、原材料使用过程中产生的伴生废弃物和产品使用寿命结束后形成的废弃物的处理问题。遵循这一循环经济的指导原则，一件产品在设计之初不但要对产品的生产工序、外观、性能、预计寿命等与产品使用相关的特性进行设计，更为关键的是要考虑产品使用寿命结束后报废产品的处理。例如，德国为了便于废旧纸箱的打浆再生，制定法规禁止企业在产品的包装纸箱上喷涂使用聚乙烯材料。又如，惠普公司通过产品使用说明或官网等不同途径对惠普打印机的循环利用进行了声明，惠普打印机的产品设计使其产品在使用寿命结束后能够满足拆卸组装的要求，只要用户按照有关操作或产品说明就能够通过简单操作处理达到循环使用的目的。

随着经济和科技的飞速发展以及对可持续发展理念认识的不断深入，学术界又陆续对 3R 原则进行了发展，在减量化、再循环、再利用的基础上增加了再组织、再修复、再思考等，从而提出了 4R、5R、6R 原则。这些原则一般是针对某些特定领域或特定层次（如管理层面、某些行业领域等）而提出的更加细化、更具针对性的原则，它们对于特定层次或领域是具有合理性的，但 3R 原则更具有一般意义，更具有基础性和普遍性。

循环经济 3R 原则所包含的三个指导要素的重要性并非是并列的，它是按照"减量化—再利用—再循环"这一优先顺序排列的。与传统经济发展的末端治理模式不同，循环经济理论更加注重从源头上控制经济行为以减少消耗、降低污染。从这个意义上说，从源头上减少资源消耗、避免对生态环境造成影响和破坏是循环经济的优先目标。

因此，循环经济首先要求企业在生产活动中从输入环节就开始按照减量化的原则开展经济行为，尽可能减少自然资源的耗费和废弃物的产生。其次，再利用原则对源头上难以削减又能够再利用的生产废弃物和经过消费者使用后的报废物、包装废物等尽最大限度加以利用，延长它们的生命周期，使其重新回到经济循环中去。只有在当前的最高技术水平下所有可能的途径都不能实现对废弃物的循环利用时，才允许将最终废物进行末端无害化处理。

循环经济三原则的排列顺序反映了人类对于经济增长与环境保护的问题上的思想历程。当人类认识到以破坏环境为代价的经济增长模式的严重后果之后，开始转变原有的经济发展方式，抛弃了传统的只破坏不治理的经济方式，进入到末端治理阶段，在对待环境和经济发展的认识水平上迈近了一步。随着经济和科技水平的飞速发展，人们进一步认识到生产中的排放物和使用结束后的旧产品实际上也是一种尚待开发的资源，可以重新循环利用。这样，经济的末端治理模式又向前迈进一步，开始进入再利用和再循环阶段。

循环经济理论发展至今，人们对可持续发展观的认识不断深入和成熟，已经开始认识到，对废弃物的再利用只是一种手段，要实现真正的循环经济，需要从根源上将生产、使用过程产生的和使用寿命结束后能够利用的物质均作为循环系统中的资源而非废弃物。只有根据不同发展层次和领域的特点，综合应用 3R 原则，才能实现节能、减排和高效的可持续发展目标。

　　总之，3R 原则的实质就是在保证对生态环境的影响最小的前提下，用最低的原料和能量投入使合理的生产或消费需要得到充分满足。这一原则要求经济活动的组织者和参与者从源头上就注意使资源和能量都能在经济不断的循环中得到最充分、最合理的利用，使经济活动对自然环境的影响降到最小。从这一角度来看，循环经济是一种先进的经济发展模式，是人类顺应自然规律，有助于保持自然生态系统良性循环，从而实现人与自然和谐共存，社会发展、经济发展和环境保护"三赢"的一种可行路径。

2.1.4　循环经济的基本特征

　　循环经济作为一种符合可持续发展观的经济发展新模式，具有其自身一些特征，主要体现在以下几个方面。

　　1. 新的系统观

　　循环经济理论所探讨的是由人、资本、技术、自然资源、生态环境等要素共同构成的复合系统。循环经济中的"循环"可以视为物质、能量、资本、技术、人力等在这一复合系统中的流动和变化。循环经济理论最核心的特征之一就是改变了将人类社会系统与自然生态系统割裂的传统的思维定式，而是将社会经济系统纳入地球的自然生态系统这一大系统中处理和解决经济发展过程中的问题。这就要求在生产和消费时不再置身于自然生态系统之外，而是按照地球生态圈发展的客观规律将经济社会作为生态环境系统的一部分来组织人类活动。不论是"退耕还林""退牧还草"还是"退养还滩""退垦还海"都是依据这一原则将人类的小系统融入地球生态大系统思考问题的具体体现。

　　2. 新的经济观

　　在传统工业经济运行过程中，更强调的是资本和劳动力的循环，而对于自然资源和生态环境的思考和理解是静态的和孤立的。与传统工业经济模式不同，循环经济模式遵循在自然生态规律的基础上组织经济生产活动，局部生产过程中运用的化学、机械、材料、工程等自然科学原理不足以从宏观上构建与生态系统相融合的循环经济体系。基于此，在循环经济系统中不仅要考虑经济成本、人力成本、技术成本、社会成本，还要考虑资源成本、环境成本、生态成本和代际成本。一旦经济活动超出了资源和生态环境的承载能力，在这个囊括了人类社会系统的地球生态系统中，原有的平衡必然会被打破，物质和能量循环必然会出现断裂或混乱，这些影响生态平衡的负效应不断叠加、恶性循环，最终会造成生态系统退化，生态系统的退化反过头来会对人类的生产和生活造成负面冲击。因此，只有在生态承载力之内开展经济循环才能称为良性循环，才能保证生态系统的健康发展。

3. 新的价值观

传统工业经济将经济过程划分成不同的"区间"，有原材料生产区间、运输仓储区间、生产区间、消费使用区间、废弃物处理区间等。自然环境仅仅作为一种被动的"取料场"或"排放地"，未将其视为参与经济循环的因素，也未考虑除物质资源之外自然环境系统能够对经济发展带来的影响和价值。而循环经济在组织经济活动时，不仅将自然环境提供的资源作为经济循环的重要因素，还认识到人类生产、生活等活动所处的外部自然环境是一切存在的基础，也是参与经济循环的最重要的要素之一，对人类社会的发展起到了决定性制约作用。一个良性的、健康的、有活力的生态系统对人类的生存、经济的发展、科学文化的进步都具有重要的意义和价值。因此，在考虑人自身发展以及科学技术发展时，要从一个自然界成员而不是征服者的角度来审视经济活动要如何开展，不仅要考虑科学技术对自然界的探索和开发力量，还要重视科学技术对生态系统的修复能力，促进人与自然和谐共生和健康发展。

4. 新的生产观

传统工业经济的生产观念追求的核心目标是创造最多的社会财富，获取最大的利润。这一目标就决定了传统工业经济中的参与者盲目追求自身利益的最大化，这一点在经典经济学的"理性人假设"中被很好地反映出来。基于这一基础的"均衡"，仅仅是市场的均衡、人类经济活动的物质的局部均衡。这种均衡完全忽略了自然环境因素对人类行为和生产发展带来的影响。

循环经济的生产观遵循减量化、再使用和再循环的 3R 原则。在 3R 原则指导下的循环经济生产观要求在生态环境承载能力基础上展开人类生产活动，并将其纳入整个自然生态系统运行过程中去组织和调控。首先，在生产的投入端要尽可能地节约自然资源，提高自然资源的利用效率；其次，延长产品的生命周期，拓展产品的使用场合，使单位产品能够最大限度实现其使用价值并创造最大的良性社会财富；最后，将经济活动放置于一个全生命周期考察，抛弃原有的"废弃物"概念，而将所有经济活动产生的产品和伴生品均视为待利用的资源，实现资源的再循环和无害化排放。同时，循环经济观还要求在生产中尽可能地用知识投入来替代物质投入，通过科学技术的支持尽可能利用可再生资源，如太阳能、潮汐能、风能等，使生产更为充分合理地在顺应自然生态循环的前提下运行和发展，从而实现经济、社会、文化与自然生态的和谐统一。

5. 新的消费观

循环经济观要求走出传统经济"消费至上"的误区，提倡适度消费、绿色消费。因此，循环经济观要求通过教育引导、税收刺激和法律法规等多种手段，使消费者形成环保健康的消费观念，在消费的同时不但要考虑产品本身的质量和功能，还要考虑产品生产过程是否对环境造成了不可修复的影响和破坏，更要考虑在产品使用寿命结束后废旧产品能否进行循环利用或进行环境无害化处置问题。同时，政府应逐步限制废旧处置成本很高的一次性产品的生产与消费，尤其以不可再生资源为原料的一次性产品更应加快立法加以限制和禁止，如餐馆的一次性餐具、难以自然降解的一次性塑料包装等。

2.1.5 循环经济的生态学基础

生态学是循环经济最重要的理论基础和支撑。循环经济的核心是将人类的经济活动纳入自然环境系统中，构建节能、高效、环保的经济发展模式。而传统生态学研究生物与其所处的外部环境之间的相互关系，揭示的生态系统规律可以归纳为适应环境规律、各因素相互协调规律、物质循环和再生规律、发展进化规律等。循环经济将生态学理论应用于分析经济系统与生态环境系统之间的关系。只有深入理解生态学的基本原理和生态系统的基本规律才能对循环经济的精神实质进行更好地把握，才能够更好地推行循环经济的理念和方法模式。

1. 整体协同的动态平衡原理

自然环境中广泛存在着氧气、水、光和其他生命体所需的营养物质，生物要生存就必须从环境中摄取这些物质与能量，同时在新陈代谢的过程中不断释放气体、排泄废物……直到生命结束后遗体经过分解回归自然。在生物体的生命周期内，生物体和环境形成了一个整体系统，在这一系统中二者是相互影响的，而且形成了一种相互适应与协调的动态平衡。从这个角度看，生物和环境共同构成一个整体，生物既是环境的影响者又是环境的受益者。人类作为地球中众多生物体之一，必然遵循生物体和环境之间的相互关系与发展规律，人类的生存、活动以及不断进化与发展既依赖于自然环境，又对自然环境产生影响。一旦人类活动对自然生态平衡造成了破坏，那么人类必将受到自然的惩罚，这是反映人与自然相互作用的典型例证。马克思、恩格斯曾经告诫人们："我们统治自然界，决不像征服者统治异族人那样，决不是像站在自然界之外的人似的，相反地，我们连同我们的肉、血和头脑都是属于自然界和存在于自然之中的；我们对自然界的全部统治力量，就在于我们比其他一切生物强，能够认识和正确运用自然规律。"

2. 生态阈值原理

生态系统具有自我调节和修复的能力，但这种自我修复能力只能在一定范围内发挥作用。一旦生态系统受到的影响或干扰过大，超出了生态系统自我修复能力范围，那么生态系统原有的平衡就会遭到破坏，而这个临界限度就被称为"生态阈值"。生态阈值受到环境质量、生物种群数量及其相互联系等多种因素制约。生态系统的自我修复能力可以在生态阈值范围内起作用，使生态系统能够承受一定程度的外界冲击，并通过不断的自我调节恢复到原有稳定状态。当外界干扰超过生态阈值，生态系统在外部冲击超过生态阈值的情况下是不能自我修复到原初状态的，这种情况被称为"生态失调"。生态系统的成熟度决定着生态阈值的大小。生态系统越成熟，系统中的种群组成越多，系统的营养结构就越复杂，进而系统的稳定性就越强，越是稳定的系统越能承受和抵抗外界压力和冲击，即阈值越高；相反一个单一的人工物质生产系统，由于缺乏多样性及稳定性，因此阈值就会比较低。

在复合生态系统逐渐进化的过程中，系统中各要素之间以反馈信息（以下简称"反馈"）为纽带相互联系在一起。反馈在生态系统形成自我调控能力的过程中发挥着重要作用，根据其对系统的作用可以分为正反馈和负反馈两种类型。在生态系统中，所有生物体都是在某些限制因子的负反馈的制约下和某些利导因子的正反馈的促进下不断发展变化的。在一个自组织稳定的生态系统中，正反馈机制和负反馈机制是相互平衡的。其中，系统中的正反馈为系统的进化提供动力，但正反馈会由于涨落因素的放大给系统带来不稳定因素，这些不稳定因素又可通过某些负反馈的抑制作用进行消解，使系统在新的平衡状态中保持稳定。通过这种反馈机制，并根据环境的变化进行不断地自我调节和自我适应，系统的进化发展才能得以实现。因此，正、负反馈环中利导因子和限制因子的位置、动向和刺激强度在复合生态系统的调控中需要重点关注。正、负反馈的调节机制在社会和经济系统的发展过程中同样值得重视。

3. 共生共存的协调发展原理

共生是一种在自然生态系统中普遍的生物现象。共生关系可以从狭义和广义两个角度进行理解。狭义上的共生关系是指，不同物种在共同生存中结成的无害的，且对各方有利（互利共生）或一方有利（偏利共生）的联系；广义上的共生关系是指，在稳定的、良性发展的生态系统中各种生物之间形成的有机的、紧密的、互不可分的关系，不仅包括对各方无害的互利或偏利关系，还包括可能对一方有损害的关系。从这个意义上讲，在地球的生态环境系统中人类只是众多共生体系中的一员。

1984 年，中国生态学家马世骏开拓性地以人类为主体视角思考生态环境问题，提出了"社会—经济—自然复合生态系统（SENCE）"的概念。"社会—经济—自然复合生态系统"是一种复合系统，由人类主导的社会、经济系统和自然生态系统在特定环境空间内通过协同作用而形成。这一概念将生物体之间共存、共生和协调发展形成的自然系统进一步扩大，使生态系统的范围扩展到包括社会系统、经济系统和自然系统在内的复合系统。在这一复合生态系统中，生态环境、资源、人口、经济与社会诸要素之间普遍存在着共生关系。

近年来，随着对生态环境和经济社会发展认识的深入，产业生态学从理论和实践上不断探索在产业体系内部建立不同产业流程或同一产业链内部的横向或纵向共生结构，尽可能实现物质的闭环循环。这就需要为产业系统打通内部物质的循环路径，为每一个节点企业找到资源的提供者和排泄物的分解者，构建共生链和共生网从而形成产业共生体系，实现节约、高效和环保"三赢"。目前，产业共生体系最重要、最典型的形式就是生态产业园区。其中尤以丹麦的卡伦堡生态工业园为最成功的代表①。

4. 循环再生原理

生态学的基本原理之一就是物质的循环、再生原理。自然不断演进的基础依赖于物质在生态系统中周而复始的循环和能量的往复传递。

在人类对地球造成巨大影响之前，自然生态系统结构是稳定的、平衡的，其功能是完备的、良性的。地球生态系统自然进化形成了包括生产者、消费者、分解者在内的完整结构，可以保证物质循环以及能量流与信息路径的完整和通畅，系统能够根据外部变化进行有效的自我修复和调控，生物圈处于一种健康发展的状态。随着人类改造世界能力的日益提高，生态系统原有的平衡状态被打破，由此产生的一系列负反馈效应对非生物环境、生物环境、甚至人类社会环境都产生了冲击。因此，消弭经济发展与环境保护之间的矛盾，实现可持续发展的真正解决方法只能是从大生态系统的视角，依据自然界能量传递、物质循环和再生规律，对传统工业经济社会下的复合生态系统的结构与功能重

---

① 丹麦卡伦堡工业园区是目前世界上工业生态系统运行最为典型的代表。园区的主体企业是电厂、炼油厂、制药厂和石膏板生产厂。

新进行耦合，这是一项人类无法逃避的庞大而复杂的系统工程。

依据循环再生原理的基本思想①，人类在开展经济活动的过程中，应提高能量与物质在经济系统循环中的利用效率、延长各种原材料和产品的生命周期，从而减轻对自然环境中不可再生资源的依赖程度，同时给可再生资源充分的时间和空间加以恢复，将对原有生态平衡的破坏降到最低，实现可持续发展。例如，在进行城市或区域建设的规划阶段，规划人员为了提高废水的处理和循环利用效率，在设计地下管网时应该将居民区的生活用水管网与工业区的工业废水管网分开，由各自独立的管道系统输送到不同的废水处理终端分别进行净化处理，处理后的中水根据不同水质级别和需要加以循环利用，净化过程中由废水产生的有机物可以再加工成有机肥输入农业系统加以利用。而对于自然降水应通过雨水收集系统科学地对自然降水进行收集，并通过独立的管网系统进行输送以供园林绿化和农业生产使用，这样就可以很大程度上降低相关生产部门对陆地淡水资源的消耗和依赖，减轻污水处理压力。

5. 农业生态循环系统

发达国家将农业资源与生态环境的改善放在第一位，在农业生产中注重生态原则，提倡自然循环型农业发展模式，把资源的可持续利用与环境保护结合在一起。因此，我国要解决农业资源的枯竭和生态环境的严重破坏等问题，就要从生态系统理论以及生态经济学的角度出发，一方面，我们要合理、有效地利用自然资源，构建一个自我供给功能不断增强的农业生态经济系统；另一方面，要通过农业外部合理的经济和科技投入，优化系统功能，从而实现生态与经济的协调发展，实现农业的可持续发展。

按照这一观点，我们提出我国农业循环经济的发展模式——"四维立体集中化"发展模式（如图 2.1 所示）。"四维"是农业资源子系统、农业环境子系统、农业生物子系统和人文科技子系统，将这四个子系统集中化，共同构成农业发展的生态循环系统。

---

① 循环再生原理是指，在生态系统中，生物借助能量的不停流动，一方面不断地从自然界摄取物质并合成新的物质；另一方面又随时分解为原来的简单物质，重新被系统吸收利用，进行着不停顿的物质循环，即所谓"再生"。

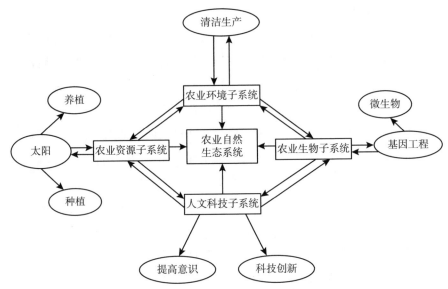

图2.1 "四维立体集中化"农业生态经济系统

　　农业资源子系统是"四维立体集中化"循环经济发展模式的基础，该子系统充分利用太阳能光热能源和各种可再生资源，从根本上减少对环境的污染，保护农业作物、微生物等农业生物，为其他三个子系统打造资源基础；农业环境子系统是"四维立体集中化"循环经济发展模式的根本目标，是农业循环经济发展的前提条件，一切农业经济的发展前提是对环境少污染甚至无污染，达到经济与环境的和谐共生；农业生物子系统是"四维立体集中化"循环经济发展模式的有力保障，新兴的微生物发展技术既为农业发展提供了新的可再生能源，又能有效地保护环境，是农业生物与科技相结合的产物，是农业循环经济发展的加速器；人文科技子系统是"四维立体集中化"循环经济发展模式的有利条件，为资源、环境、生物子系统的良好运行提供智力支持和科技保障，以该子系统为依托，依赖先进的科学技术，可以更有效地开发新的可再生资源，减少环境污染，深入发展基因工程，促进农业自然生态系统的良好运行。

2.2　承载力理论

2.2.1　承载力的概念

承载力（carrying capacity）是一个起源于古希腊的概念，在生态学中一般被定义为"某一生境所能支持的某一物种的最大数量"，它所包含的极限思想与"公地"及其潜在的过度利用联系在一起，最早出现于亚里士多德的一些著作中。通常人们所了解的"承载力"一词是力学中的一个物理量，指物体在不产生破坏时所能承受的最大负荷，具有力的量纲，其量值可以通过力学试验和通过力学理论或经验公式计算得到。现已演变为对区域系统活动的限制程度或承受阈值进行描述的最常用概念之一。

18 世纪末期马尔萨斯（Malthus）的《人口原理》和《政治经济学原理》中阐述了资源无论是在物理数量上的有限还是在经济上的稀缺，都是必然存在的，而且是绝对的。其包含了承载力概念内涵，对人口学、经济学和生态学研究产生了深远的影响，19 世纪末期承载力概念在这些领域得到较多的应用。19 世纪后半叶至 20 世纪初，承载力概念开始被逐渐应用于畜牧场管理中，如美国农业部在 1906 年年鉴中就使用了承载力这一概念。随后，承载力概念应用的有效性被动物学家所认同。野生动物研究人员将承载力概念引入并成功应用到对野生动物的管理实践中。

1921 年，生态学者也将承载力转引到人类生态学科领域内，帕克（Park）和伯吉斯（Burgess）就在《人类生态学》杂志上应用了承载力概念，提出了生态承载力的概念，即"某一特定环境条件下，某种个体存在数量的最高极限"。并认为可根据某一地区的食物资源来确定该地区的人口容纳量。这一应用引发了人们对资源承载力的思考，推动了对土地承载力的研究。1922 年，海德文（Hadwen）等在美国农业部报告阿拉斯加（Alaska）驯鹿状况时，在其公报中也使用了承载力的概念，以解释在阿拉斯加引入驯鹿后对种群产生的生态效应和某种生物个体在特定条件下的生存数量极限。1953 年，奥德姆

（Odum）在其著名的《生态学基础》中，对承载力概念与对数增长方程，尤其是对式中的常数 k 表述，使承载力概念有了较精确和清晰的数学表达形式[①]。20 世纪 60 年代，美国学者卡逊（R. Carson）在《寂静的春天》中，警示了人类活动对生态环境的影响，引起各界的关注[②]。

20 世纪 70 年代初，罗马俱乐部发表了梅多等（Meadows et al.）所著研究报告《增长的极限》中对世界工业化和城市化发展所做的估计和 1970 年教科文组织（UNESCO）的第 16 次会议决定发起 MAB 计划，从生态学角度研究了城市系统的生态与城市极限承载问题。里卡多（Ricado）等学者提出资源相对稀缺论的理论观点。20 世纪 70 年代后期和 80 年代初期，联合国粮农组织（FAO）和教科文组织先后组织了承载力的大型研究，提出了一些承载力定义和量化方法。

20 世纪 80 年代初，联合国教科文组织提出了"资源承载力"的概念，即"一个国家或地区的资源承载力是指在可以预见到的期间内，利用本地能源及其自然资源和智力、技术等条件，在保证符合其社会文化准则的物质生活水平条件下，该国家或地区能持续供养的人口数量。"80 年代，可持续发展概念和思想提出和发展，承载力被认为是它的内在的主要组成部分，其在与可持续发展理论相结合的研究中得以迅速发展。诺贝尔获奖者阿罗（Arrow）[③] 与其他国际知名的经济学和生态学家在 1995 年的《科学》上合作发表了《经济增长、承载力与环境》一文，在各国政界和学术界引起了广泛的共鸣，引发承载力研究的热潮。瑞吉博曼（Rijiberman）等用水资源承载力作为城市水资源安全保障的衡量标准；乔纳森（Jonathan）等从供水角度对城市水资源承载力进行相关研究，并将其纳入城市发展规划当中；安妮（Anne）等从农业生产角度研究了农业生产区域的农业水资源承载力。

如今，随着承载力概念在人口、生态、自然资源管理及环境规划和管理等

---

① Eugene P. Odum, Gary W. Barrett. Fundamentals of Ecology [M]. America: Cengage Learning, 1980.

② 蕾切尔·卡逊:《寂静的春天》，吉林：吉林人民出版社1997年版。

③ 肯尼斯·约瑟夫·阿罗（Kenneth J. Arrow, 1921 年 8 月 23 日~2017 年 2 月 21 日），美国经济学家，于1972年因在一般均衡理论方面的突出贡献与约翰·希克斯共同荣获诺贝尔经济学奖。

领域得到广泛应用，并在经济和社会的各个领域得以延伸，产生了大量从不同角度注入新的内涵与特性的名称不同的承载力概念，并提出了许多可量化的模型。尽管承载力至今没有被广泛认同的概念，但其内涵思想与应用价值，通过其适用性、直观性、形象性始终在国内外不同领域被广泛应用。

概括而言，承载力是一个与资源禀赋、技术手段、社会选择和价值观念等密切相关的、具有相对极限内涵和伦理特征的概念，它本质上是不固定的、非静态的，是非单一关系。保持生态系统功能的完整性以及把人类的活动控制在生态系统承载能力范围之内，是实现系统和区域可持续发展的首要和基本条件。而承载力强调的是人类活动不能超出特定生态系统所能承受的范围，其本质在于给人类可持续发展确定一个长期的合理的"度"。

总体上，承载力的应用可分为生物学和生态学、应用生态学、人口生态学三大方面；从研究方法上，又可分为特殊实证承载力（Specific empirical carrying capacity）、一般实证承载力（General empirical carrying capacity）和理论承载力（Theoretical carrying capacity）三类。从目前承载力事例应用上看，主要被应用于自然资源或环境对人口以及区域经济的承载力、特定区域对社会和经济的支持能力、旅游承载力等，还被应用于娱乐和交通规划、考古学和人类学等领域。

2.2.2 资源承载力

1. 水资源承载力

水资源承载力和水环境承载力是承载力概念与水资源和水环境领域的自然结合。目前有关研究主要集中在我国，国外专门的研究较少，一般仅在可持续发展文献中简单地涉及。北美湖泊协会曾对湖泊承载力进行定义；美国的 URS 公司[①]对佛罗里达 Keys 流域的承载能力进行了研究，内容包括承载力的概念、

---

① 美国 URS 是一家国际顶级的环境及工程咨询、设计和项目管理公司，连续数年在美国 500 强工程设计公司中排行首位，为全球性的客户群体提供环保、健康、安全、工程设计、建设项目管理等服务。

研究方法和模型量化手段等方面。法尔肯马克（Falkenmark）等学者的一些研究也涉及水资源的承载限度。水资源承载力的定义有多种表述，其概念是随水问题的日益突出由我国学者在 20 世纪 80 年代末提出的。如惠阳河认为水资源承载力可理解为某一区域的水资源条件在自然—人工二元模式影响下，以可预见的技术、经济、社会发展水平及水资源的动态变化为依据，以可持续发展为原则，以维护生态良性循环发展为条件，经过合理优化配置，对该地区社会、经济发展所能提供的最大支撑能力。该定义充分考虑了人类活动的影响对水资源系统的干预和水文循环过程的影响作用，并强调了动态发展的观念。刘昌明、何希吾将水资源承载力定义为一个流域、一个地区、一个国家，在不同阶段的社会经济和技术条件下，在水资源合理开发利用的前提下，当地水资源能够维系和支撑的人口、经济和环境规模总量。这一定义将环境规模和社会经济发展规模一并纳入水资源承载力的范畴，从理论上而言是正确的，然而对环境规模进行界定和度量却较为困难。施雅风等认为水资源承载力是指某一区域的水资源，在一定社会历史和科学技术发展阶段，在不破坏社会和生态系统时，最大可承载的工业、农业、城市规模和人口的能力，是一个随社会、经济、科学技术发展而变化的综合指标。许友鹏认为水资源承载力是指在一定的技术经济水平和社会生产条件下，水资源最大可供给工农业生产、人民生活和生态环境保护等用水的能力，是水资源最大开发容量。在这个容量下水资源可以自然循环和更新，并不断被人们所利用，造福于人类，同时不会造成环境恶化。王颖等学者对长江三角洲水循环与水环境的承载力、特点与发展变化的趋势性做出量值分析。龙腾锐等将水资源承载力定义为，在一定的时期和技术水平下，当水管理和社会经济达到优化时，区域水生态系统自身所能承载的最大可持续人均综合效用水平或最大可持续发展水平。

此外，刘昌明、杨志峰、汪恕诚、夏军、冯尚友、叶文虎、郭怀成、崔凤军、傅湘等许多学者计算某地区未来水资源可供应量，再根据该地区社会经济发展的战略目标来预测需水量，然后通过供需平衡分析，确定该地区的水资源承载力。但上述定义尚未将可以集蓄利用的雨水资源、土壤有效水资源和生态环境需水纳入水资源承载力研究中。

2. 土地资源承载力

在各种自然资源承载能力研究中，对土地资源承载能力研究开始早、规模大。早在 1921 年，由于人地矛盾加剧，帕克（Park R. F.）等就提出了土地承载能力的概念，随后美国的阿朗. 康克林（Allan Conklin）等分别对土地资源承载力进行了研究。1978 年联合国粮农组织发起了"发展中世界土地的潜在人口支持能力研究"。20 世纪 80 年代初开展的资源承载容量的研究，是一项将人口、资源、环境的相互作用引入发展规划的探索性成果。中国的土地承载力研究兴起于 20 世纪 80 年代后期，1986 年我国也开始了题为"中国土地资源生产力及人口承载量"的研究，历时 5 年完成（1986～1990 年），从土地、粮食（食物）与人口相互关系的角度出发，回答了我国不同时期的食物生产力及其可供养人口规模，并提出了提高土地承载力、缓解我国人地矛盾的主要措施。研究者认为土地资源承载能力通常是指：一个区域在一定的农业技术条件下，土地用于食物生产所能供养的人口数量；或在一定生产条件下，土地资源生产力所能承载一定生活水平下的人口限度。此后有关土地资源承载力的各类论著和研究报告数量甚多，居各类承载力研究之首。根据环境因子潜力结构和植被潜力结构估算土地生产潜力，大多围绕土地粮食产量进行研究。

3. 资源承载力研究中存在的问题

资源承载力研究针对人类社会发展过程中出现的各种资源问题从人地关系角度提出了具有指导意义的解决方法，为区域人口规划及适度人口计算提供了一定科学依据。研究的承载对象从生物种群过渡到人口，从供需平衡角度探讨人口与资源的关系，有助于在一定时期、一定地区对人口规模与资源利用方式进行适当调控。但是也存在一些问题：传统的土地资源承载力研究对土地资源的内涵理解不够全面，未考虑人类长期活动的影响；传统的资源承载力研究将所研究区域看作一个封闭系统，得出的结论有一定的片面性；在资源承载力研究中，对生活水平问题理解较片面，一般只将满足一定生活水平下的食物消费作为人口容量的衡量标准，但人口增长不只限于单纯的食物供应，尤其是随着生活水平不断提高，除衣、食、住、行外，人们将环境质量也作为一种基本的生存需求。

4. 应重视农业资源承载力的评价

我国是人口大国，农业人均资源量少，农业资源相对紧张，农业资源日益短缺将成为制约我国经济快速发展的主要因素。科学评价农业资源的综合承载能力，对于了解我国农业资源使用现状、合理利用和保护农业资源、实现农业的可持续发展具有重要的现实意义。本研究认为农业资源综合承载力是指在可预见的时期内，农业资源所能维持的社会经济活动强度和保证一定生活质量的人口数量。

农业资源主要包括农业自然资源和农业经济资源。农业自然资源主要是指土地资源、水资源、生物资源和气候资源等；农业经济资源主要是指农业技术、农业基础设施、农业劳动力数量等。农业资源综合承载力的构成在农业资源的构成上延伸开来，把承载力的概念融入进去，重点是对农业自然资源的承载力研究。所以农业资源综合承载力主要包括土地资源承载力、水资源承载力、生物资源承载力和气候资源承载力等各类承载力。

农业资源综合承载力可看作是一个由人口、资源、环境等几个子系统构成的大系统，在评价农业综合承载力水平时，要将这几个系统联系起来综合分析，考虑土地资源承载力、水资源承载力、气候资源承载力、生物资源承载力等。

2.2.3 环境承载力

环境承载力可被定义为某一环境状态和结构在不发生对人类生存发展有害变化的前提下对所能承受的人类社会作用在规模、强度和速度上的限制，是环境的基本属性和有限的自我调节能力的量度。国内学者从不同角度对环境承载力概念进行发展与应用。

"环境承载力"的概念在我国最早是在湄洲湾规划报告中被正式提出的。湄洲湾规划课题组给出了环境承载力的严格定义，明确指出环境对人类活动的支持能力是有阈值的，因此环境承载力的承载对象是人类活动。因为区域环境承载力具有客观性、变动性、可控性、可调性等特点，并且是促使环境与经济发展相互协调的中介和手段，因此认为应该把它作为区域环境规划的理论基础。在这个报告中还提出了以建立区域环境承载力指标体系为核心的定量化方法，并运用这一理论和方法，分析了湄洲湾开发区的环境承载力，比较评价了东岭、枫亭和湄洲岛三个小区的环境承载力，根据环境承载力做出了湄洲湾发展的环境规划。

随后，唐建武、叶文虎等专家撰文深入分析和探讨了环境承载力的内涵和外延。曾维华认为环境承载力是指在一定时期与一定范围内，以及一定自然环境条件下，维持环境系统结构不发生质的改变，环境功能不遭受破坏前提下，环境系统所能承受人类活动的阈值。将该理论与方法应用于湄洲湾开发区规划中，选取五种主要资源环境限制因子作为承载力分量，然后采用综合指数方法，对各小区的综合承载力进行简单排序，从而为其产业结构调整提供一定生态学依据。唐剑武、叶文虎等认为环境承载力是指在某一时期、某种环境状态下，某一区域环境对人类社会经济活动的支持能力的阈值。他们提出环境承载力量化模型及指标体系，还用环境承载量和环境承载力来综合表征环境承载力的大小。他们的研究在承载力理论上取得了具有突破性的成果，但在具体运用上又受制于对经济规模的计算，且未能提出一个综合表征环境承载量与环境承载力含义的概念。

冉圣宏提出区域环境承载力概念，并将其应用于北海市城市环境规划中。他认为区域环境承载力是指在一定的区域范围内，在维持区域环境质量不发生质的改变的条件下，区域环境系统所能承受的人类各种社会经济活动的能力，它可看作区域环境系统结构与区域社会经济活动适宜程度的一种表示。王民良将大气环境承载能力定义为，在一定标准下，某一环境单元大气所能承纳的污染物最大排放量，并测算了上海市大气污染物的环境承载能力。但对该概念的理解仅局限在大气环境对污染物的消纳能力。崔凤军等采取静态的模型研究方法，对泰山主景区的旅游环境承载力作出了系统测算，并将旅游环境承载力定义为，在某一旅游地环境的现存状态和结构组合不发生明显有害变化的前提下，在一定时期内旅游地承受的旅游活动强度。

综上所述，环境承载力的理论研究与计算方法日趋成熟，部分研究中将社会、经济和人文要素纳入承载体系中，对社会经济因素的描述明显增加，考虑到质的约束影响，计量方法仍以指标或构建指数的方法为主。由于研究目的与角度的不同，概念出现多样化，如环境容量、环境人口容量、环境承载力、环境容载力等。但承载基体与承载对象之间复杂的作用关系体现不足，对环境承载力各影响因子进行复合计算的很少。存在的主要问题为：

一是国内外学术界尚未形成一个统一公认的、严谨的、有普遍意义的城市环境承载力的定义、理论模式和研究方法，国外的承载力研究正处于研究进展阶段。

二是指标和模型需要完善。研究多数针对某一区域，实证研究不具有普遍意义，而且理论研究成果应用于实践管理的成果更少。指标体系中多为多层次、多指标罗列，缺少能反映城市经济与环境关系的指标。指标体系过于复杂，有的数据难以获取，模型多为经验性推论或人为影响因素过多，可操作性等有待完善。

2.2.4　生态承载力

生态承载力也称生态系统承载力，是从环境、资源承载力研究的基础上发展起来一种综合性的承载力研究，其内容更丰富、全面，更接近人类生态系统特点，但对其的表述和计算也更加复杂。

1. 国外生态承载力研究综述

生态承载力在国外文献中一般称为"Ecological Resilience"，含义相近的概念有"Ecological Persistence"和"Ecological Resistance"，但"Ecological Resilience"的应用最为广泛。"Ecological Resilience"是资源承载力的进一步发展，其涉及的范围不仅局限于资源，更加侧重于描述生态系统对干扰的承受能力。

吴宁（Honing）是较早提出生态承载力概念的学者，他将生态承载力定义为：是生态系统抵抗外部干扰、维持原有生态结构和生态功能以及相对稳定性的能力。

从理论上讲，生态承载力是生态系统在不改变原有稳定状态的前提下所能承受的干扰的强度，但在实践中，通过破坏某一生态系统原有的稳定状态来测定生态承载力的代价是很大的，也是不现实的。因此，从一开始，数学模型在生态承载力的研究中就占据了重要地位，分岔理论（Bifurcation Theory）[①]、随机景观模型（stochastic landscape models）[②] 等是常用的方法。

路德维格（Ludwig）等运用数学模型研究了病虫害干扰对北方针叶林生态系统的影响；沃克（Walker）对社会生态系统（social-ecological systems）的生态承载力进行了研究，提出了社会生态系统生态承载力分析的四个步骤：第一步，系统分析，分析系统的主要生态过程、生态结构和组成要素；第二步，干扰因素分析，对影响系统的各种干扰因素进行分析，确定哪些干扰因素决定了系统状态的变化；第三步，生态承载力分析，对系统的生态承载力水平进行分析；第四步，对策分析，针对承载力分析的结果，提出相应的对策。辛普森（Simpson）根据火山灰的数年数据和历史文献的记录，重建了冰岛南部地区的古环境，对公元 874 年以来该地区的人类活动和土地退化情况进行了分析，研究结果表明，公元 874~1200 年期间，过度的放牧超过了区域生态承载力，是这一地区土地退化的主要原因。

2. 国内生态承载力研究综述

王家骥是国内较早开展生态承载力研究的学者，在"黑河流域生态承载力估测"一文中，他首次明确提出了生态承载力的概念，他将生态承载力定义为：生态承载力是自然体系调节能力的客观反映。王家骥认为，地球上不同等级的自然体系均具有自我维持生态平衡的功能，然而，自然体系的这种维持能力和调节能力是有一定限度的，也就是有一个最大容载量（承载力），超过最大容载量，自然体系将失去维持平衡的能力，遭到摧残或归于毁灭。但生态系统和物理系统有所不同，物理系统有一个承受点，或叫断裂点，外力超过断裂

---

①　分岔理论或分歧理论是数学中研究一群曲线在本质或是拓扑结构上的改变。一群曲线可能是向量场内的积分曲线，也可能是一群类似微分方程的解。最早是由儒勒·昂利·庞加莱在 1885 年的论文中提出，这也是第一篇提到类似特性的数学论文，庞加莱后来也为许多不同的驻点命名而且分类。

②　随机模型也称非确定的、概率的模型，是按随机变量建立的模型。

点则稳定状态被毁坏，不再回到最初状态；而对生命系统来讲，在超过断裂点之后，系统将被新的平衡取代，由高一级别的自然体系（如绿洲）降为低一级别的自然体系（如荒漠）。这主要是因为生命系统在条件变化时自身具有可调整能力，通过繁殖、遗传变异、自然选择等可以适应这类变化，使自然体系具备恢复能力。这种观点与国外学者提出的生态系统多重稳定性的假设有相似之处。

在生态承载力的评价方法上，王家骥提出通过第一性生产力来确定系统的生态承载力。生态承载力由于受众多因素和不同时空条件制约，直接模拟计算十分困难。但是，特定生态地理区域内第一性生产者的生产能力是在一个中心位置上下波动的，而这个生产力是可以测定的。同时可与背景（或本底）数据进行比较。偏离中心位置的某一数值可视为生态承载力的阈值，这种偏离一般是由于内外干扰使某一等级自然体系变化（上升或下降）成另一等级的自然体系，如由绿洲衰退为荒漠，由荒漠改造成绿洲。因此，可以通过对自然植被净第一性生产力的估测确定该区域生态承载力的指示值，通过实测判定现状生态环境质量偏离本底数据的程度，以此作为自然体系生态承载力的指标。

高吉喜对生态承载力的基本理论和方法进行了全面探讨，他对生态承载力的定义是：生态系统的自我维持、自我调节能力，资源与环境子系统的供容能力及其可维育的社会经济活动强度和具有一定生活水平的人口数量。生态承载力由资源承载力、环境承载力和生态弹性力三个部分构成。在生态承载力的特性方面，高吉喜继承了国内外一些学者的部分观点，认为生态承载力不是固定不变的，人类可以通过相应的手段改善系统的生态承载力状况。以此为出发点，他提出了生态可持续调控的相关理论，并对生态可持续调控的原理、机制、方式、模式进行了探讨。并运用层次分析法对黑河流域的生态承载力状况进行了分析和估算。

张传国等在对绿洲系统的研究中，提出了绿洲系统"三生"承载力的概念，即绿洲系统的生态—生产—生活承载力。在一系列文章中他们对"三生"承载力的内涵、驱动因素和评价指标体系进行了深入探讨，指出绿洲生态承载力是绿洲系统承载力的基础，是指在不危害绿洲生态系统的前提下的绿洲资源与环境的承载能力和由资源和环境承载力决定的绿洲系统本身所表现出来的弹性力大小。通过资源承载力、环境承载力和生态系统的弹性力来反映。绿洲系统资源承载力的大小取决于绿洲系统中资源的丰富度、人类对资源的需求以及对资源的开发利用方式。绿洲系统环境承载力的大小取决于在一定环境标准下的环境容量。绿洲生态系统的弹性力通过弹性力限度与强度来反映，绿洲系统弹性力限度是指绿洲生态系统的缓冲与调节能力大小，而弹性强度是指绿洲系统实际或潜在的承载能力大小。绿洲系统生态承载力以人均水资源、人均耕地面积、人均自然资源综合指数、荒漠化指数、森林覆盖率、"三废"处理率等主要指标表征和衡量。

李晓文、肖笃宁等在辽河三角洲滨海湿地景观研究中对生态承载力的定义是：在无狩猎等干扰下种群与环境所达到的平衡点，并将种群密度作为生态承载力的衡量指标。在此基础上，提出了三种种群密度阈值[①]：存在密度（subsistence density）、容忍密度（tolerance density）和安全密度（security density）。根据研究目的的不同，可以将不同的密度阈值作为生态承载力的阈值。存在密度是指仅由食物资源限制的非狩猎性种群的数量，以 Logistic 模型表示则存在密度是处于饱和期的密度，此饱和期的密度即为生态承载力，由于存在密度是生态密度的极点，所以种群质量和生境状况相对较差，种群的繁殖率低；容忍密度是种群内以行为和生理机制为调节种群数量的主要机制时生境可以维持的动物数量，在 Logistic 模型中容忍密度是指处于曲线顶点处的密度，容忍密度对占区动物具有特殊意义，处于容忍密度水平之上，种群中所有动物可能都处于良好的状态，也可能存在等级性的差别，也就是说等级序位低的和那些没有占区的动物的状况最差，这些个体的生殖率及存活率较低；安全密度是在动物所需生境因子能够减轻捕食强度时，生境能够维持的动物数量，这些需求因子为隐蔽物、隐蔽物的散布形式和空间格局，假如空间是限制因子，则安全密度就是容忍密度，在安全密度之上，种群中个体间的社会不相容性可能会使一些动物离开安全生境，则这些个体被捕杀的概率也就增高了。

除此以外，李金海以丰宁县为例，对生态承载力的概念和估测方法进行了分析，研究了确定自然系统最优生态承载力的依据；王景福等以涪江流域绵阳

---

① 种群密度是指种群在单位面积或单位体积中的个体数，它是种群最基本的数量特征。

段为例，利用层次分析法①和地理信息系统②对该流域的生态弹性度、水资源承载指数、水环境承载指数和水资源承载压力度进行分级评价，在此基础上，进一步对该流域的生态承载力进行了综合评价；白艳莹等运用生态足迹法对苏锡常地区的生态承载力状况进行了分析。

3. 生态承载力研究中存在的问题

作为一个相对新颖的概念，不同的学者对生态承载力的内涵有不同的看法，在研究思路和研究方法上更是差别巨大。总体而言，国外学者研究的主要兴趣集中于自然生态系统对火灾、放牧、捕猎、砍伐、收获等小尺度干扰的反应，通过系统的生物多样性状况、食物网、食物链以及物质能量循环的定量研究在种群、群落的尺度上对生态系统的承载力状况进行分析，生物多样性变化对生态系统稳定性的影响、生态替代状态之间的转换及其触发因素、生境破碎化和物种灭绝之间的定量关系等研究领域受到的关注较多。国内学者则更多地从资源、环境的角度入手，在宏观尺度上分析社会—经济—自然复合生态系统对人类活动的反应。

纵观目前国内外生态承载力研究的现状，对生态承载力的研究大部分局限于概念、内涵的探讨，虽提出了适应生态承载力的概念化模型，但还无法通过这一模型对系统的生态承载力进行实际评价和测度。在今后的发展过程中，生态承载力有以下几个方面需要引起关注。

1. 加强承载力的综合研究

综合国内外学者对于生态承载力的研究分析可以发现，一方面，基于单个因素的承载力的研究越来越具有局限性，随着研究的不断深化，人口、环境、资源等多个因素的承载力逐渐受到学者们的广泛关注。另一方面，从实践应用

---

① 层次分析法是指将与决策总是有关的元素分解成目标、准则、方案等层次，在此基础之上进行定性和定量分析的决策方法。

② 地理信息系统（GIS）有时也称为"地学信息系统"，是一种特定的十分重要的空间信息系统。它是在计算机硬、软件系统支持下，对整个或部分地球表层（包括大气层）空间中的有关地理分布数据进行采集、储存、管理、运算、分析、显示和描述的技术系统。

上来说，对于单个要素承载力的研究已不能满足经济社会发展和资源开发的需求，只有对承载力多层次、多因素的分析才能真正揭示自然生态系统在经济、社会等多因素影响下的承载能力。因此，综合交叉性研究已经成为今后生态承载力研究的必然趋势，加强承载力的综合研究势在必行。

2. 加强承载力的动态研究

以往对于生态承载力的研究大多基于截面数据，虽然能够反映某一时期生态承载力的状况，但无法显示生态承载力的动态变化，也无法对下一阶段的生态承载力进行预测。加强对承载力的动态研究，通过构建模型对承载力进行模拟动态研究，既能揭示问题的本质，剖析承载力非线性、多元性的特征，也能提高研究的科学性和实用性。

3. 加强城市生态承载力研究

传统上对于城市承载力的研究大多关注城市生态系统的单个要素，如城市水资源、城市土地资源，将城市整体上的环境、资源、人口等因素归纳为一个生态系统进行研究的成果较少，对于城市人口、资源、环境的生态平衡的研究较少。城市生态系统承载力以前在学术界一直没有形成统一的概念，城市生态系统是否存在在学术上也存在争议，直到复合生态系统理论的出现为城市生态系统的相关研究提供了理论基础，才逐渐有学者关注城市生态系统的承载力研究，并提出概念。

4. 关注生态阈值

生态承载力研究的主要内容是自然生态系统的承受能力以及变化趋势，研究的是生态系统的某一时段的状态以及各个状态之间的转换。而生态阈值是界定和区分这些状态的基础，指标阈值能够反映生态系统的实时状态，干扰因素的阈值能够表示状态之间变换的临界值，超过临界值状态就会发生转换。由此可以看出，生态阈值是生态承载力研究的重要概念，生态阈值的确定能够科学、动态地反映生态承载力的状态，基于生态预支的承载力评价更为客观、反映实际，因此，应关注生态阈值的研究。

2.3 生态经济学理论

生态学的产生与发展一方面源于人类对地球系统本质和规律的探索，另一方面则是由于人类数量的快速增长和人类活动产生的巨大环境影响对地球生态造成的极大压力，人类迫切需要掌握地球经过数十亿年的不断演进而形成的生态系统的基本运行法则和规律，以调整人类社会、其他种群、资源以及自然环境的关系，协调经济发展、社会发展与生态平衡的矛盾，推动人类的可持续发展。

2.3.1 生态学理论的产生与发展

生态学思想早在达尔文时期就开始萌芽了，1859 年达尔文出版了其划时代的巨著《物种起源》，书中蕴含了大量生态系统思想，为生态学的产生奠定了思想基础。作为达尔文进化论的捍卫者，德国博物学家海克尔（Haeckel）于 1866 年在其著作《生物的普通形态学》中为了对动物学中未命名的分支加以识别创造了"Ökologie"一词，该词由希腊语"oikos"（居住地、家庭）和"logos"（理性的语言）构成。随后，海克尔不断对"Ökologie"一词进行丰富和扩展，将"生物"与"外部世界"联系起来。1869 年，海克尔在耶拿大学的就职演讲中提出了对生态学更为详细的阐述："生态学是指一种知识体系，它关注自然的经济学——对动物与其无机环境和有机环境的所有关系的调查"。自此，生态学发展的序幕终由海克尔拉开。

1893 年，由美国麦迪逊植物学大会提议，将"Ökologie"一词的英语形式确定为"ecology"，并自 1904 年开始在《植物学杂志》中开辟"生态学"（Ecological notes）专栏，"生态学"开始作为专门的研究分支存在于学术领域。"ecology"的汉语译文"生态学"一词是由日本东京帝国大学植物学家三好·学（Miyoshi Manabu）于 1895 年创立，并于 1935 年左右由武汉大学的张挺教授引入我国。

在海克尔提出生态学定义之后的几十年中，参与生态学相关研究的学者们一直处于"自我"界定和"自我"认识的状态，他们不断对生态学的研究领域和边界进行思考和讨论。经过不断的探索，丹麦哥本哈根的植物学家瓦宁（E. Warming）和德国波恩大学的植物学家申佩尔（A. F. W. Schimper）分别于 1895 年和 1898 年出版了《植物分布学》和《植物地理学》，这两本重要著作都从各自的角度对全球植物群落的空间分布及其与环境因素的关系进行了研究，为生态学最终确立为一门学科奠定了理论基础。

到了 20 世纪 30 年代，很多生态学著作和教科书已经开始对一些生态学的基本概念如食物链、生态位、生物量、生态系统等进行研究和阐述。

1935 年，英国的植物学家和生态学的先锋阿瑟·乔治·坦斯利（Arthur George Tansley）提出了生态系统的概念。随后，美国耶鲁大学的生态学家林德曼（Raymond Laurel Lindeman）于 1941 年发表了《一个老年湖泊内的食物链动态》（Seasonal food-cycle dynamics in a Senescent Lake）一文。这位在次年英年早逝的学者在该文中对 9 千多英亩的 Mondota 湖进行了详细的野外调查并搜集了丰富的数据，通过对食物链的能量和物质流动进行定量分析，林德曼提出了著名的生态能量转换"数量金字塔"理论（十分之一定律）[1]。至此，生态学的研究对象、研究方法和理论体系都较为完整地建立起来了，其独立的学科地位基本确立。生态学的理论主体包括对生物个体与其直接影响的小环境关系的研究以及不同层级的有机体与生态系统大环境关系的研究。生态学的研究方法由最初的定性描述，发展到模拟实验，再发展到定量分析，其研究方法不断成熟、多样化。20 世纪 60 年代，随着系统论、控制论、信息论的概念和方法的引入，生态学理论体系得到了丰富和发展，形成了系统生物学的第一个分支学科——系统生态学[2]。

———————

[1] "数量金字塔"理论，生物量从绿色植物向食草动物、食肉动物等按食物链的顺序在不同营养级上转移时，有稳定的数量级比例关系，通常后一级生物量只等于或者小于前一级生物量的1/10。而其余9/10由于呼吸、排泄、消费者采食时的选择性等被消耗掉。

[2] 系统生态学是将系统分析的方法应用于生态学所形成的一门独立的学科。研究内容包括系统测量、系统分析、系统描述、系统模拟和系统最优化。

其后，不同学派对于生态学的归属问题又有不同观点：部分博物学家将生态学视为具有定量和动态分析特点的博物学的理论科学；一些生理学者认为生态学是在全局层面探讨生命发展历程与外部环境的关系，属于普通生理学的分支；植物和动物行为学家分别把生态学理解为研究生物群落的科学和研究动物行为与环境条件关系的科学；进化论学者则从系统进化的角度把生态学理解为研究环境与生物进化关系的科学。

到了20世纪70年代前后，生态学理论随着认识的深化，又发展出现了生态系统的观点，将生物与环境的关系归纳为物质、能量、信息的流动及交换。从80年代至今，结合当前与人类生存发展紧密相关的一系列问题，生态学理论又产生了多个研究热点，如生物多样性、全球气候变化、生态系统修复与重建等。

纵观以上发展历程，可以发现，与许多自然科学一样，生态学遵循的是由定性向定量、由静态向动态、由单一向多层次研究发展的规律。从学科体系的宏观角度来看，生态学可以视为自然科学与社会科学相交叉和融合的综合学科。从方法论的角度，生态学要研究环境机制的作用就需要生理学、物理学和化学的理论、方法和技术；要进行群体调查和系统分析需要对数据进行处理，就要运用数学建模、统计原理和方法；生态学中关于生态系统代谢和自稳态等概念源自生理学；而生态学运用物质、能量和信息流的流动变化来研究生物与环境的相互作用则可以将其视为由物理学、生物学、化学、生理学、人类学、社会学、经济学以及系统科学等学科共同融合发展而构建的研究体系。

2.3.2　生态学的定义

生态学（Ecology）是一门研究生物与环境系统之间的相互关系和作用机理的科学。随着人类活动对地球生态圈影响的扩展与深化，人类与环境的关系成为日益突出且亟待解决的问题。因此近代生态学将其研究的范围从研究生物体、种群和群落与环境的关系扩大到研究包括人类社会在内的复合生态系统。生态学将当期困扰人类社会的人口、资源、环境等问题都纳入其主要研究内容之内。

　　海克尔（Haeckel）最早将生态学定义为研究生物体与外部环境之间相互关系的科学。这从广义上说明生存条件一部分是有机性质的，另一部分是无机性质的。

　　随着研究的进展和侧重点不同，又陆续地给出了很多生态学的定义，如埃尔顿（Elton）于1927年将生态学定义为与动物的社会学和经济学有关的科学自然历史。

　　阿利等（Allee et al.，1949）认为生态学所研究生物与环境之间相互影响的关系中，环境既包括物理（无机物）环境又包括生物环境，而对生物的研究则强调种群之间和种群内部的相互关系。

　　克拉克（Clarke）在1954年从广义和狭义两个方面定义了生态学。广义地说，生态学可定义为研究植物和动物种群间及其与外部环境之间的相互关系，这一研究的开展需要运用生物学、化学、生物化学、物理学及生物物理学的大部分内容；狭义地说，生态学指关于植物和动物群落的研究。

　　麦思拉（Misra）在1967年，将生态学定义为研究类型、功能和因子相互作用的科学。

　　佩特里迪斯（Petrides）于1968年认为生态学是研究生物的福利、分布、进化与环境相互作用的科学。

　　克拉克（Clark）在1973年在生态学原有的"关于生物体与物理环境之间关系"的定义的基础上加入了"生态系统"的因素，从而拓展了生态学定义的内涵。

　　史密斯（Smith）在1977年认为生态学是关于生物和生境的多学科的科学，并聚焦生态系统。

　　莱肯斯（Likens）在1992年将生态学定义为研究生物分布、生物之间的相互作用，生物与物质转换之间相互作用的科学。

　　从以上不同专家、学者对于生态学的定义中可以发现，虽然对生态学内涵的界定在核心理念上有一定重叠，但在分析角度、出发点和侧重点等具体方面还是存在一定的差异。

2.3.3 食物链

生态系统中存在着众多的生物种群，它们各自在生态系统的能量、物质及信息运动中发挥着不同的作用，扮演着不同的角色，据此可以将它们划分为三类，即生产者、消费者和分解者。绿色植物是生产者构成的主体，绿色植物的一个特性就是能够将无机物通过光合作用等转化成为自身所需营养物质，也包括一些同样能够以无机物合成有机物的化能细菌；消费者属于异养生物，指那些以其他生物或有机物为食的动物，根据食性不同，可以区分为食草动物和食肉动物两大类，当然也包括既食草又食肉的杂食动物；与绿色植物这类能够利用无机物转化合成有机物的"自养生物"不同，分解者则属于依靠有机物来维持生存的"异养生物"，包括各种真菌、细菌、某些原生动物与软体动物以及腐食动物等。生产者、消费者和分解者之间是相互依存的关系。

1927年，英国动物生态学家埃尔顿首次提出了"食物链"的概念。通俗来讲，生态系统中各种生物种群是通过"吃"与"被吃"的"食物/营养关系"使得在有机物中贮存的化学能在种间进行传导的。这种生物之间由于"食物/营养关系"而形成如同链条一样环环相扣、紧密联系的关系序列，就是生态学中的"食物链"。简言之，在生态系统内，各种生物基于食物形成的一系列关联，叫作食物链，食物链又被称为营养链。

自然界中的食物链既是一条物质流动链，又是一条能量流动链，同时也是一条信息链，由生态系统中所存在着的多条食物链通过相互连接而形成的复杂营养关系网络被称为食物网。生态系统的营养结构能够直观地通过食物网展现出来，生态系统功能的研究需要以此为基础展开。自然系统依靠食物链和食物网，实现物质循环和能量流动，维持自然系统的平衡。食物链理论指导人们模仿自然生态系统来规划产业系统，在进行产业链构建时，依据食物链理论和区域的具体情况，重新规划物质流、能量流和信息流，形成生态产业链。

2.3.4　生态系统的多样性和耐受性

生态系的多样化程度可以通过一个地区生态系统的多样性来表示。生态系统多样性包括生境、生物群落和生态过程的多样性。其中，生境是指无机环境，如土壤、气候、水文和地质条件等；生物群落特指群落的组成结构和功能；生态过程指生态系统的组成、结构和功能在时间和空间上的变化。生态系统的多样性和物种的多样性是两个不同的概念，物种多样性仅涵盖了其不同种类，而生态系统多样性涵盖的范围更广，将生物圈之内存在的各种物质和群落都包括在内，也就是在不同物理大背景中发生的各种不同的生物生态进程。生物圈是最大的生态系统，生物圈中的生态系统有森林生态系统、草原生态系统、海洋生态系统、淡水生态系统、湿地生态系统、农田和城市生态系统等。

生态系统具有一定的自我维持、修复和调节的能力，但这种能力是有限的、如果外界干扰超过这个限度，生态系统就会遭到破坏。在内力或外力作用于生态系统时，如果没有超过系统的耐受程度，系统会在自我调节下维系系统的物质流、能量流和信息流的正常流动，但是，如果外力（如人类的经济活动）超过生态系统的耐受程度时，系统就会失控，导致生态失衡，严重时会系统崩溃。

2.4　生态经济效率理论

2.4.1　生态经济效率的内涵

1992 年，世界可持续发展工商理事会（WBCSD）[①] 提出了一份代表企业

---

① 世界可持续发展工商理事会是一个与联合国联系紧密的国际组织，于 1995 年由致力于可持续发展和环境保护事业的两家国际组织——可持续发展工商理事会和世界工业环境理事会合并成立，总部位于日内瓦。

界意见的报告书《改变航向》，"生态经济效率"这一概念在该报告书中首次被正式提出。在这个报告书中对生态效率的定义是，在为人类提供其需求、提高生活品质的商品和服务的过程中，力求降低生态系统的资源强度和对生态可能造成的影响，直到二者中至少有一个能够与地球估计承载能力保持一致，并且可以实现社会和环境发展的目标。

生态经济效率是指社会生产过程中生态效益与经济效益的综合体现，即自然生产力要素与社会生产力要素的组合在生态系统与经济系统之间的能值转换及价值增值效率。人们投入一定的劳动后，所得到的既有有形经济产品、服务，也有生态环境变化所带来的无形效应。生态系统获得的经济投入越多，人们能够得到的有形产品和无形效应就越多，即生态经济效益越高，反之则越低。

生态效率是产品或服务的价值与环境影响的比率。生态效率不仅可以反映社会经济增长与环境压力之间的关系，而且可以象征社会经济与生态环境之间效益的一致性。

生态效率在不同的环境条件下，它所代表的意思也不相同。就整个社会经济大环境下的具体活动而言，其具有如下含义：第一，生态效率将企业的经济收益和环境效益相结合，企业生产者需要减少投入的资源以降低生产成本，同时生产出具有高质量的产品，其最终目标是使企业的经济和环境效益实现双赢。第二，在实现最大化企业利润的过程中，生态效率还要求公司在整个生产产品的流程周期中尽可能最低程度地影响生态环境。第三，生态效率也要求企业将可持续发展这一战略思想融入企业的企业文化中，这也体现了公司追求双赢的目标。

从更广泛的角度来看，生态效率是消耗最少的资源和造成最小的污染来实现最大的价值，也可以说生态效率是在实现社会经济不断增长的过程中使资源和材料消耗减少，其本质就是实现经济和环境的可持续发展。无论是从整个行业还是某一特定区域的视角看待生态效率，生态效率的最终需要做到的就是尽可能地使企业生产成本降低并且避免对生态环境造成污染和破坏，在此基础上再寻求产品或服务附加值的提升，以改善生态环境。

随着经济的高速发展，资源与环境的矛盾问题也日益凸显，生态效率作为一个测量经济与生态之间关系的有效工具也逐渐被大家认识和接受，相关研究机构纷纷对生态效率的内涵进行了深入研究。世界经济发展合作组织（OECD）认为：生态效率是生态资源满足人类需求的效率。欧洲环境署（EEA）认为：生态效率是以最少的自然界投入创造更多的福利。巴斯夫股份公司（BASF SE）① 认为：生态效率是通过产品生产中尽量减少能源和物质的使用以及尽量减少排放以帮助客户保护资源。国际金融组织环境投资部（EFG - IFC）认为：生态效率是通过更有效率的生产方式提高资源的可持续性。联合国贸易与发展会议（UNCTAD）认为：生态效率是增加（至少不减少）股东价值的同时，减少对环境的破坏。澳大利亚环境与遗产部（Australian Government Department of the Environment and Heritage）认为：生态效率是用更少的能源和自然资源提供更多的产品和服务。加拿大工业部（Industry Canada）认为：生态效率是一种使成本最小化和价值最大化的方法。

生态效率概念的直观表达式为：

$$生态效率 = \frac{产品或服务的价值}{环境影响}$$

本研究以 WBCSD 的定义为参考，依据承载力理论，提出生态经济效率的定义：在提供商品和服务过程中同时实现经济发展和生态保护的效率指标，是实现经济与生态和谐并存的效率。从承载力的角度考虑该指标的计算应同时考虑经济发展、环境保护、资源节约和社会发展四个方面的因素，考察在提高经济效率的同时，应减少资源、能源的消耗，增强社会保障。

2.4.2　生态效率与经济效率的区别

经济效率简单地来说就是社会团体的经济运作效率。它所表达的意思是可以在运行成本固定的前提下所得的经济利益。但是传统的经济效率是基于新古典经济学所强调的基本假设的，企业管理者关注的是利用最少的资源来获得最大的经济利益，即在维持供需平衡的同时实现企业利润最大化。

---

① 巴斯夫股份公司，是一家德国的化工企业，也是世界最大的化工厂之一。

传统的经济效率关注的是追求利润最大化。利润是企业成长的最大驱动力。它可以在满足供需平衡的基础上来获取企业的最大化利润。我们通常根据经济总产出的最终值减去经济总投入的价值来衡量企业的利润，换句话说即企业需要做的是尽可能以最小的经济资源来产生最大化经济产出。因此，传统的经济效率体现了实体产业在一定数量的经济资源下可以得到的经济产出，所以也叫作资源配置效率。

传统经济效率研究过分关注经济资源的合理配置和资源的效率。在社会不断变化和发展的过程中，如果我们盲目追求经济效益，而忽视经济生产过程中出现的种种问题，整个社会发展将会面临更加严重的问题。因此，在发展经济效益的同时，不仅要准确把握经济资源的配置，还要关注生产过程对社会环境、生态环境和人类生活的影响。而生态效率是在保护整个生态经济系统的基础上，研究自然资源、环境资源和社会资源等综合资源配置效率，以最小的资源投入和最小的生态成本，获得最大的社会和经济价值。从上述观察的角度来看，生态效率的研究视角比经济效率更广泛，更具前瞻性。

在生态效率与经济增长的关系中，生态效率是 GDP 与自然资源（能源和生态资源）的总物质消耗之比，它也是一个国家或地区绿色竞争力的重要体现。

经济增长模型研究的是影响经济增长的各个因素以及它们之间存在的联系，它是以经济理论为基础通过多重演化过程最终得出的，没有将环境资源对经济增长的影响程度考虑进去，而是将影响经济增长的因素广泛地概括为劳动力、资本投入和技术。然而，基于传统的经济模型，Cobb-douglas 生产函数[①]（以下简称 "C–D 生产函数"）结合了环境和资源变量来分析经济增长。不难看出，在生态经济系统中，环境资源对经济增长有很大影响。

C–D 生产函数为：$Y = ALaKbNc$。其中，Y 代表的是经济增长，L 代表的是投入的劳动力，N 代表的是投入的资源，a、b、c 分别是代表 L、K、N 的弹性系数。通过对 C–D 生产函数取对数后求导得出 $\delta L + \delta K + \delta N = 1$。从求导后的 C–D 生产函数可看出，劳动力效率、资本效率和生产效率的和为 1，所以

_____

① Cobb-douglas 生产函数：即柯布—道格拉斯生产函数，是以道格拉斯的名字命名的，它是在生产函数的一般形式上作出的改进，引入了技术资源这一因素，是用来预测国家和地区的工业系统或大企业的生产和分析发展生产的途径的一种经济数学模型，简称生产函数。

生态效率与劳动效率和资本效率类似,对经济增长同样具有非常明显的影响。传统的经济增长模型认为环境资源取之不尽,在使用自然资源的时候不考虑资源的有限性和稀缺性,忽视了实现生态效率的必要性。生态效率是一种涵盖可持续发展的综合理念,提高生态效率具有实现经济可持续发展的巨大潜力。也可以说,提高生态效率是实现经济增长的一种方式,体现了经济和环境的双赢。

2.4.3　生态效率的评价方法

世界各国的专家和学者针对生态效率评价方法的研究都有着自己的理解和发现,涌现了多种评价方法,例如,物质流分析法、数据包络分析法、灰色评价法、模糊综合评价法、生态足迹法、TOPSIS 法等,这些方法被众多学者所认同和应用。下面详细描述上述的生态效率评估方法的优点和缺点。

1. 物质流分析法

物质流分析(MEA)最初是由艾尔斯(Ayres)和尼斯(Knees)提出的。根据质量守恒定律,该方法是对一个国家或地区内规定的一些物质展开代谢研究得非常切实可行的方法。它显示的是在这一区域内某些元素的流动路线或者模式,可针对元素生命周期中哪些过程可能会对环境造成不必要的破坏进行评估。因为新陈代谢是与转化成最后需要的物质或者是不需要的废弃物的过程中的能源相关的一些物质产生变化的统称,所以物质流分析方法的目的是把每个相关的物质流动过程中物质的变化状况表现出来,其中也包括它们之间的联系,最终是为了想方设法节约自然资源,恢复环境,促进经济体制转变到可持续发展的道路上。物质流分析能够帮助我们充分了解对环境不利物质的流入和输出、物质流流入输出的总量以及强度。不仅如此,还可以为决策者制定环境保护的相关策略提供更可靠的参考依据和更新颖的视角。

物质流分析方法在经济系统中的应用主要是分别分析社会经济系统和自然环境系统对整个系统的物质输入和输出。虽然物质流分析法发展迅猛且已比较成熟,在可持续发展研究领域中也得到了广泛认同并应用。但是,该方法仍然存在缺陷，其主要表现如下：由于每个生态系统服务的维度不同，无法将各个生态系统的物质流输入和输出情况进行汇总，因此难以用物流分析方法对一个生态系统的综合生态系统服务进行评价；物质流分析方法得到的结果不能真实反映环境和资源外部因素产生的影响及其对经济发展和社会福利的影响。

2. 数据包络分析法

数据包络分析法（DEA）依据相对效率评价理论，由查恩斯（Charnes）和库珀（Cooper）发展而来。DEA 是选取了决策单元（DMU）的投入、产出所占的比例系数作为构建数学计量规划模型的研究变量，随后在 DEA 的生产前沿面中投影出 DMU 即决策单元，再评价出决策单元的有效性程度，就可以进行综合评价了。1978 年建立的第一个 DEA 模型——C2R 模型，以此为开端带动了相关学者深入研究 DEA 方法理论研究，至此，DEA 在各个领域中都被专家和学者广泛应用。在系统工程领域和管理科学领域，被广大学者一致推崇使用的、最有效的、最系统的分析方法就是 DEA，最主要的原因就是其不需要被任何的权重假设条件所约束，其实用性也显而易见，所以被多个领域的研究学者们用于各种问题的分析，如研究某一国家或者地区经济效率评价等。

DEA 对于使用者来说最大的优点就是赋权方法避免了主观赋权的不客观性，其抛弃了传统意义上的主观赋权，无须在事前来预计参数，运用统计学里的方法来对变量进行自动客观赋权，明显消除了主观赋权的不可信性因素的影响。DEA 在一定程度上可以减少估计误差，进一步将算法简化，更适合学者们使用。

3. 灰色评价法

灰色评价法的使用原则是信息的明确度用颜色的深浅来进行表示。其中，完全不明确的信息用黑色来表示，即黑色系统，完全明确的信息则用白色来表示，即白色系统，有一部分信息明确，又有另一部分信息不明确的用灰色来表示，即灰色系统。相较于黑色系统和白色系统，灰色系统是一种贫信息系统，在贫信息系统中，使用统计方法很难达到预期的效果，因此在那些观测数据处理比较少的项目中，人们处理贫信息系统时更多地采用了灰色系统理论。我们国家许多学者对于灰色评价法也做了很多很有建设性意义的研究。例如，邓聚龙教授提出的上述用于处理贫信息系统的灰色系统理论，这种理论主要通过已知信息来确定未知信息，使系统由黑、灰变白。其最大的优势在于对样本值没有严格的要求，不要求服从任何分布。

4. 生态足迹法

1992 年加拿大经济学家威廉·里斯（WIllian Rees）和其博士生共同研究提出了生态足迹法，这种方法是一种度量可持续发展程度的生物物理方法。研究者首先量化出生态土地面积，然后在人类需求的层面上和生态供给层面上计算出生态足迹的大小和生态承载力的大小，最后比较出前后的差值，依据这个差值研究者就可以判断出研究对象的可持续发展能力。传统的生态足迹法是一种静态分析方法，所以更多的是偏向于对生态型的分析。

5. 模糊综合评价法

模糊综合评价法是 20 世纪 60 年代，一位美国专家依据多个评价因素，基于模糊数学，利用模糊关系合成原理，研究出的可以对模糊性问题的隶属关系进行综合评价的一种方法。

模糊综合评价法的运用场景是研究者在处理一些模糊问题时，其定量信息较少，大多是定性信息。模糊综合评价法需要构建出研究问题的目标集以及相对应的评价集，构建出集群后再确定它们各自的隶属度向量。在完成目标集合评价集的构建和隶属度向量的确定后，需将每单位目标评价模糊映射得出，最后综合起来得出评价结果。该方法主要应用于不同领域中一些比较模糊的问题评价，在解决一些指标赋权的主观性问题上颇具效果，所以研究领域也十分广泛。目前大多数的生态效率评价研究中很多指标权重的赋予都是通过专家来既定的，但是这种指标赋权无法排除专家个人的主观判断，加上研究问题中的很多定性信息具有一些模糊性且都无法具体量化，为了避免上述问题对评价结果造成的影响，就可以运用模糊综合评价法。

但模糊综合评价方法也并不是万能的，也存在使用弊端。例如，由于各个因素的选取和权重赋值如果带有主观性，那么其隶属函数的确立也就存在一些难度；指标间的相关性造成重复评价信息的问题无法解决；在多个目标的评价模型中需要对每个目标单位、每个因素确立出其各自的隶属向量，这一过程较为复杂。由于以上弊端，模糊综合评价法中的模糊相关矩阵的确立值得更进一步的研究探索。

6. TOPSIS 方法

在效率评价模型中，很多评价结果是评价者根据自身的个人评价偏好得出的。所以一个问题由不同的评价者来进行评价，一旦他们的个人习惯偏好差异较大，其结果也就大相径庭，TOPSIS 方法可以很好地解决由评价者的偏好不同造成评价结果不一致的问题。

TOPSIS 方法又名理想解法，属于一种距离综合评价方法。这种评价方法为研究者研究问题提供了一种独特的研究思路和崭新的研究方法。方法存在着两个基本概念：一个是"理想解"；另一个是"负理想解"。所谓理想解是某设想的最优的解，它的各个属性值都达到各备选方案中的最好的值；而负理想解是某设想的最劣的解，它的各个属性值都达到各备选方案中的最坏的值。方案排序的规则是把各备选方案与理想解和负理想解做比较，若其中有一个方案最接近理想解，而同时又远离负理想解，则该方案是备选方案中最好的方案。TOPSIS 方法就是根据理想解原理进行综合排序，得出最优评价方案。

TOPSIS 也存在一些不足，例如，在得出理想解和负理想解时需要求出规范决策矩阵，而求规范决策矩阵很复杂，所以得出理想解和负理想解的难度也就较大。

7. 能量分析法

能量分析法是生态经济中常用的度量分析方法，它是以能量作为统一的衡量标尺，来表示整个系统中能量的流入、流出、转化等过程。由于能量在能量分析法中是表示系统中产品生产过程的唯一度量工具，所以也被经常用来反映污染排放对环境破坏的研究。目前这一方法已经在生态系统中运用得十分广泛，主要是运用于系统内能量使用效率的研究，为提高使用率政策和可持续发展提供理论基础。

能量分析法的缺点包括：第一，针对来源、性质不同的能量无法通过简单的加减法和比较法来找到出系统中能量的区别；第二，生态与经济效率的关系在能量分析法中不能够体现出来，人与自然的关系也无法体现；第三，自然能量的投入是不计入能量分析中的，那么能量分析中也就无法度量出生态效率；第四，用于能量分析法的计算公式的数据较难获取，阻碍了最后的实质性计算，实际应用起来也会产生困难；第五，能量分析中的能量是通过化学作用和废弃物的热量扩散到生态系统中的，其能量扩散的形式不同，而面对自然界中能量形式的复杂多样性，能量分析法只能大概地估计结果。

8. 价值量评价法

价值量评价法是用货币值的形式来表示生态系统服务能力的大小，人们对货币值敏感程度较高，对于区域内生态系统服务的研究中用价值量评价方法得出结果就会更加重视。这一方法不仅可将一个系统中的每个单项的服务综合起来，也可以将其他系统中的服务与这个系统进行比较。

环境与经济综合核算体系（SEEA）曾经尝试将环境纳入国民经济核算体系，其目的是为了使环境资源核算货币化与核算实物资源结合起来，传统账户中与环境有关的流量与存量项目分项列表，并对传统收入、产值指标加以环境化调整。顺利实施 SEEA 还有很多问题急需解决，例如，将环境成本核算货币化的方法需要改进和完善；这里提到的价值量代表的是人们愿意为生态服务支付的货币量，这就存在主观性；价值量评价法只考虑了环境成本，没有考虑废弃物的再循环和再利用行为。

2.5　系统动力学理论

2.5.1　系统动力学的内涵

系统动力学集控制论、信息论与决策论于一体，是一门运用定性、定量方法来研究、认识和解决自然、社会以及经济管理等系统问题的交叉性理论学科。系统动力学模型以分析信息要素之间的因果反馈关系为基础,以微分方程为分析工具,借助于计算机仿真技术,从系统内部的微观结构入手分析信息反馈系统并进行模型构建研究。

系统动力学在处理复杂系统运动规律的问题方面具有较好效果。它能够研究非线性、多主体以及时滞的系统,并能够用来分析研究系统结构功能与动态行为的内在关系,从而找出解决问题的对策。为了理解系统的行为,我们必须完全了解系统内部各要素之间的相互关系,而要素与要素之间的关系构成了系统的整体结构。系统结构通常以因果关系图和系统流图这两种形式展示出来。

2.5.2 系统动力学的主要研究内容

1. 因果关系图与存量流量图

(1) 因果关系图。

因果关系图是反映系统反馈关系的一种方式。系统动力学认为任何系统持续动态的行为都是由因果关系结构引起的,并采用因果关系图对所研究的关系进行定性描述。因果关系图可以表示出系统内部各个变量之间非线性的因果关系。系统中两个变量之间的关系是最简单的表现形式,这种关系由因果链表示,如图2.2和图2.3所示。

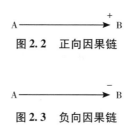

图2.2　正向因果链

图2.3　负向因果链

正向因果链表示的关系是系统中一个变量增加引起对应变量增加或者系统中一个变量减少引起对应变量减少。箭头指向表示随着原变量的改变而改变,正号则表示正向因果关系。相反地，负向因果链表示的关系是系统中一个变量增加引起对应变量减少或者系统中一个变量减少引起对应变量增加。

当由两个或两个以上因果链首尾相连构成闭合回路时就形成了因果回路，分为正向因果回路和负向因果回路。正向因果回路指回路中某一因素变化时，相互作用增强，使回路中变量的偏离能力加强（如图 2.4 所示）；负向因果回路指回路中某一因素变化时，相互作用减弱，使回路中的变量趋于稳定（如图 2.5 所示）。因果回路极性判定规则如下：

回路中包含奇数个负向因果链，则该因果回路极性为负。

回路中包含偶数个负向因果链，则该因果回路极性为正。

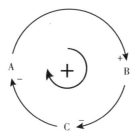

图 2.4 正向因果回路

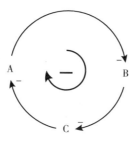

图 2.5 负向因果回路

（2）存量流量图。

因果关系图不能反映出不同类型变量之间的本质区别，因此需要存量流量图来辅助建立不同类型变量之间的关系。存量流量图能够反映系统要素间的因果关系，并且利用不同符号将不同性质变量表示出来，能够定量表示各个变量之间的关系，图中的变量主要包含状态变量、速率变量、辅助变量和常量。

2. 变量类型

（1）状态变量。

状态变量又称为水平变量，是系统的流的积累。一个水平方程相当于一个容器，它积累变化的流速率，指的是某变量在某时刻的状态。流速有输入和输出，状态变量正是输入流速与输出流速的差量的积累（如图 2.6 所示）。

图 2.6　水平变量的符号表示

在一个水平方程中，可以有一个或者几个流入速率，也可以有一个或几个流出速率。水平方程实际是积分运算，可以用微积分符号表示如下：

$$L = L_0 + \int_0^t (R_1 - R_2)\,\mathrm{d}t \qquad (2.1)$$

（2）速率变量。

速率变量描述系统中状态变量变化速率，表示水平变量变化的强度，具有瞬时性的特性，反映的是单位时间内水平变量增加或者减少的量（如图 2.7 所示）。

图 2.7　流图及其符号表示

（3）辅助变量。

辅助变量是指系统中用来促进信息传递的变量，可以描述状态变量与速率变量之间的局部结构。表函数是一种特殊的辅助变量，表函数的引入是为了描述变量与变量之间的非线性关系。

（4）常量。

常量指在一段分析时间内不随时间变化而变化的量。一般直接或间接地通过辅助变量作用于速率变量。

2.5.3　系统动力学的研究方法

运用系统动力学研究问题时，通常情况下包括以下几个步骤：

首先，系统建模的目的是通过建立系统动力学模型来研究生态环境与社会经济之间的关系，包括区域生态各个指标对经济发展的促进作用，区域生态与区域经济之间的关联以及区域经济的发展对区域生态的影响。

其次，系统边界的确定需要满足：应该将系统与其他领域区分开，根据建模的目的，明确所研究的系统边界；对于一些与所研究的问题关系不大的变量，尽量不予采用；需要保证反馈回路的完整性。

再次，建立因果关系图和流量图时，需要分析系统内部各要素之间的反馈关系，建立因果关系回路图，进行定性分析。并对系统变量间的关系进行定量分析，借助数学分析工具确定变量之间的关系式，检查单位和方程设定的准确性。在模型有效性检验中，如果发现模型的设定或关系的确定不合理，随时对模型进行调整，以期得到有效的模型关系。

最后，对整体的模型进行仿真，通过改变参数设定，反复进行试验，在不同的条件下分析系统的行为，针对不同情形进行仿真分析，提出相关领域方面的意见和建议。

建模流程如图 2.8 所示。

随着工业化和城市化的快速推进，环境污染、资源短缺问题不断影响着人们的生活水平和生活质量。如何协调经济增长与生态环境保护之间的关系成为当今社会的热点问题之一。研究如何建立一个生态与经济系统协调共生的体系，显得尤其重要并且具有十分现实的意义。近年来，相关学者针对区域经济发展与环境的交互关系运用不同的方法和视角开展了大量研究。

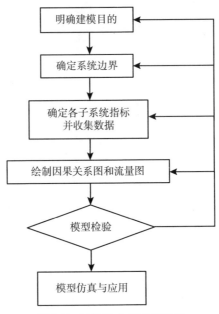

图2.8　系统动力学建模流程

1. 对生态与经济关系的研究

随着经济的快速发展，生态环境与经济发展的矛盾越来越突出，如何实现双赢的目标是众多学者一直研究的重大课题。1955 年，美国经济学家库兹涅茨（Kuznets）提出了一个著名的理论：收入不均现象与经济增长之间存在倒"U"型的曲线关系。1991 年格鲁斯曼等（Grossman et al.）在实证分析中发现，环境污染程度随着人均 GDP、人均收入的增长呈倒"U"型关系，从而提出了著名的"环境库兹涅茨曲线"。

随后，国外学者对库兹涅茨曲线进行了不同方式的验证，加里奥蒂等（Galeotti et al.）基于环境库兹涅茨曲线，使用过去二十五年来覆盖全球 100多个国家的新数据集，进一步验证了这一问题。纳拉扬等（Narayan et al.）测试了 43 个发展中国家的环境库兹涅茨曲线假设，并基于一部分国家进行实证分析，由于长期收入弹性小于短期弹性，二氧化碳排放量在长期随收入增加而下降。随着研究的深入，许多学者发现环境库兹涅茨曲线的适用性受到局限。塞佩莱等（Seppälä et al.）利用 1975 ~ 1994 年间来自美国、德国、日本、荷兰和芬兰的直接物质流数据分析了环境库兹涅茨曲线假设，检验的结果表明，在这些工业化国家之间汇总的直接物质流动的情况下，环境库兹涅茨曲线假设并不成立。珀曼（Perman）基于面板单位根和协整检验证明环境库兹涅茨曲线不存在。拉姆兰詹等（Ram Ranjan et al.）研究了当环境表现出滞后情况下的库兹涅茨曲线，格奥尔基耶夫等（Georgiev et al.）人重新评估 OECD 国家空气污染排放的环境库兹涅茨曲线，利用 30 个 OECD 国家的面板数据集，发现收入与污染之间假设的倒 "U" 型关系并不适用于所有气体。他们均在环境库兹涅茨曲线的进一步改进与修正方面取得了研究成果。

国内的学者主要从库兹涅茨曲线的验证及计量经济学的角度对经济增长和环境污染之间的关系进行研究。陈兴鹏等通过对兰州市经济发展与水污染、大气污染等的作用，发现兰州经济发展对生态环境的影响，总体上呈倒 "U" 型关系。张婷婷利用计量的方法对 2004 ~ 2013 年京津冀环境经济数据进行实证分析，发现该地区经济增长对大气污染的减少有不显著的正向作用。张瑞萍基于生态足迹理论，计算并分析了甘肃省 1995 ~ 2010 年的人均生态足迹、人均生态承载力和生态赤字。并利用平稳性检验、因果关系检验、协整检验、误差修正模型来分析生态足迹与经济增长之间的动态关系。崔瑞和等建立了我国能源-经济-环境的向量自回归模型，根据 1995 ~ 2006 年能源消费总量、GDP 和二氧化硫排放量的时间序列数据，对三者 2007 ~ 2015 年的数据进行了预测，并利用脉冲响应函数和方差分解对我国能源、经济和环境三者的动态关系进行了分析。因此，国内很多学者都基于生态与经济的代表性变量来建立指标体系，进而运用统计、计量、优化等方法对生态经济等关系进行研究，更多的情况下是通过时间序列数据来研究长期均衡，或者通过建立指标体系对两者之间的状况进行分析与评价。

2. 系统动力学对评估经济协调发展的研究

系统动力学是一种能够反映复杂系统结构和功能相互作用关系的学科，创始人为美国麻省理工学院的福瑞斯特（Forrester）教授，他于 1958 年为分析生产管理及库存管理等企业问题提出了系统仿真方法。随后，系统动力学以其动态性、系统性等独特的优势，在学术界的研究范围逐渐扩大，几乎遍及各个学科领域。其在生态经济可持续发展方面也有着不可忽视的作用。近年来关于系统动力学与生态经济研究的文献也逐渐丰富，外文文献中对于系统动力学在建筑工业等方向的研究较为完善，但在生态经济中的应用还不是很多。到目前为止，为支持将环境可持续性政策付诸实践而进行的建模尚不普遍。

费尔南德等（Ferdinand et al.）为解决在生态限度内分配资源的问题，将渔业经济作为可再生资源经济的典例，通过结合系统动力学和试验理论分布，建立了包括生态和社会经济维度的模型，探讨了部分情景和政策干预问题。

关冬杰等提出了 SD – GIS 的动态组合方法，用于模拟和评价我国重庆市的资源枯竭和环境退化问题。通过调整模型中的参数和更改某些变量的规范来设计典型的经济、资源、环境情景。最终得出，重庆目前的污水热能回收（ERE）系统不可持续，但是从长远来看，环境情景对城市 ERE 系统的可持续发展更为有效。张明胜、田慧兰在研究生态经济系统设计时引入了系统动力学，并用 DYNAMO 语言编写系统结构模型及计算方程程序，分别对石油农业、区域农业进行了仿真分析。

之后，系统动力学被陈爽、广新菊、张妍等应用到研究新疆维吾尔自治区、白洋淀景区、长春市等区域性生态经济规划的研究中，并发表在相关经济地理方向的文献中。

2000 年之后，以陈兴鹏和戴琴、阿琼、陈英姿、赵玲、王佳等为代表的学者采用系统动力学仿真方法，对资源承载能力进行模拟分析，并提出相应的对策发展，对我国的地区经济、资源与环境的协调发展提供了理论依据。

应用压力 – 状态 – 响应（PSR）模型和系统动力学模型，彭乾等构建了城市环境绩效动态评估模型，定量分析了城市环境绩效的现状和动态发展趋势，模拟了四种城市发展的情境，通过比较得出绿色发展情境最优，并对天津市可持续发展提出了相关建议。

董会忠等以山东半岛蓝色经济区为例，构建了经济 – 环境复合系统的系统动力学模型，将复合系统划分为经济、人口、资源、环境四个子系统，通过调整决策变量来进行仿真模拟，找到山东半岛蓝色经济区发展的最佳模式。乔文怡等在绿色理念的基础之上，建立了连云港港城耦合系统动力学模型，分析港城耦合过程中的环境污染、能源消费等问题，通过变换参数，进行情景模拟，最终得出以产业结构调整为主，辅以港口业减排措施的实施，可以实现港口可持续发展的结论。

总体而言，国内外学者对于用系统动力学解决生态经济问题进行了广泛而深入的研究，取得了较为丰硕的成果。但是，基于对生态和经济作用机理的研究仍需要从以下几个方面深入推进：

（1）对于生态与经济的关系研究，国外学者大多从理论方向，即库兹涅茨曲线方面的分析和拓展角度进行，通常情况下对应于单项输入或单项输出的研究，而对于生态与经济这个大系统来说，通过对各项参数的调整来分析最终对输出结果的影响显得更加重要。国内学者大多从库兹涅茨曲线验证或计量、统计角度来进行实证分析，而从系统的角度对于整个动态系统的模拟来探寻相互之间关系的文献相对较少，又因为生态系统以及经济系统是一个复杂的非线性系统并且存在大量随时间变化的因素，因此需要从一个系统的角度对各种关系进行深入分析与研究，对整个生态经济复杂系统的动态模拟进一步推进，得到的结论会更具有说服性。

（2）虽然国内外一些学者对经济环境协调可持续发展的研究较为丰富，但是现阶段，系统动力学研究的生态经济问题往往是对城市发展的某一特定方向进行分析，而将生态与经济通过系统性的分析与建模联系在一起，并分析其影响机制与内在发展规律的研究相对较少，系统动力学本身具有的研究系统和系统之间以及系统内部关系的优势在生态经济方面的问题上体现得并不明显。

本研究试图在对京津冀生态与经济互动关系分析的基础上，通过建立系统动力学模型对京津冀地区的生态经济这一大的复杂系统的内在作用机制进行分析。运用系统动力学中的因果关系图对梳理出的生态与经济二者之间存在的多种相互作用因素进行定性分析，在此基础上研究两者之间的相互作用机制，并采用系统流图定量描述生态与经济之间的发展态势。将系统动力学引入对生态环境子系统和社会经济子系统的研究中，能够清晰地反映出系统和系统之间的关系以及系统内部的关系，从一个动态、系统的角度分析京津冀生态和经济作用的机理，为京津冀生态环境的平稳发展提供决策依据。

第 3 章

京津冀生态经济发展分析

3.1 京津冀经济发展状况分析

3.1.1 京津冀基本情况概述

1. 北京市基本情况

北京市作为我国首都,是全国的政治、文化和科技创新中心。北京市地处华北平原北部,土地面积1.64万平方千米。目前,北京市的产业转型升级已经取得了重大进展。第一产业,实现了从传统的农业向现代农业的转变;第二产业,大力发展重工业,完成了城市工业化的进程;第三产业,积极建设以高端服务业为核心,科技创新为动力的国际化大都市。另外,北京作为全国的国际交往中心,吸引着众多的外国投资者,有着更多的对外交流机会。2017年北京市的常住人口为2170.7万人,人口基数大,消费市场潜力巨大。

2. 天津市基本情况

天津市地处华北平原东北部，地理位置优越，成为首批沿海开放城市。天津市与多个国家和地区通过华北、西北的出海口建立了长期的贸易关系。同时，也是我国北方最大的沿海开放城市和环渤海地区的经济中心。天津市作为中国近代工业的发祥地，第二产业发展迅速，是国内重要的重工业城市之一。天津市重工业的发展得力于其丰富的自然资源，尤其是拥有石油、煤、天然气等工业发展动力原料。

天津市的经济增长方式为粗放型，产业结构还有待调整，尤其是第三产业发展缓慢，势头不足，还没有完全实现产业的升级转型。另外，一些重工业企业和国有企业出现了经营上的困难。

3. 河北省基本情况

河北省地处华北平原北部，因内邻京津，外环渤海，成为首都经济圈的重要组成部分，拥有更加便利的经济发展条件。河北省是我国重要的粮棉产区，拥有五大经济作物，分别是油料、棉花、甜菜、烟叶、麻类，因此河北省第一产业发达。另外，河北省是国内重要的工业城市，第二产业正在迅猛发展，特别是在电气、煤炭、纺织、化工、石油等领域发展迅速。此外，河北省的第三产业凭借着发达的交通网络和电子信息等便利条件，加快了经济建设的进程。

河北省目前还是以第一产业和第二产业为主，第三产业发展缓慢，仍然依靠粗放型的经济增长模式。河北省由于是重工业城市，经济增长主要依靠重工业企业所带来的经济效益，因此能源浪费和环境污染情况日益严重，需要新的生产动力来推进经济的可持续发展。

3.1.2　京津冀经济运行总体情况

1. 北京市经济运行总体情况

2017 年，在党中央和北京市政府的坚强领导下，北京市人民认真学习贯彻党的十九大精神，全面落实中国共产党北京市第十二次人民代表大会部署，坚持"稳中求进"工作总基调，扎实有序推进各项工作，实现了经济平稳健康发展与社会和谐稳定。全年实现地区生产总值28000.4亿元，按可比价格计算，比2016年增长6.7%。其中，第一产业增加值120.5亿元，下降6.2%；第二产业增加值5310.6亿元，增长4.6%；第三产业增加值22569.3亿元，增长7.3%。三次产业构成由2016年的0.5∶19.3∶80.2调整为2017年的0.4∶19.0∶80.6。按常住人口计算，全市人均地区生产总值为12.9万元。

2. 天津市经济运行总体情况

2017年，天津市深入学习贯彻党的十九大精神，以习近平总书记对天津工作提出的"三个着力"重要要求为元为纲，坚持"稳中求进"工作总基调，推进京津冀协同发展，推动新旧动能转换，整体经济保持增长，质量效益稳步提升，转型发展成效显现，人民生活继续改善，各项社会事业蓬勃发展。全年地区生产总值18595.38亿元，按可比价格计算，比2016年增长3.6%。其中，第一产业增加值218.28亿元，增长2.0%；第二产业增加值7590.36亿元，增长1.0%；第三产业增加值10786.74亿元，增长6.0%。三次产业结构为1.2∶40.8∶58.0。人均可支配收入达到37022元。

3. 河北省经济运行总体情况

2017年，河北省全省各级各部门深入学习贯彻党的十九大精神，以习近平新时代中国特色社会主义思想为统领，坚持"稳中求进"工作总基调，实现了国民经济稳中有进、稳中向好，转型升级成效明显，新动能支撑增强，人民生活持续改善，社会事业全面发展。全年生产总值实现35964.0亿元，比2016年增长6.7%。其中，第一产业增加值3507.9亿元，增长3.9%；第二产业增加值17416.5亿元，增长3.4%；第三产业增加值15039.6亿元，增长11.3%。第一产业增加值占全省生产总值的比重为9.8%，第二产业增加值比重为48.4%，第三产业增加值比重为41.8%。全省人均地区生产总值为47985元，比上年增长6.0%。人均地区生产总值为47985元。

3.1.3　京津冀经济发展主要指标分析

1. 地区 GDP

地区 GDP 是衡量一个地区经济发展水平的关键因素，反映一个地区人民生活水平的高低。在一定时期内一个地区生产活动的最终成果是通过将各个产业增加值相加，计算出地区 GDP，以此来反映该地区经济发展的状况。

（1）北京市 GDP。通过对北京市 2008～2017 年的地区 GDP 的比较分析，可以具体分析北京市经济运行的状况，如图 3.1、图 3.2 和图 3.3 所示。

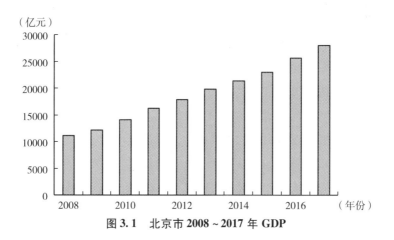

图 3.1　北京市 2008～2017 年 GDP

图 3.2　北京市 2008～2017 年 GDP 增速

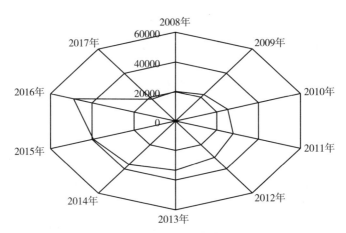

图3.3　北京市2008～2017年人均GDP（元）

从图3.1、图3.2、图3.3中可以看出，北京市2008～2017年GDP、GDP增长率以及人均GDP的发展状况与特征：北京市的GDP表现为较大幅度的上升趋势，2017年的GDP是2008年的3倍之多，10年来北京的经济得到了迅猛发展；2008～2010年，北京市的GDP增长率一直呈上升的状态，而2010年，GDP的增长率表现为明显的下降趋势，增长速率大幅度减缓。2011～2017年，北京市的GDP增长率波动并不明显，并且呈持续下降的趋势，尤其是在近3年中，GDP的增长率变化比较缓慢，这与当前的经济政策和形势密不可分；北京市的人均GDP最高的一年是2016年，是2008年的2倍之多。从2008～2016年，北京市的人均GDP也一直呈现上升的状态，每年都在稳步增长，而2017年却出现了大幅度下降，一方面可能因为北京市的GDP增速缓慢，另一方面是由于二胎政策导致人口的急速增加。总体来看，北京市的GDP表现良好，经济增长势头有待加强。

（2）天津市GDP。

通过对天津市2008～2017年地区GDP的比较分析，可以具体分析天津经济运行的状况，如图3.4、图3.5、图3.6所示。

从图3.4、图3.5、图3.6中可以看出，天津市2008～2017年GDP、GDP增长率以及人均GDP的发展状况与特征：天津市的GDP表现为较大幅度的上升状态，2017年的GDP是2008年的近4倍，说明10年来天津的经济得到了较好的发展。2008～2010年,天津市的GDP增长速率整体呈现一个上升的趋势,表现出稳中求进的态势。但是从2010～2013年,GDP增速表现为急速地下降,GDP的增长速度越来越缓慢,甚至为负增长。2014年,天津市的GDP又实现迅猛的增长,比2013年增长了近10%,之后,GDP增速开始下降,尤其是2017年,GDP增速将近下跌了6个百分点;天津市的人均GDP最低的是2011年,最高的是2017年,相差了1倍多。天津市人均GDP变化不大,是稳步增长的状态。虽然2017年的GDP增速下降明显,但人均GDP却未受到明显影响。总体来说,天津市的经济发展潜力巨大。

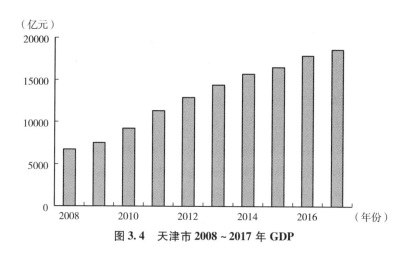

图 3.4　天津市 2008～2017 年 GDP

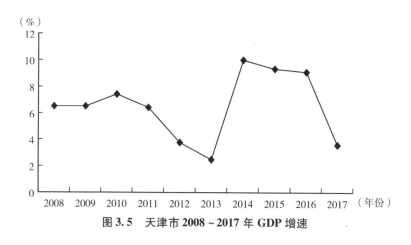

图 3.5　天津市 2008～2017 年 GDP 增速

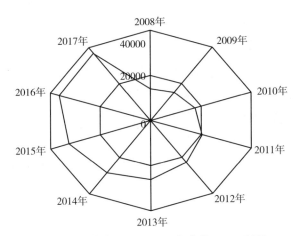

图 3.6 天津市 2008～2017 年人均 GDP（元）

（3）河北省 GDP。

通过对河北省 2008～2017 年的地区 GDP 的比较分析，可以具体分析河北省经济运行的状况，如图 3.7、图 3.8、图 3.9 所示。

从图 3.7、图 3.8、图 3.9 中可以看出河北省 2008～2017 年 GDP、GDP 增长率以及人均 GDP 的发展状况与特征：河北省 GDP 表现为缓慢增长的状态，2017 年的 GDP 是 2008 年 2 倍多，总体发展水平相对较好；河北省的 GDP 增速在 2008 年和 2011 年这两个年份没有发生明显变化，一直保持稳定。2009 年

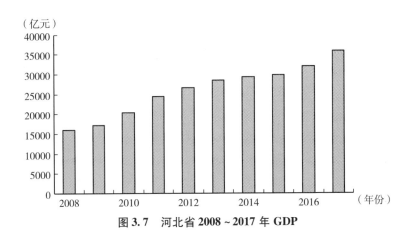

图 3.7 河北省 2008～2017 年 GDP

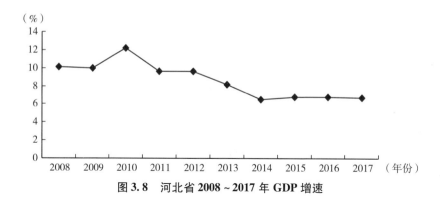

图3.8 河北省 2008~2017 年 GDP 增速

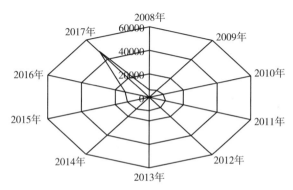

图3.9 河北省 2008~2017 年人均 GDP（元）

GDP 增速出现了小的高峰，相较于其他年份，2009 年河北省 GDP 增速在 10 年中是增长速度最快的。2010 年，GDP 增速又急速减缓，变化剧烈。从 2011~2014 年，河北省的 GDP 增速出现了负增长。此后，河北省的 GDP 增速一直保持缓慢上升的态势，维持在 1% 左右；河北省的人均 GDP 在 10 年内变化不大，虽然一直维持在上升的状态，但波动相对较小。2017 年出现了人均 GDP 的高峰，是 2008 年的 4 倍左右。通过上述分析，可以发现河北省的经济增长速度一直相对缓慢，经济发展势头不足。

（4）京津冀 GDP 比较分析。

①地区 GDP 方面，京津冀地区的 GDP 均表现出了较大幅度的上升趋势。河北省每年的 GDP 是三个地区之中最高的，而天津市是最低的。河北省的 GDP 相对较高，说明河北省未来的发展潜力还是巨大的，但目前其经济的发

展程度远落后于北京市和天津市。天津市的 GDP 最低，可能与其行政面积以及人口数量有着密切的关系。2017 年，河北省 GDP 是北京市的 1.28 倍，是天津市的 1.93 倍。

②在地区 GDP 的增长率方面，十年来，天津市的地区 GDP 增长率明显高于北京市和河北省。北京市位居第二，由于北京市的人口众多，并且 GDP 的基数相对较大，使得北京市 GDP 的增长率低于天津市。未来，北京市应该寻找新的经济发展引擎，扩宽发展渠道，继续为经济的发展创造更大的空间。河北省的 GDP 是最高的，但增长率却位于第三位，这与河北省缺乏经济发展的巨大持久动力密不可分。此外，河北省的第三产业发展缓慢，产业结构也存在明显的不合理。

③在人均 GDP 方面，河北省的人口数量在三个地区中是相对较高的，因此河北省的人均 GDP 要明显低于天津市和北京市。另外，河北省的经济发达程度和人民的生活水平也要落后于其他两市。

2. 地区产业结构

（1）北京市三次产业发展情况分析。

利用 2008～2017 年北京市三次产业的生产增加值，分析北京市的产业结构状况，如图 3.10 所示。

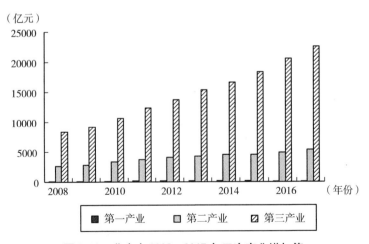

图 3.10　北京市 2008～2017 年三次产业增加值

从图 3.10 可以看出，北京的产业结构是以第三产业为主的"三二一"结构，第一产业和第二产业的发展正在逐渐减缓，以高新技术产业为主的第三产业正在迅猛发展。2008～2017 年，第三次产业的增加值连年持续增长，增速较快；第二产业的增加值虽然也呈现上升趋势，但总体增加值的比例基本稳定，增长幅度较小；第一产业增加值的状况表现不明显，维持在较低水平。三次产业增加值的差距较大。

（2）天津市三次产业发展情况分析。

利用 2008～2017 年天津市三次产业的生产增加值，分析天津市的产业结构状况，如图 3.11 所示。

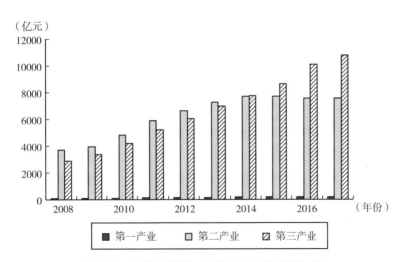

图 3.11　天津市 2008～2017 年三次产业增加值

从图 3.11 可以看出，天津产业结构呈"二三一"态势，但是二、三产业比重相差较小。2008～2017 年，天津市的第一、第二、第三次产业的增加值都在逐年增加，第三产业的增速最快，第一产业的增速最慢。2008～2014 年，第二产业增加值一直呈现出较为明显的增长状态，而从 2014 年之后，天津市第二产业增加值虽然出现了小幅度的上升和下降状态，但基本维持稳定。在天津市经济发展的过程中，第二产业起着重要作用，但近几年，第二产业发展并不迅猛，一方面可能是受京津冀协同发展中天津市的定位影响；另一方面是天津市城市经济发展转型的原因。

（3）河北省三次产业发展情况分析。

利用 2008～2017 年河北省三次产业的生产增加值，分析河北省的产业结构状况，如图 3.12 所示。

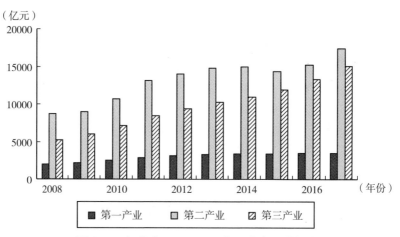

图 3.12　河北省 2008～2017 年三次产业增加值

从图 3.12 可以看出，河北省是以第二产业为主，第三产业正在逐渐兴起，第一产业发展减速，说明河北省仍然依靠的是重工业的发展。2008～2017 年，河北省的第二产业增加值的增速明显高于其他产业，虽然在 2014～2016 年，第二产业增加值增长趋势明显放缓，但从整体来看，河北省的第二产业增加值仍处于优势地位；第三产业增加值逐年增加，但是增速相对较小；第一产业增加值变化不大，并且第一、第二、第三产业增加值的差距相对较小。

（4）京津冀产业结构比较分析。

京津冀地区的第三产业增加值在 2008～2017 年，都得到了飞速的发展，整体呈上升趋势。北京市以第三产业为主，并且在三地之中发展最快。第一和第二产业的发展速度相对较慢，三次产业的发展水平差距较大；天津市以第二产业为主，第三产业也发展迅猛，并且有超过第二产业的趋势，第二、第三产业的发展差距较小，但是第一产业的发展速度缓慢；河北省以第二产业为主，第三产业的发展程度在三地中最慢，而第一产业的发展相对其他两市是最好的，三次产业的发展差距较小。

3. 地区全社会固定资产投资状况

全社会固定资产投资通过建造和购置固定资产，推进国民经济的不断发展，推动技术装备的进步，提高人民的生活物质水平，促进经济的可持续发展。

从图 3.13 可知，2008～2017 年，京津冀地区的全社会固定资产投资整体呈上升的趋势。河北省增长最为迅速，北京市的全社会固定资产投资额的增长速度最不明显。天津市和北京市的全社会固定资产投资额度相差不大，而河北省相较于其他两市遥遥领先。2017 年，河北省全社会固定生产总值为 33406.8 亿元，天津市为 11274.69 亿元，北京市为 8948.1 亿元，河北省为北京市的 3.7 倍，是天津市的 3 倍。

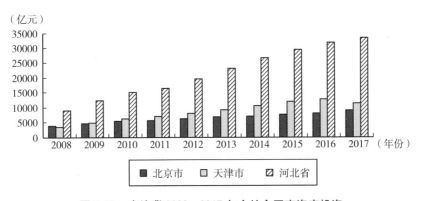

图 3.13　京津冀 2008～2017 年全社会固定资产投资

4. 地区对外经济与合作概述

京津冀地区的对外经济与合作方面的分析，主要是从两个维度进行研究：一是进出口总额；二是外商投资情况。

从图 3.14 可知，2008～2013 年，京津冀地区的进出口总额处于增长的态势，北京市进出口总额处于领先地位，而且增长速度也快，表明北京市的经济外向度好。天津市的进出口总额处于劣势地位，增速一直比较缓慢，同北京市和河北省的进出口总额差距较大；2013～2017年，京津冀地区的进出口总额总体呈现下降的趋势，同时，北京市和河北省在2013年、2014年、2015年的进出口总额差距较小，几乎持平。2017年，河北省的进出口总额得到了迅猛的发展，甚至超过了北京市。同一年，中央决定在河北省设立继深圳经济特区和上海浦东新区之后又一具有全国意义的新区——雄安新区。雄安新区的设立，为河北省吸引外资、加强进出口贸易提供了契机。

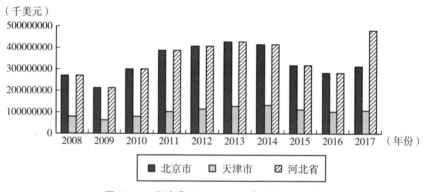

图 3.14　京津冀 2008～2017 年进出口总额

图 3.15 表明，2008～2017 年，京津冀三地的外商投资每年在逐步增长，尤其以北京市的外商投资情况发展最好，河北省的外商投资情况在三个地区中发展最不好，经济外向程度最低，这表明河北省应该更加积极地进行招商引资活动，加大与国外的经济贸易往来。天津市和北京市的外商投资差距并不大。2015 年和 2016 年，北京市的外商投资取得了 10 年内最为迅猛的发展，外商投资额远远超过同期的天津市和河北省。2017 年北京市和天津市的外商投资总额都迅速回落。

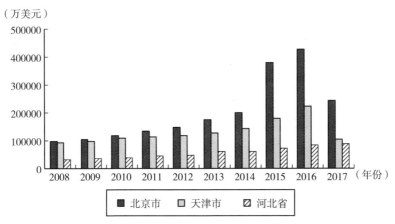

（万美元）

图 3.15　京津冀 2008～2017 年外商投资情况

5. 地区消费品市场情况

京津冀地区的消费品市场情况，能够反映出当地居民的实际购买力，是观察经济状态是否良好的间接指标之一。

从图 3.16 可知，2008～2017 年，京津冀社会消费品零售总额的总趋势是上升的，每年都在逐步增长。其中，河北省的社会消费品零售总额占有优势地位，并且每年增长的速度最快；天津市的社会消费品零售总额是三个地区中最低的；北京市的社会消费品零售总额仅次于河北省，但差距正在逐步拉大。

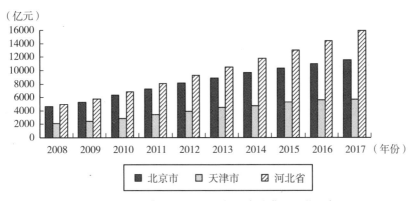

（亿元）

图 3.16　京津冀 2008～2017 年社会消费品零售总额

2017 年，河北省的消费品零售总额是 15908 亿元，全国排名第八，是天津市的 2.6 倍左右；北京市的社会消费品零售总额为 11575 亿元，全国排名第十三；天津市是 5730 亿元，全国排名第二十三。

3.2 京津冀生态发展状况分析

京津冀的生态发展状况主要是从三个方面进行阐述的：一是资源环境的现状；二是能源的消耗；三是环境的治理和保护。

3.2.1 京津冀资源状况

京津冀的资源，是京津冀地区拥有的各种人力、财力、物力等物质要素的综合，是地区发展可依赖的因素。从生态环境的角度出发，资源主要是指京津冀的水资源、土地资源、生物资源、气候资源等，这里，重点研究的是水资源和土地资源。

1. 区域水资源状况

（1）北京市水资源状况。

北京在历史上曾是水资源较丰富地区，多年平均水资源总量为 37.4 亿立方米，但从 2000 年以后，北京连续多年为枯水年或偏枯年。2016 年全国水资源总量是 32466.4 亿立方米，人均水资源量是 2354.9 立方米，北京的水资源总量为 35.1 亿立方米，人均水资源量为 161.63 立方米，是全国的 1/21。近年来，北京市已经是严重缺水或极度缺水地区，且水资源紧缺可能成为长期的状态。

从图 3.17 可知，北京市 2008～2016 年的水资源总量呈现倒"U"型，2012 年是水资源最丰富的一年，2014 年的水资源总量最为紧张。北京市地表水的资源量占用水资源总量的比例极小，而其用水主要是来自地表水、地下水和外调水，在地表水不足以满足居民的需要时，只能采取开采地下水或是利用

水资源外调提供用水的方法。图 3. 17 中，地表水资源量和水资源总量的走向
一致，这说明北京市的地表水在近几年没有得到很好的保护。2008～2014 年
北京市的用水总量逐年增加，但是整体变化不大。在 2012～2015 年，用水总
量增加但水资源总量并没有增加，反而呈现减少的趋势。2016 年，北京市的
人均总水量为 161. 63 立方米，远远低于国际公认的人均 500 立方米的"极度
缺水"标准。

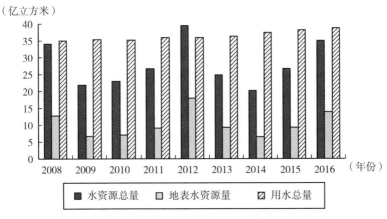

图 3. 17　北京市 2008～2016 年水资源状况

　　从图 3. 18 可知，2016 年北京市的生活用水总量为 17. 8 亿立方米，占总用
水量的 45%，其次是生态用水总量为 11. 1 亿立方米，占总用水量的 30%，农
业用水总量是 6 亿立方米，占总量的 15%，工业用水为 3. 8 亿立方米，占总量
的 9%。而农业的增加值为 132. 2 亿元，占全市生产总值的 0. 5%，工业的增
加值为 4026. 68 亿元，占全市生产总值的 15. 6%，也就是说每消耗 1 立方米的
水，农业增加值增加了 22 元，工业增加值增加了 1059 元，农业增加值仅为工
业增加值的 1/50。由此可以看出，在水资源短缺的情况下，北京市的水资源
结构是不合理的。另外，虽然生态用水占到了 30%，但并不能说明北京市的
生态环境得到了改善。

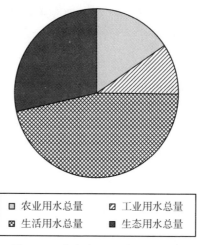

图 3.18 北京市 2016 年用水结构

（2）天津市水资源。

近几年来，天津市也已经成为中国严重缺水的城市之一。地表水的开发利用达到了 76% 多，远远超过国际公认的 40% 临界值，用水高度紧张。另外，天津市的地下水过度开采。2016 年天津市的水资源总量为 18.9 亿立方米，而全国为 32466.4 亿立方米，仅为全国的 1/1800，水资源严重缺乏。天津市的人均水资源量为 121.58 立方米，全国的人均水资源量是 2354.9 立方米，仅全国的 1/20 左右。天津市当前面临着严峻的水资源短缺状态。

从图 3.19 可以分析得出，天津市 2008~2016 年的水资源总量呈倒 "U" 型，2012 年是水资源最丰富的一年，2010 年是水资源极度贫乏的一年，还不足 10 亿立方米，同年的地表水也是最紧张的。地表水的资源量占用水资源总量的大部分比例，天津市的居民用水主要还是依靠地表水，这可能是由于天津市是临港城市，地表水的资源相对于其他内陆城市更丰富。天津市的地表水用量和水资源总量的走势基本一致。2008~2014 年天津市的用水总量逐年增加，但是整体变化不大。在 2012 年，天津市的用水总量小于地表水和水资源总量。其他年份，天津市的水资源总量往往不能够支撑天津市的用水量，天津市的用水也需要从其他城市进行外调。

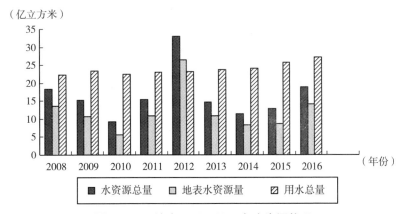

图 3.19　天津市 2008～2016 年水资源状况

　　从图 3.20 可知，2016 年天津市的农业用水总量为 12 亿立方米，占总用水量的 44%，其次是生活用水总量为 5.6 亿立方米，占总用水量的 20%，工业用水总量是 5.5 亿立方米，占总量的 20%，最后是生态用水为 4.1 亿立方米，占总量的 15%。而农业增加值为 222.05 亿元，占全市生产总值的 1.2%，工业增加值为 6805.13 亿元，占全市生产总值的 38%，也就是说每消耗 1 立方米的水，农业增加值增加了 18 元，工业增加值增加了 1237 元。天津市是一个以

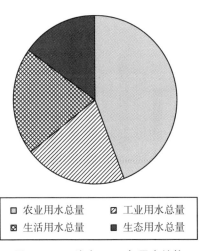

图 3.20　天津市 2016 年用水结构

第二产业为主的城市，从用水结构来看，天津市的工业用水和生活用水基本相当，这也说明了天津市的经济是依靠的第二产业的发展。另外，在用水结构中，占最大比例的是农业，而农业利用 1 立方米水创造的价值仅是工业的 1/68。天津市的生态用水所占比例最小。因此，天津市应该调整用水结构，或者说调整产业结构，加大生态保护的投入。

（3）河北水资源。

河北省的水资源严重不足，2016 年全省水资源总量为 208.31 亿立方米，比上年增加了 73.22 亿立方米。全省的总供水量为 182.57 亿立方米，其中地表水工程供水量 51.47 亿立方米，地下水开采量 125.03 亿立方米，其他水源供水量为 6.07 亿立方米。人均用水量为 279 立方米，均值低于全国水平和临近省、市、区，而部分山区的地表水已供北京和天津两市使用。

从图 3.21 可以分析得出，河北省 2008～2016 年的水资源总量呈现倒"U"型，2012 年是水资源最丰富的一年。同年的地表水也是最紧张的。地表水的资源量占用水资源总量的小部分比例，河北省主要是依靠地下供水。地表水资源量整体变化不大，变化趋势与水资源总量类似。河北省的用水总量即使基本维持在 150 亿～200 亿立方米，水资源总量仍不能保证居民用水。河北省也面临着水资源短缺的困境。

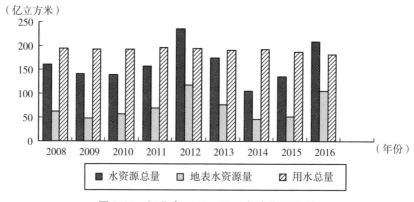

图 3.21　河北省 2008～2016 年水资源状况

从图 3.22 可知，2016 年河北省的农业用水总量为 128 亿立方米，占总用水量的 70%，但是河北省的第二产业却是主体产业。其次是生活用水总量为 25.9 亿立方米，占总用水量的 14%，工业用水总量是 21.9 亿立方米，占总量 的 11%，最后是生态用水为 6.7 亿立方米，占总量的 3.6%。农业增加值为 3644.82 亿元，占全市生产总值的 11%，工业增加值为 13387.46 亿元，占全 市生产总值的 41%，也就是说每消耗 1 立方米的水，农业增加值增加了 28 元， 工业增加值增加了 611 元。河北省的农业用水总量是工业用水总量的 5 倍之 多，但创造的价值仅是工业的 1/20，因此，河北省的用水结构和产业结构是 失调的。最后，河北省的生态用水仅仅占了很小的比重，河北省应更加注重产 业结构的优化转型，加强生态环境的保护。

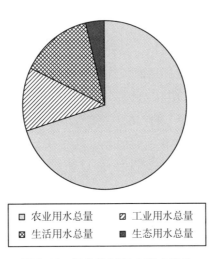

图 3.22　河北省 2016 年用水结构

（4）京津冀水资源对比状况。

2016 年京津冀三地中，河北省的水资源总量为 208.31 亿立方米，是北京 市的 6 倍，是天津市的 11 倍，河北省的水资源最为丰富，但用水结构最不合 理。天津市由于靠近海港的优越地理位置，使其地表水非常丰富，居民的用水 大多数来自地表水。北京市的地表水只占水资源的极小部分，因此北京市只能 依靠周边地区的外调水和地下水的开采，由于常年大量开采地下水，地下的水 资源也面临着枯竭的困境。河北省的用水也主要是依靠地下水的开采，虽然其拥有丰富的水资源，但要给北京和天津供水。京津冀地区的用水结构都是不合理的，天津市和河北省以第二产业为主，但在用水结构中，农业用水总量却排名第一。北京市生活用水总量占有主导地位，应该考虑居民的节水问题。河北省的生态用水占比是三地中最小的，在以后发展过程中，注意产业结构调整的同时，更要注重生态的利用和保护。

2. 区域土地资源状况

土地是社会经济活动的载体，也是一种有限的自然资源。土地资源既包括林地、森林、草地等自然属性的范畴，也包含耕地和商业用地等具有经济色彩的元素。京津冀的土地资源状况主要从林业用地面积、森林面积、草地总面积、农作物总播种面积进行分析。

京津冀地区的林业用地面积、森林面积、草地总面积从 2009～2016 年都是固定不变的。北京的林业用地面积、森林面积和草地面积分别是 101.35 万公顷、58.81 万公顷、394.67 万公顷；天津市的林业用地面积、森林面积和草地面积分别是 15.62 万公顷、11.16 万公顷、146.67 万公顷；河北省的分别是 718.08 万公顷、439.33 万公顷、4712 万公顷。无论是林业用地、森林面积还有草地面积，河北省都位居第一，这可能与河北省经济相对落后有关，使得河北省的很多土地资源并没有得到完全的商业开发和利用。天津市由于临港的原因使得林业用地、森林面积和草地面积是三个地区中最少的。从图 3.23 来看，

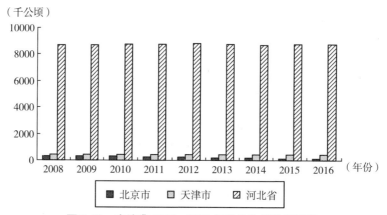

图 3.23 京津冀 2008～2016 年农作物播种总面积

河北省的农作物面积要远远超过北京和天津，是两个城市的五倍之多。多年来，河北省和天津市的农作物耕种面积变化不大，而北京市的耕作面积在逐渐减少。总体来说，京津冀地区的土地资源并没有受到大的破坏，但也没有得到较好的保护。

3.2.2 京津冀能源状况

能源也称为能量资源或者能源资源，能够为人类的生产和生活提供所需要的物质能源，是自然界中的宝贵财富，是经济发展和社会进步重要的物质基础，能源直接关系到经济发展水平。经济发展离不开能源的支撑。能源与经济是相互影响、相互促进的关系，但能源的消耗也影响着生态环境。京津冀在协同发展过程中，必须面对能源消耗的问题。一方面，京津冀地区拥有巨大的经济发展潜力；另一方面，京津冀地区也是国内能源消费和环境污染问题最为严重的区域。

京津冀地区的能源消费量变化趋势基本相同，差别不大。因此通过2008～2016年京津冀地区的相关能源产品消费量，可以分析出京津冀的能源消耗情况。

从图 3.24、图 3.25 和图 3.26 可知，京津冀的能源产品消费量在 2008～2016 年都呈下降趋势。具体来说：在煤炭的消费量方面，天津市的煤炭消费量是最高的，达到了 5000 多万吨，在整个区间内，煤炭的消费量先是急速上升，然后在最高点维持了一段平衡，紧接着开始急速下降，2016 年天津市的煤炭消费量为 4230.16 万吨，高于同期北京市的 847.62 万吨，低于河北省的 28105.65 万吨。天津市的煤炭消费量从 2014 年开始逐渐减少，并且还有继续下降的趋势。这可能是由于京津冀在协同发展过程中，天津市开始产业转型，节能减排，同时将一些高耗能的企业进行了产业的转移；北京市煤炭消费量是三个地区中最低的，从 2008 年的 2747.73 万吨，降到了 2016 年的不足 1000 万吨。由此可见，北京市一直是以第三产业为主导的地区，重工业的发展在近几年也有减缓趋势，加上北京市最早开始注重高耗能企业的减排问题，尤其是利用京津冀协同发展的优势，将一些煤炭企业转移到了河北省；2008～2016

年河北省的煤炭消费总量是最多的，尤其是在前几年，依靠唐钢和首钢等钢铁企业迅速发展，使得煤炭的消费量增速最快，近几年来，河北省的煤炭消费量也有减缓的趋势。由于河北省承担了一些北京市和天津市的高耗能的产业转移，使得本地区的煤炭消费量的减缓速度要慢于其他两市。另外，河北省的焦

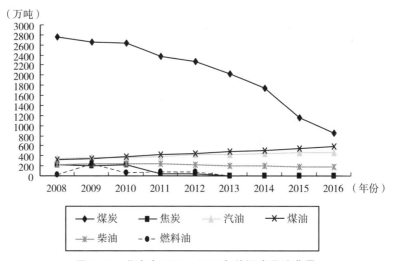

图 3.24　北京市 2008～2016 年能源产品消费量

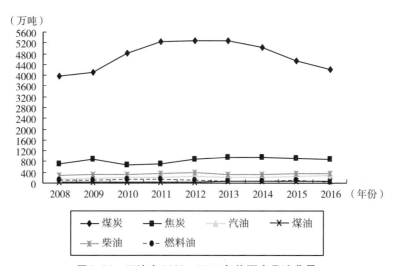

图 3.25　天津市 2008～2016 年能源产品消费量

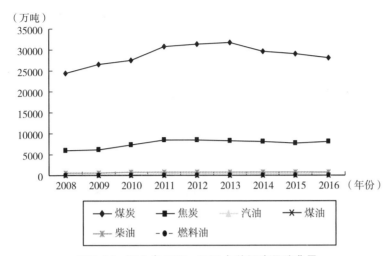

（万吨）

图 3.26 河北省 2008～2016 年能源产品消费量

炭消费量也明显高于北京市和天津市。关于汽油、煤油、柴油和燃料油的情况，三个地区的消费量都在逐年减少，并且使用量远低于煤炭。因此，京津冀地区在能源产品的消耗中，主要依靠的还是煤炭。

从图 3.27 可知，京津冀天然气的消费量每年都在增多，尤其是北京地区的天然气消费量一直是三地中最高的。2016 年北京市的天然气消费量为 162.31 亿立方米，天津市为 74.53 亿立方米，河北省为 70.45 亿立方米，北京市的天然气消费是天津市和河北省之和。天然气的有效利用，能够起到改善环境的作用。天然气燃烧时产生的二氧化碳会少于其他的燃料，并且几乎不含硫、粉尘和其他有害物质，是一种非常节能环保的清洁能源，能够从根本上改善环境质量。总的来说，北京市天然气的大规模使用，能够从侧面说明北京市正在逐步努力改善环境，以期通过天然气或是新兴能源的使用来代替高污染物排放的能源。天津市和河北省也可以加大天然气的使用量，将天然气作为一种无毒无害的汽车燃料，减少废气废物的排放。

从图 3.28 可知，2008～2016 年京津冀地区的电力消费量整体呈现上升的趋势，河北省的电力消费量最高，2016 年达到了 3264.52 亿千瓦时；北京市的电力消费量其次，2016 年为 1020.27 亿千瓦时；天津市电力消费最低，2016 年为 807.93 亿千瓦时。电力消费上涨的原因：一可能是由于工业用电量由副转正，带动了第二产业的用电量，尤其是高耗能的产业会加大对电力的消费。二是居民用电量的持续增长。

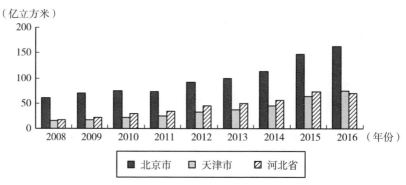

图 3.27　京津冀 2008～2016 年天然气消费量

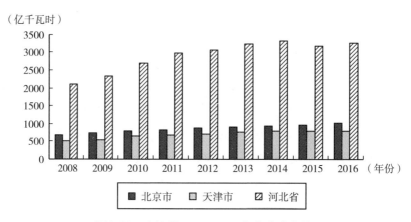

图 3.28　京津冀 2008～2016 年电力消费量

3.2.3　京津冀污染和治理状况

由于京津冀地区的经济发展和环境污染的矛盾日益突出，为了使得"京津冀一体化"的发展战略取得巨大进展，2014 年 4 月 24 日，国家第一次以法律形式明确了跨区域环境污染需采用联合防治的协调机制，出台了新的环保法律制度，凭借法律手段，协调区域间的经济和环境问题，努力实现双赢。通过分析京津冀地区的废水排放和废气排放，可以分析京津冀区域的工业污染状况。

1. 区域污染情况

（1）区域废水排放状况。

从图 3.29 可知，2008~2016 年北京市和天津市的废水排放总量都有缓慢的上升趋势，但是上升幅度并不大，河北省的废水排放量在 2008~2012 年一直是迅猛的上升状态，废水排放总量每年都在增加，在此阶段，河北省的重工业正处于飞速发展的阶段，拥有众多的钢铁、建材和化工企业，因此废水排放量显著增加。2012 年以后，河北省工业废水排放量变化幅度较小，工业经济的发展并没有导致工业废水排放量的明显上升，这说明近年来河北省工业废水治理取得了一定成效。天津市的废水排放总量是三个地区中最少的，这与天津市工业结构转型是密不可分的。北京市伴随着几年来第三产业的加速发展和一些重工业的迁出，其废水排放总量应该是最少的，而事实并非如此。这可能与北京市较大的人口基数有关。

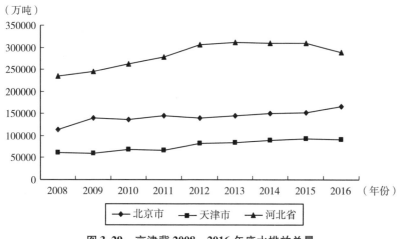

图 3.29　京津冀 2008~2016 年废水排放总量

（2）区域废气排放状况。

由于一些高能耗企业在燃料燃烧和生产工艺过程中会产生一些含有污染物

质的废气，这些气体排放到空气中不仅会污染大气，还会通过人体的呼吸道进入人的体内，危害身体健康，主要包括二氧化碳、二硫化碳、硫化氢、氮氧化物、一氧化碳等气体以及烟尘及生产性粉尘固体颗粒。

由图3.30可知，2011～2016年，北京市的二氧化硫排放量、氢氧化物排放量和烟尘、粉尘排放量都在逐年减少。尤其是氢氧化物排放量的下降速度最快。氢氧化物的排放量和烟尘、粉尘的排放物量趋于接近。2016年北京市的二氧化硫排放量、氢氧化物排放量和烟尘、粉尘排放量分别是33210.02吨、96119.41吨、34535.35吨。近几年来，北京市的废气排放量逐渐减少，空气环境得到了改善，说明北京市的环境治理取得了初步成效。

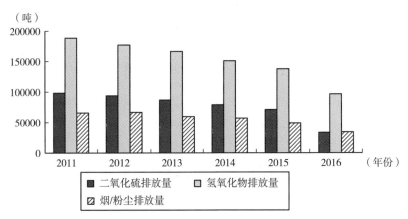

图3.30　北京市2011～2016年废气中主要污染物排放

图3.31可知，2011～2016年，天津市的二氧化硫排放量、氢氧化物排放量和烟尘、粉尘排放量都在逐年减少，只有2014年天津市的烟尘、粉尘出现了骤然升高的情况。天津市的废气排放中主要的污染物是氢氧化物。2016年以前，二氧化硫的排放量基本没有变化，虽然有减缓的趋势，但并不明显。2016年天津市的二氧化硫、氢氧化物和烟、粉尘的排放量分别是70614.09吨、144748.63吨、78144.13吨。另外，天津市的烟、粉尘的排放量并没有得到明显改善，减缓速度最慢。天津市在废气排放治理方面取得了一定的成就，但是对于改善空气中的质量，尤其是减少烟、粉尘的排放进展缓慢。

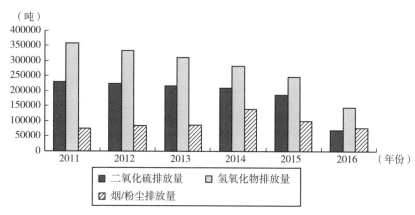

图 3.31　天津市 2011～2016 年废气中主要污染物排放

由图 3.32 可知，2011～2016 年，河北省的二氧化硫的排放量和氢氧化物的排放量都在逐年减少。2011～2014 年，河北省废气中主要的污染物是氢氧化物，但是从 2014 年以后，烟、粉尘成了主要的废气排放物。尤其是 2014年，出现了烟、粉尘骤增的情况，与天津市类似。2016 年河北省的二氧化硫、氢氧化物和烟、粉尘排放量分别是 789443.81 吨、1126640.12 吨、1256835.95吨。河北省近几年来，虽然也在加大力度治理环境问题，将一些重工业企业搬离了市中心，但随着北京市和天津市一些高污染高排放企业的迁入，使得河北

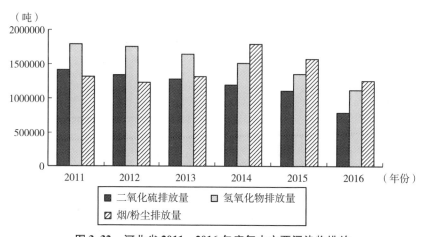

图 3.32　河北省 2011～2016 年废气中主要污染物排放

省的空气质量并没有得到很明显的改善。空气中的烟、粉尘已经严重危害着居民的健康。

总体来说，京津冀地区近年来受协同发展的影响，加强了环境的治理，尤其是废水和废气的排放都得到了有效的控制，而北京市废水废气排放的治理效果最为明显。河北省废气治理的成果相对并不明显，应该继续加大对环境保护的投资，加快对一些高耗能高排放企业的治理。紧密地与北京市和天津市开展区域间的环境治理合作，调整产业机构，大力发展新型能源，积极改善空气质量。

2. 区域污染治理状况

京津冀地区将污染治理放在重要战略位置，开展多样有效的工业污染治理行动。污染治理主要是通过治理投资来实现的，因此，从治理投资方面分析京津冀区域污染的治理现状。

由图 3.33 可知，2008～2016 年北京市工业污染治理项目完成投资情况出现了"两端高，中间低"的形态。2011 年是整个区间的最低点。2008～2011年，北京市的工业污染治理投资项目每年急速减少，考虑到当时是北京市急速发展的阶段，对于工业污染治理方面的投资还没有给予重视。从 2011 年以后，北京市的工业污染治理投资每年又以较快的速度持续增长。在此阶段，北京市

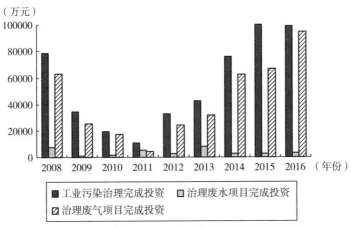

图 3.33　北京市 2008～2016 年污染治理投资情况

的经济已经得到了飞跃式的发展，环境问题日益凸显，因此开始重视工业污染
的问题。北京市治理废气项目完成投资的情况也表现出了"两端低，中间高"
的模式，与工业污染治理投资情况类似。北京市目前最主要的环境污染是空气
污染。治理废水项目完成投资多年来，变化并不大。结合北京市废气、废水排
放情况分析，北京市关于环境治理方面的成效显著。

由图 3.34 可知，2008～2016 年天津工业污染治理项目完成投资和治理废
气项目完成投资趋势相一致。2015 年天津市的工业污染治理投资最多，到
2016 年又呈现急速下降的状态。2015 年以前，天津市的工业污染治理投资情
况并没有太大的改变，有增也有减。在近几年中，治理废气项目完成的投资占
工业污染治理完成投资的大部分比例。而废水治理的投资在逐年减少，结合天
津市废水排放量来看，天津市的废水治理已经取得了非常好的效果，其废水排
放量是京津冀地区最少的。天津市的污染治理投资结构符合天津市的污染现
状，并且，天津市的环境治理成效明显。

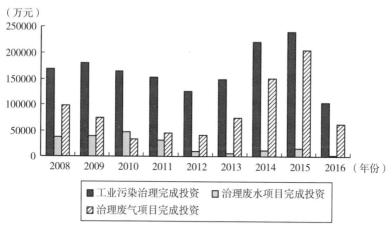

图 3.34　天津市 2008～2016 年污染治理投资情况

由图 3.35 可知，2008～2016 年河北省的工业污染治理完成投资呈现出
"中间高，两端低"的形态，与北京市和天津市正好相反。河北省的工业污染
治理投资在 2008～2012 年，一直呈现出比较低迷的状态，每年的投资增加状
况都不是很明显。直到 2013 年，工业污染治理完成投资才开始迅速增加，到

2014 年达到了一个最高点。但是从 2014 年开始，河北省的工业污染治理投资又逐年下降，这与日益加重的环境污染现实状况相违背。治理废气项目的完成投资与工业污染治理投资情况类似。河北省近两三年来，废气排放物中烟、粉尘的排放量日益增加，而治理废气的投资却没有增加，反而在减少。另外，河北省治理废水项目的完成投资也在日益减少。总体来看，河北省污染治理的完成情况并不乐观。

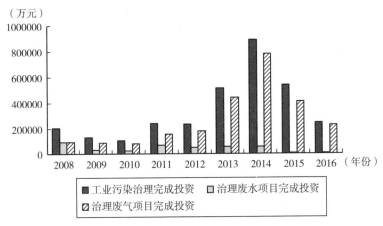

图 3.35   河北省 2008～2016 年污染治理投资情况

纵观京津冀地区的污染治理现状，北京市和天津市近几年来都非常重视工业污染治理和废水废气治理方面的投资，并且也已经取得良好的治理效果。北京市、天津市和河北省三地将废气治理项目的投资作为重点项目。河北省在污染治理方面的投资力度与当前的环境污染程度不符，应该加大对于环境治理的投入。

3.3   京津冀经济生态协调发展状况分析

3.3.1   经济生态协调发展成果比较明显

京津冀位于中国环渤海湾地区，拥有发达便利的交通网络，工业发展迅猛，高新技术产业迅猛发展，彼此之间通过资源的共享和责任共担促进了环渤海地区的经济发展。同时，成为国内重要的"三大经济增长极"之一，为区域间经济的协调发展起到了先锋模范作用。京津冀地区通过优越的地理位置，同周边地区和国外开展了多项经济和文化的交流与合作项目，将创意文化产业、高端服务行业以及先进制造业在世界范围内进行了有效推广。北京市提供了广泛和丰富的金融资源，是全国性金融监管和信息发展中心；天津市作为滨海城市，拥有国内重要的港口，能够凭此优势大力发展港口物流，促进对外贸易，以及作为大型船舶的临时停靠口岸，承载机械制造业的转嫁等业务。天津市近年来也在大力发展第三产业，提高科技创新能力，广泛发展产业园区，积极成立金融示范区，努力将天津市打造成为现代型的新兴大都市；"雄安新区"的设立，使得河北省在未来的发展过程中拥有巨大的潜力，其可以凭借政策的利好，积极利用国内优质资源，吸引外资，顺利完成产业结构的优化升级，实现经济的增长方式由粗放型向节约型的转变。由于其毗邻北京市和天津市，河北省承接着两市第二产业的转移。同时作为农业大省，也为两市的粮食安全提供有力的后盾。河北省的资源最丰富，但环境脆弱，经济发展缓慢。京津冀地区的协调发展，就是利用其各自的优势资源形成互补，成立一个以北京市为核心的经济生态圈，促进经济的共同发展，并且实现能源和资源的充分利用，减少环境污染，推进城市化进程。

　　近几年，京津冀在生态经济协同发展过程中取得了非常好的成绩。首先，京津冀三地的经济都得到了飞速发展，GDP逐年提升。北京市通过大力发展第三产业，使得地区内的 GDP 值急速增长；天津市正在努力完成工业结构的转型，在重工业高度发达的同时，加快第三产业的发展；河北省正在积极寻找新的经济发展引擎，将一些高耗能高污染的企业进行调整，大力发展第三产业。其次，京津冀三地的环境污染问题得到了改善。京津冀通过资源共享、信息共享、责任共担等方式共同加强环境保护和节能减排方面的合作。例如，北京市和天津市合作开展了生态林业的建设和保护；天津市和河北省加强了在河流污染方面的治理和防沙固沙方向的合作。北京市和天津市的一些高耗能企业已经转移，而河北省的高耗能企业通过利用新能源或是促进供给侧改革等方式，使得该地的工业污染逐步减少。

3.3.2　经济生态协调发展矛盾仍比较突出

虽然京津冀在协同发展过程中，经济和生态保护方面都取得了很大进步，但生态和经济之间的矛盾也日益突出，具体表现在以下方面。

1. 经济差距较大

长期以来，北京市和天津市的经济发展程度高，发展速度快，而河北省的经济发展相对缓慢，经济发展动力不足，使得京津冀地区的经济发展水平差距较大。另外，河北省内各个地区的经济发展水平参差不齐，石家庄市和唐山市的经济发展相对较好，而张家口和衡水等地的经济发展落后，各个地区的贫富差距较大，不利于加强河北省与外部地区的经济交流和合作，从而限制了市场的进一步扩大。河北省作为京津腹地，承担了北京市和天津市部分重工业和高新技术企业的转移，但由于其自身的科技水平和经济水平的限制，导致河北省在对接过程中难以发挥区域优势。京津冀地区的经济发展并没有得益于良好的协同效应，各成体系，缺乏建立一个优势互补的经济系统。

2. "大城市病"突出

北京市由于拥有着最丰富的社会资源，如金融发展程度高、基础服务设施齐备、就业机会多、教育水平发达等，越来越多的年轻人涌向北京，急速膨胀的人口使得北京交通堵塞、房价高涨、环境污染以及城市功能杂乱，表现出了明显的"大城市病"。北京有限的城市资源承载着超负荷的人口数量和社会需求。天津市属于直辖市，经济实力雄厚，各方面的设施比较完善，能够有效吸引人才。河北省靠近北京市和天津市，使得其人才流失严重，资源分配和人口流动比例不协调。

3. 产业协作缺乏

北京市是以第三产业为主，天津市实行第二产业和第三产业共同发展的策略，河北省仍然是以第二产业为主，并且第一产业所占比重较大。京津冀地区的产业结构存在明显不同，经济发展程度差距大，彼此在转移和承接不同产业时存在矛盾。河北省由于各地区发展不平衡以及科技水平有限，不能对北京市和天津市第三产业部分企业的转移起到关键作用。另外，河北省是一个重工业城市，正在谋求高耗能企业的节能减排途径，因此第二产业的对接会约束河北省产业结构的转型升级。

4. 水资源极度匮乏

京津冀的大部分地区缺水严重，人均水资源占有量低于世界平均水平。同时，京津冀地区的海河流域水资源开发最多，也是我国水污染最严重的地区。劣质的水资源会严重危害居民的身体健康，威胁农业生产，对地区经济的发展产生不利影响。由于京津地区的地表水过度使用，使得地下水的开采严重。另外，河北省承担了一部分京津地区水资源的供给，导致了河北省的人均用水量也出现紧缺状态。位于冀北的张（张家口）承（承德）地区是京津冀的天然生态屏障，因此国家和地方政府限制了该地区的工农业发展和资源的开采利用，甚至关停和削减了一些对地区经济拉动作用明显的高耗能企业的发展以保障京津的饮水安全和生态环境。津冀地区创造的经济财富主要依靠的是第二产业，但是农业用水量却是最高的。天津市和河北省应该加快发展现代农业，改变原有的发展模式，节约灌溉，完善用水结构，将有限的水资源应用到主导的产业中去，促进经济的健康发展。

5. 土壤沙化问题突出

前期的大规模毁林造田、毁山造田降低了森林覆盖率，破坏了植被，造成水土流失。目前河北的荒漠化面积已占到全国的 14.5%，北京地区的沙化土地面积也很严重，随着大面积可利用土地资源的减少，人们的生存空间逐渐缩小，土地沙化以及所引发的沙尘天气频发，已造成京津冀地区的风沙天气日益增加，以及张家口、承德地区生态屏障功能的日益衰退，严重影响了工农业生产，造成了巨大的经济损失，严重制约了京津冀地区的可持续发展，破坏了首都的文明形象。

6. 废气排放污染严重

京津冀地区具有良好的农业资源，但在发展中也产生了大量的农业废弃物，有的被丢弃造成固体垃圾；有的被焚烧，产生有害气体直接排入大气造成二次污染；此外，畜牧养殖废弃物也日益增多。据报道，河北栗城县的部分村落路旁经常有大量垃圾堆积，承德市的畜禽养殖场中超过90%未配备污水治理设施，导致污水直接进入水体，加剧了河流、湖泊的富营养化。还有一些布局分散、规模小、经营粗放的乡镇企业，其污染也比较严重，产生了大量的固体废物和工业废水，已造成地表水严重污染，如在北京地区监测的80条河段中，有超过50条河段受到污染，占监测河流总长度的50.8%。加之城市化进程的加快和机动车数量的大幅增加，施工扬尘和汽车尾气影响逐年增加，空气污染由煤烟型逐步向复合型、多元化趋势发展，严重危害了人民群众的健康。

经济发展是社会进步的体现，是综合国力提升的标准；环境良好是人民群众生活的基础，是生态文明建设的要求；生态环境和经济协调发展更是关系到京津冀地区一体化进程的关键。京津冀地区在生态经济协调发展的过程中，既要注重经济和生态的和谐进步，又要加强各地区自身的经济发展和环境保护。因而，京津冀地区不容乐观的水环境、生态环境、大气环境等都会直接对社会安全造成不稳定影响，只有尽快解决这些矛盾，才能切实处理好城市建设、经济发展与环境保护的关系，才能使人民过上真正文明、健康和富足的生活。

第 4 章

基于系统动力学的京津冀
生态经济作用机理

4.1 区域生态与区域经济系统的概念界定

生态与经济这两个子系统之间不仅在整体层面直接具有相互作用，内部各个要素也具有十分密切的关联。需要从系统的角度来分析，将生态与经济系统看成一个统一的复杂大系统，全面深入对其内部各种要素进行深入剖析，研究生态与经济系统之间的互动关系。

4.1.1 区域生态与区域经济系统的概念界定

"区域"有着十分广泛的概念定位，是客观存在的。不同学者对"区域"的定义不尽相同，总的来说，区域是按照特定标准划分，具有某些共同特质的一片区域。本研究中的区域是经济区域的简称，是在经济上具有同质性和内聚性的地区。区域经济指在一定空间范围内所进行的各种经济活动，区域经济内各个小地区的经济表现出相同的发展趋势。而区域生态指的是在某经济区域内的生态环境的状况，包括"三废"排放量、环境污染指数等。

4.1.2　区域生态与区域经济发展的内在机制

生态环境系统是生态经济这一复杂系统中的子系统，具有基础性的地位。现如今人类面临的资源枯竭、环境恶化等问题都是长久以来不珍惜生态环境造成的后果。生态环境是人类生产和生活赖以生存的基础，为了提高区域的可持续发展竞争力，必然需要对生态环境的保护加以重视。一般整个经济系统的运行表现为生产、流通、交换和消费的过程，在这个过程中又会产生一系列的资源与环境问题，在经济增长过程中，一定要注意污染和治理的关系，改善子系统中经济结构和功能，将会对区域的生态以及经济发展产生积极的影响，使得区域生态与区域经济协调发展。

生态环境与社会经济并不是相互独立的，它们之中任何一方的变化都会影响到另一方，表现出密不可分的关系，因此二者之间相互作用，相互影响，存在着反馈作用。生态子系统从外界吸收能量，通过一系列的物理和化学变化，产生资源和能量，然后进入经济子系统中，通过对原材料的加工、制造生产出产品，并通过流通、交换和消费过程供给人们使用。经过对原料的加工制造和消费，一些废气、废水、废渣以及耗散的热量等被排放到生态子系统中。因此生态与环境子系统之间的相互作用是一个从生态子系统开始，最终再回到生态子系统的物质运动循环过程（如图4.1所示）。

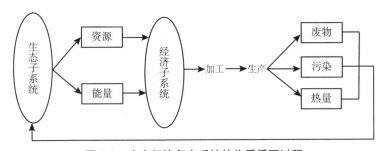

图 4.1　生态经济复杂系统的物质循环过程

在条件合适的情况下，生态与经济两者可以相互促进、协同发展。一方面，区域生态与区域经济能够形成相互促进的正反馈环，随着经济的增长，可以带来环保投资增多、环境污染治理经费增多等直接效果，并促使城市绿化面积增加、教育素质提升等间接效果。同时，经济结构的优化会使得环境污染相对降低，生态环境向好的方向发展，优美的生态环境又会促进主导产业得到加强并使得经济进一步发展。另一方面，生态环境的优化会使系统得到更多的资源和能量，原材料增多，促进产业的发展，人们生活水平的提高，又会增加环保方面的投资，会形成多重正反馈系统。两者可以通过相互促进、协调发展，共同向更高水平来演化，但如果经济增长过程中，污染大于治理，就会使生态环境恶化，进一步抑制经济的发展。这就是区域生态与区域经济发展之间存在的内在机制（如图 4.2 所示）。

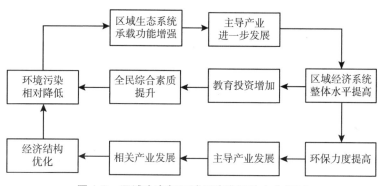

图 4.2　区域生态与区域经济发展的内在机制

4.2　京津冀生态经济系统的基本要素

站在人类社会发展的全局角度来看，从单纯追求经济发展到关注人与自然的和谐发展，是人类发展的重大思想转变。要想使人类社会持续发展下去，必须做到生态与经济的协调发展。在整个生态经济系统的分析中，要素之间的相互作用通常表现为系统的反馈回路。因此分析过程中的重点是组成要素之间的相互关系或相互作用。将京津冀生态经济系统划分为两个子系统，即生态环境子系统和社会经济子系统。

4.2.1 生态环境子系统

根据生态子系统与人类社会相互作用中发挥的作用，将生态子系统大致分为资源与环境污染两大模块。资源包括可再生资源和不可再生资源，环境污染分为空气污染、水体污染和土地污染。

不可再生资源是指经人类开发利用后，在相当长的时期内不可能再生的自然资源，如化石燃料、土壤资源等。在常用的化石燃料中，煤、石油排放的污染比率很高，化石燃料除了会排放导致大气环境温度上升的二氧化碳外，还有大量的二氧化硫、粉尘等大气污染物。这些资源一方面导致了环境污染，另一方面，作为不可再生资源，由于资源有限性，威胁着人类社会生活的可持续发展。对于可再生资源来说，主要是通过合理调控资源使用率，实现资源的持续利用。生态子系统中的资源模块，以工业资源为要点进行研究，考察能源短缺、能源产量、能源消耗、工业消耗、万元工业增加值能耗量的变化。

在环境污染方面，主要包括生产生活的废气、废水及固体废物的排放，会对空气、水体、土壤等自然资源造成污染。而在工业生产和生活中也可能会产生声、光污染。但本书对环境污染问题的分析，主要考察废水、废气、固体废物的排放量，废水、废气、固体废物的处理量，环境污染变量的变化。

结合京津冀生态系统的特性，同时包括资源与环境两大模块的内容，得到生态子系统的评价指标体系如表4.1所示。

表4.1 生态子系统指标

子模块	指标	要素
资源模块	能源消耗	工业耗能比例
		工业耗能
	能源短缺	能源产量
		能源消耗
	工业耗能	工业增加值
		万元工业增加值能耗量

子模块	指标	要素
环境模块	环境污染	"三废"污染
	"三废"污染	"三废"产生量
		"三废"处理量
	"三废"产生量	工业"三废"产生量
		生活"三废"产生量
	"三废"处理量	"三废"处理投资
		单位"三废"处理成本

4.2.2 社会经济子系统

社会经济子系统分为经济和社会两大模块。资源和能量进入经济子系统,经过生产、加工,一部分成为消费品,另一部分用于扩大生产。经济系统中包括农业、工业等产业部门生产出生活必需品和其他用品。在农业中,主要是投入一定生产工具来对土地资源进行利用,最终收获农产品;在工业中,要想从自然环境中开采石油、矿石等原始材料或能源,就需要大量的生产资本,如钻井、采矿等。另外,有一种无形的经济产出,如服务、教育、医疗、金融等,这些无形的生产依赖于许多有形的成本,如医院、学校等。因此,经济子系统中使物质流动最重要的要素是生产资本。在社会上,最基本的一项物质与能量运动是人口变化,由于生存空间和资源都是有限的,人口规模除了会对自然环境形成压力,也会在就业、收入、社会文化等方面产生影响。经济发展对生态子系统也会带来一定的负面影响,如消耗资源、排放污染物质等。过度追求发展带来的将是生态子系统的崩溃及人类发展的灾难。

经济子系统既包括经济模块的要素,也包括社会模块的要素。经济模块主要包括 GDP、三产业分布情况、工业增加值。社会模块主要包括人口与教育,考察衡量总人口、出生人口、死亡人口、万人在校大学生数、大学生年增加人数的变化。

结合京津冀经济系统的基本要素和经济系统的特性,本着科学性、系统性、独立性的指标设计原则，具体包括经济、社会两大模块。对照我国"十三五"规划的主要发展指标，对经济发展、社会民生的指标设置是经济子系统不可或缺的一部分。综上，得到经济子系统的评价指标体系如表4.2所示。

表4.2　　　　　　　　　　　经济子系统指标

子模块	指标	要素
经济模块	GDP	第一产业 GDP
		第二产业 GDP
		第三产业 GDP
	工业增加值	第二产业 GDP
社会模块	总人口	出生人口
		死亡人口
	出生人口	出生率
		总人口
	死亡人口	死亡率
		总人口
	万人在校大学生数	在校大学生数
		总人口
	大学生年增加人数	大学生增加人数
		教育水平因子

4.3　京津冀生态经济系统的主要特征

4.3.1　京津冀区域经济的系统特性

区域经济具有动态性和开放性的特点，它由一定空间范围内的不同单元构成，在一个系统中系统经济的特性如图4.3所示。

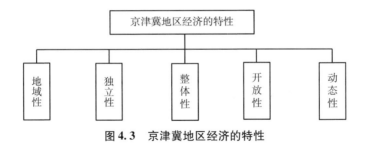

图 4.3 京津冀地区经济的特性

在京津冀地区，系统除了具有图 4.3 中的特性之外，还具备以下几个特点：

1. 京津冀地区经济系统的最基本构成要素是经济中心

任何经济区域都会拥有经济中心，区域经济的发展通常会依赖于经济中心的强大推动力，经济中心集聚和辐射效应的大小在很大程度上对整个区域的经济发展起着决定性的作用。在京津冀地区，北京、天津、保定、廊坊是中部核心功能区，北京、天津、保定率先联动发展。

2. 京津冀地区经济具有边界特征和内在结构的动态性

作为区域内的经济增长点，中心城市的经济实力、资源与环境承载能力的大小对区域经济的发展具有决定性的作用，这种区域经济的形成与发展受人类活动的影响。

3. 京津冀地区经济具有区域发展不一致的特性

北京、天津地区因为政治、历史因素，拥有更加先进的技术与资源，吸引大量的外来人才、资金，促进京津地区的快速发展，而河北地区较京津地区比较起来具有一定的差距。

京津冀的人均 GDP 均有明显上升趋势，正是由于京津冀区域的同质性，使得研究京津冀地区内部要素关系成为可能。

4.3.2 京津冀区域生态的系统特性

区域生态是区域实现主导产业及其相关产业发展的重要因素，对区域经济产生了强有力的推动作用。京津冀地区的生态系统具有的特性如图4.4所示。

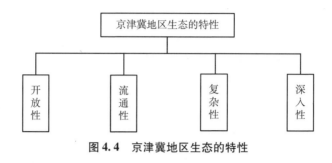

图 4.4　京津冀地区生态的特性

4.4　京津冀生态与经济子系统作用机理分析

　　京津冀生态与经济子系统作用机理可以通过因果关系反馈图（以下简称"因果关系图"）来表示。因果关系图体现了生态与经济两个子系统的定性关系，运用系统动力学方法因果关系图梳理了生态与环境二者之间存在的多种相互作用因素，在此基础上来研究二者之间的相互作用机理。从因果关系图中可以看出，经济子系统通过全民综合素质、GDP、总人口以及工业增加值与生态子系统连接。

4.4.1　京津冀生态与经济关系图

　　京津冀生态经济系统由社会经济和生态环境两大子系统构成，根据系统分解的原理，将社会经济子系统分为社会和经济两个要素模块，将生态环境子系统分为资源和环境两个要素模块。考虑到数据可得性的要求，应选择相互关联程度大的变量来构成经济系统的反馈回路。最终京津冀生态经济系统因果关系图如图4.5所示。

　　正反馈回路的特点是能够加强原来的趋势，负反馈的特点是寻求给定目标，使得系统回到稳定的状态。因果关系图从定性的角度分析了生态及经济之间的相互关系。

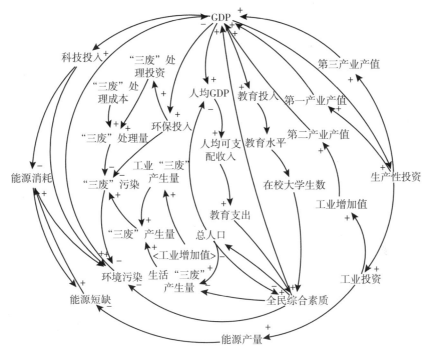

图 4.5　京津冀生态经济系统因果关系

4.4.2　京津冀生态与经济因果反馈回路

京津冀生态经济系统因果关系图中，主要反馈回路如下：

（1）GDP→＋生产性投资→＋第一产业产值→＋GDP。

（2）GDP→＋生产性投资→＋工业投资→＋工业增加值→＋第二产业产值→＋GDP。

（3）GDP→＋生产性投资→＋第三产业产值→＋GDP。

以上三条均是从 GDP 到 GDP 的正反馈回路，经济发展促进生产性投资增多，和三产业产值的增加，进而促进经济的发展。

（4）教育投入→＋教育水平→＋在校大学生数→＋全民综合素质→＋GDP→＋教育投入。

此回路为正反馈回路，教育水平得到提高，能够促进经济的发展，进一步增加对教育的投入。教育发展是对经济发展的一种保证，教育和经济同步发展，发展才能持续。

（5）环保投入→＋"三废"处理投资→＋"三废"处理量→－"三废"污染→－环境污染→＋GDP→＋环保投入。

此回路为正反馈回路，环保投入增加，说明对环保的重视程度加强，环境污染会减少，环境状况的整体好转又会使得经济总量增加，环保投入进一步增加。

（6）全民综合素质→－生活"三废"产生量→－"三废"产生量→－"三废"污染→－环境污染→＋GDP→＋人均GDP→＋人均可支配收入→＋教育支出→＋全民综合素质。

此回路为正反馈回路，教育水平的提高会使得全民综合素质得到提高，在生活中废水、废气以及生活垃圾等固体废物产生量会减少，使得废水、废气以及固体废物的产生总量减少，整体的环境质量会变得更好，促进第三产业发展，又会使得经济总量增加，教育支出增加，教育水平提高。

（7）能源消耗→＋环境污染→－GDP→－生产性投资→－工业投资→－能源产量→＋能源短缺→－能源消耗。

此回路为负反馈回路，在不断消耗能源的过程中，会使得环境污染严重，可能会通过影响第三产业进步或者人们的出行来抑制经济总量的增长，通过影响工业投资，抑制了能源产量，能源短缺加剧，能源消耗就会相对减少，使得系统回到稳定的状态。

（8）GDP→＋生产性投资→＋工业投资→＋工业增加值→＋工业"三废"产生量→＋"三废"产生量→＋"三废"污染→＋环境污染→－GDP。

此回路为负反馈回路，GDP增加通过影响第三产业产值会使得GDP进一步增长，但是经济总量增加，势必会影响"三废"产生量，也就是环境污染的增加，如果污染大于治理可能还会使得经济总量下降，抑制经济的长远发展，所以环境治理问题也是需要我们关注的。人类之前所走的"先污染，后治理"是一条恶性循环的道路，环境对经济的影响是以破坏为主。要想获得经济的可持续发展，就必须遵循自然规律，在经济发展的同时，注重资源和环境的保护。

（9）总人口→＋生活"三废"产生量→＋"三废"产生量→＋"三废"污

染 → + 环境污染 → − GDP → − 人均 GDP → − 人均可支配收入 → − 教育支出 → − 全民综合素质 → + 总人口。

此回路为负反馈回路，社会层面的总人口增加，导致环境状况下降，抑制经济总量的增加，抑制了教育方面的支出，全民综合素质下降，历史经验表明，教育水平的降低，会抑制人口的进一步增长，使得系统回到稳定的状态。

4.5　京津冀生态经济系统模型构建

在定性分析的基础之上，即因果关系图反馈关系的基础上，引入系统动力学模型，建立生态环境子系统和社会经济子系统的流量图，对两个子系统之间的关系进行量化分析，系统流图能够定量描述生态与经济子系统的发展态势。

4.5.1　京津冀生态与经济系统模型的目标分析

明确目标是系统动力学建模的第一步，本书以研究京津冀生态与经济系统的关系作为目标，主要包括两个方面的内容：一是全面了解京津冀生态与经济系统的现状及其内部结构，探讨生态环境与经济发展之间的内在关系。二是预测经济、环境及资源未来发展趋势，针对可能会出现的问题，提供政策模拟，选择最优的发展方式。为了实现目标，建立区域生态与区域经济系统动力学模型，来模拟生态与经济之间的相互作用机制，通过 Vensim 软件对现实生活的模拟，验证其有效性，并对不同情境下的政策进行仿真。

4.5.2　模型边界

由于本书的主要研究对象是京津冀的生态与经济，因此所研究的系统边界就是京津冀两市一省。根据对京津冀生态经济系统结构的分析，重点从经济、社会、资源和环境四个模块，对其生态环境与社会经济这两个子系统之间的关系进行研究。本书选定 2005 ～ 2025 年为模型的年限区间，时间步长单位为 1 年。

4.5.3　模型假设

（1）假设系统的发展动态主要是由于系统内部变量之间的相互作用，以及因果反馈联系作用决定的，即系统的发展动态是由其内部结构决定的，外界的输入对系统发展的影响不起主导作用。

（2）假设京津冀地区不发生重大灾祸，包括自然的或社会的和重大的政策改变。

（3）假设数据结果全部真实。

4.5.4　京津冀生态经济系统流图

1. 社会经济模块的系统流图

对系统要素进行分析后发现，京津冀区域经济的发展可以用 GDP、总人口和在校大学生数作为水平变量进行衡量，速率变量为大学生年增加人数、GDP 增长量、出生人口、死亡人口，大学生增加人数、出生率、死亡率、GDP 增长率、第一产业占 GDP 比重、第二产业占 GDP 比重、第三产业占 GDP 比重为表函数，其中，京津冀经济子系统流图如图 4.6 所示。

在众多因素影响下，京津冀经济发展的原因显得较为复杂，本书将影响经济增长的因素大致划分为学生素质以及三次产业占比情况。大量历史数据表明，教育、产业结构等会对经济发展产生不可忽视的影响。

2. 资源环境模块的系统流图

社会经济活动会影响资源环境子系统的变化，在生态子系统中，将废水、废气、废物以及万元工业增加值能耗量作为水平变量，根据各变量的性质，加上速率变量"三废"产生量、"三废"处理量、万元能耗增加值减量，辅助变量包括工业"三废"排放量、生活"三废"产生量、"三废"处理投资、单位

"三废"处理成本等,描绘出系统的结构图以构建系统的模型,得到相应的系统流图如图4.7所示。

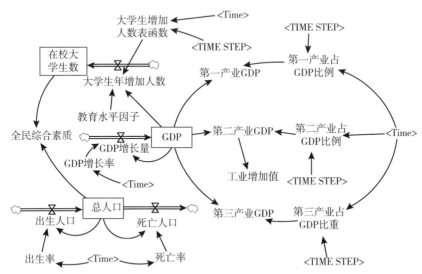

图 4.6　京津冀经济子系统流

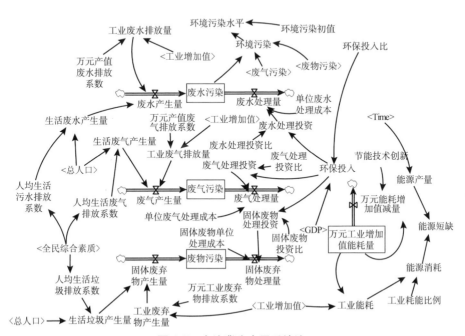

图 4.7　京津冀生态子系统流

研究结果显示，约 10% 的雾霾是自然排放，其他近 90% 直接来自人类的经济社会活动。在京津冀地区，散煤燃烧排放的污染物是火电燃煤的 7 倍左右。在京津冀雾霾的煤炭污染源方面，散煤占比为 50% 左右，火电污染为其 1/7，则约为 7%。而煤炭污染占整个京津冀雾霾成分的 34%。因此，将工业耗能作为一个重要的研究指标。在生产生活中，产生环境污染最主要的因素是"三废"污染，因此将生活"三废"和工业"三废"作为主要的研究变量。

3. 模型的参数说明

（1）GDP。

GDP 指京津冀地区的总产值，设 GDP 为水平变量，受 GDP 增长量和 2005 年 GDP 初始值的影响，根据国家统计局的解释，将 2005 年 GDP 取为 20887.3 亿元。GDP 增长量可以用 GDP 和 GDP 增长率的乘积表示，因为 GDP 增长率的时间序列数据并没有明确的线性关系，因此用表函数来表示。

（2）在校大学生人数。

设在校大学生人数是一个水平变量，受大学生年增加人数和 2005 年京津冀大学生在校人数初始值的影响，大学生年增加人数可以表示为大学生增加人数表函数与教育水平因子的乘积，设教育水平因子为一个常量，在校大学生人数的初始值为 1.65383×10^6 人。

（3）总人口。

京津冀总人口也是一个水平变量，受到出生人口、死亡人口以及总人口初始值的影响，2005 年总人口为 9432 万人。出生人口、死亡人口分别受到出生率、死亡率的影响，而出生率、死亡率用表函数来表示。

（4）全民综合素质。

全民综合素质指的是高等教育及其以上人数占总人数的比重，高等教育及其以上人数用各地区高等学校普通本、专科招生学生数表示。京津冀地区高等教育人数随着时间的变化而增加，同时总人口数也在增加。

（5）"三废"污染。

废水污染量是水平变量，与废水产生量、废水处理量以及废水污染存量的初始值有关，存量的初始值取京津冀地区 2005 年废水排放量的 10 倍，为

3.69894×10^6 万吨。

废气污染量是水平变量，与废气产生量、废气处理量以及废气污染存量的初始值有关，存量的初始值取京津冀地区 2005 年废气排放量的 10 倍，为 3.4652×10^5 亿标立方米。

固体废物污染量是水平变量，与固体废物产生量、固体废物处理量以及固体废物污染存量的初始值有关，存量的初始值取京津冀地区 2005 年固体废物的排放总量，为 18640 万吨。

（6）"三废"产生量。

废水、废气、固体废物产生量包括生活"三废"产生量以及工业"三废"排放量，而生活"三废"产生量分别与生活"三废"排放系数和总人口有关，工业"三废"排放量分别与万元工业"三废"排放系数和工业增加值有关。"三废"排放系数与全民综合素质有关，设置为全民综合素质的减函数。

（7）"三废"处理量。

废水、废气、固体废物处理量主要与"三废"处理投资和单位"三废"处理成本有关，"三废"处理投资等于环保投入与"三废"处理投资比的乘积，处理投资比设置为常数，废水、废气、固体废物分别设置为 0.3、0.5、0.2。而环保投入又与 GDP 和环保投入比有关。"三废"处理成本与环保投资比也均设置为常数。单位"三废"处理成本结合京津冀近年来采取的措施，取单位废水处理成本为 10，单位废气处理成本为 100，单位固体废物处理成本为 20。环保投入比为 0.013。

（8）万元工业增加值能耗量。

万元工业增加值能耗量也是一个水平变量，与万元能耗增加值减量和万元工业增加能耗量的初始值有关，能耗初始值取 2005 年京津冀地区的单位工业增加值能耗，为 7.36 吨标准煤/万元。

4.5.5　模型的主要方程式

1. 经济子系统主要方程式

（1）GDP = INTEGER（GDP 增长量，20887.3）

（2）GDP 增长量 = GDP × GDP 增长率

（3）工业增加值 = 11370.7 + 0.254213 × 第二产业 GDP

（4）在校大学生数 = INTEGER（大学生年增加人数，$1.65383 × 10^6$）

（5）大学生年增加人数 = GDP × 大学生增加人数表函数 × 教育水平因子

（6）总人口 = INTEGER（出生人口 - 死亡人口，9432）

（7）全民综合素质 = 在校大学生数/10000/总人口

（8）出生人口 = 总人口 × 出生率

（9）死亡人口 = 总人口 × 死亡率

（10）教育水平因子 = 0.95

（11）大学生增加人数表函数 = WITH LOOKUP（（Time/TIME STEP），（[（2005，20）-（2025，20）]，（2005，-10.42），（2006，17.26），（2007，1.59），（2008，1.96），（2009，3.01），（2010，15.03），（2011，-14.2），（2012，-1.98），（2013，0.7），（2014，-0.99），（2015，0.7），（2016，2.68），（2020，2）））

GDP 增长率，出生率、死亡率、三产业占 GDP 比重也均为表函数。

2. 生态子系统主要方程式

（1）万元产值废气排放系数 = 0.000458

（2）万元产值废水排放系数 = 0.00221

（3）万元工业增加值能耗量 = INTEG（-万元能耗增加值减量，7.36）

（4）万元工业废弃物排放系数 = $2.465 × 10^{-5}$

（5）万元能耗增加值减量 = 万元工业增加值能耗量 × 节能技术创新

（6）人均生活垃圾排放系数 = 0.2 × 1 - 0.2 × 全民综合素质

（7）人均生活废气排放系数 = 0.3 × 1 - 0.3 × 全民综合素质

（8）人均生活污水排放系数 = 20 × 1 - 20 × 全民综合素质

（9）单位废气处理成本 = 100

（10）单位废水处理成本 = 10

（11）固体废弃物产生量 = 工业废弃物产生量 + 生活垃圾产生量

（12）固体废弃物处理量 = 固体废物处理投资/固体废物单位处理成本

（13）固体废物单位处理成本 = 20

（14）固体废物处理投资＝环保投入×固体废物投资比×10000

（15）固体废物投资比＝0.2

（16）在校大学生数＝INTEG（大学生年增加人数，$1.65383×10^6$）

（17）工业废弃物产生量＝万元工业废弃物排放系数×工业增加值×10000

（18）工业废气排放量＝万元产值废气排放系数×工业增加值×10000

（19）工业废水排放量＝万元产值废水排放系数×工业增加值×10000

（20）工业耗能比例＝0.7

（21）工业能耗＝万元工业增加值能耗量×工业增加值

（22）废气产生量＝工业废气排放量＋生活废气产生量

（23）废气处理投资＝环保投入×废气处理投资比×10000

（24）废气处理投资比＝0.5

（25）废气处理量＝废气处理投资/单位废气处理成本

（26）废气污染＝INTEG（废气产生量－废气处理量，$3.4652×10^5$）

（27）废水产生量＝工业废水排放量＋生活废水产生量

（28）废水处理投资＝环保投入×废水处理投资比×10000

（29）废水处理投资比＝0.3

（30）废水处理量＝废水处理投资/单位废水处理成本

（31）废水污染＝INTEG（废水产生量－废水处理量，$3.69894×10^6$）

（32）废物污染＝INTEG（固体废弃物产生量－固体废弃物处理量，18640）

（33）环保投入＝GDP×环保投入比

（34）环保投入比＝0.013

（35）环境污染＝1×废气污染＋0.2×废物污染＋0.1×废水污染

（36）环境污染初值＝517675

（37）环境污染水平＝环境污染/环境污染初值

（38）生活垃圾产生量＝人均生活垃圾排放系数×总人口/10000

（39）生活废气产生量＝人均生活废气排放系数×总人口/10000

（40）生活废水产生量＝人均生活污水排放系数×总人口/10000

（41）能源产量 $= -66.469 \times \mathrm{Time}^2 + 267592 \times \mathrm{Time} - 3 \times 10^8$

（42）能源消耗 = 工业能耗/工业耗能比例

（43）能源短缺 = 能源消耗 - 能源产量

（44）节能技术创新 = 0.04

4.6　京津冀生态经济系统动态仿真

在进行系统仿真时，需要对仿真时间进行确定，包括起始时间、结束时间、时间单位以及仿真步长，本研究选取起始时间为 2005 年，结束时间为 2025 年，仿真期间为 12 年，2017～2025 年为仿真的预测年份，时间间隔是 1 年，仿真步长为 1 年。

在仿真时，Vensim 软件可以预测出区域系统未来的变化趋势，将模拟值与实际值进行对比，可以看出模型设计的合理性。

4.6.1　模型检验

系统动力学模型是对现实系统的一种抽象，同时也简化了一部分内容，因为现实系统是非常复杂的，为了突出想要研究的结果，选取一部分指标进行建模。在测试模型的合理性时，运用结构检验和有效性检验。

1. 结构检验

Vensim 软件中有检验模型的功能，用来检验模型的正确性，如果模型或者单位不正确，系统会提示错误以供参考，本研究确保了模型和单位的正确性。

2. 有效性检验

由于在建模过程中，会用到一系列方法来定量分析变量之间的关系，进行模型的有效性检验就是检验模型运行得出的结果与历史数据的拟合程度。本研究选取地区生产总值、总人口、废水污染、固体废物污染四个变量对模拟值与实际值进行对比，选取2006年、2008年、2010年、2012年、2014年、2016年的数据进行比较，计算误差，系统动力学仿真的误差范围在15%以内为合理。

地区GDP的拟合值与实际值曲线如图4.8所示。柱状图代表实际值，折线图代表拟合值。

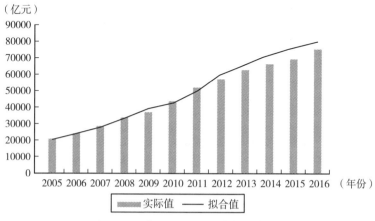

图4.8 地区GDP实际值与拟合值

经过仿真模拟，京津冀地区水平变量总人口的拟合值与实际值曲线如图4.9所示。柱状图代表实际值，折线图代表拟合值。

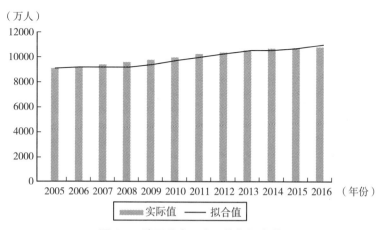

图4.9 地区总人口实际值与拟合值

京津冀地区生态子系统中选取废水排放量来进行拟合值与实际值的比较，曲线如图4.10所示。柱状图代表实际值，折线图代表拟合值。

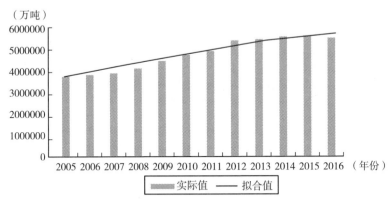

图 4.10　废水排放量的实际值与拟合值

模型有效性检验的数值结果依然选取 2006 年、2008 年、2010 年、2012年、2014 年、2016 年，数值结果如表4.3所示。

表4.3 模型有效性检验

变量		2006 年	2008 年	2010 年	2012 年	2014 年	2016 年
地区 GDP （亿元）	模拟值	24047.5	33048.7	42492.2	59950.5	72166.0	79848.3
	实际值	24048.1	33846.0	43732.3	57348.3	66478.9	75624.9
	误差	0	0.023	0.028	0.045	0.085	0.056
总人口 （万人）	模拟值	9476	9575	10033	108626	10946	11352
	实际值	9574	9936	10355	10770	11053	11205
	误差	0.010	0.036	0.031	0.013	0.010	0.013
废水污染 （万吨）	模拟值	3921787	4351392	4749393	5117178	5429642	5670985
	实际值	3774278	4091850	4710127	5331666	5498990	5467483
	误差	0.039	0.063	0.008	0.040	0.012	0.037

通过以上模型的检验过程可以看出，京津冀地区生产总值、总人口、废水污染的历史值与仿真值的符合程度较好，模型仿真行为与系统的历史值拟合程

度比较好，其他变量的历史检验也与此相似，模型历史值与仿真值相对误差在合理范围内，因此可以确定本研究所构建的模型是合理且有效的，可以进行进一步的仿真预测。

4.6.2　仿真结果

以 2005～2016 年的数据为历史数据进行预测，模型输出的 GDP、总人口和废水污染结果如图 4.11、图 4.12、图 4.13 所示。

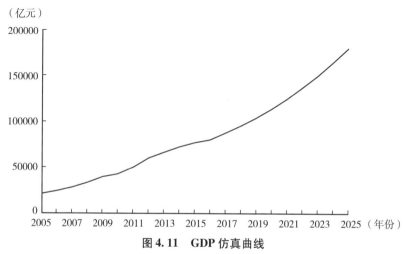

图 4.11　GDP 仿真曲线

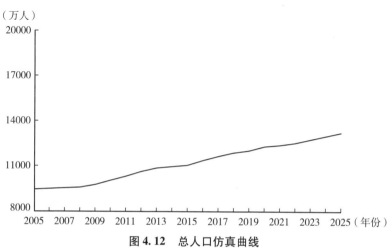

图 4.12　总人口仿真曲线

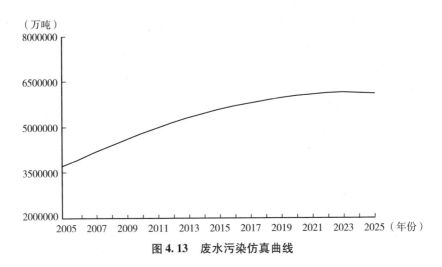

图 4.13   废水污染仿真曲线

主要变量模拟结果如表 4.4 所示。

表 4.4   主要变量 2017～2025 年数值模拟结果

年份	京津冀 GDP（亿元）	总人口（万人）	废水污染（万吨）
2017	87058.61719	11643.55273	5775615.5
2018	95013.84375	11849.55762	5868783.5
2019	103798.3984	12006.97656	5949446
2020	113507.0078	12282.32227	6016456.5
2021	124246.0313	12364.45313	6068553
2022	136135	12514.1709	6104345
2023	149308.3281	12724.02539	6122301
2024	163917.3125	12949.70703	6120733
2025	180132.375	13200.30859	6097778

4.6.3　系统动态模拟仿真

系统动态模拟仿真的目的是分析模型中相关的变量对系统输出结果的影响，以此为依据来提出相关政策建议，即通过 Vensim 软件，改变参数值的大小来进行相关的模拟。

　　本研究选取环境污染、全民综合素质、能源消耗作为输出指标，通过环境污染行为和能源消耗状况来分析京津冀地区经济发展带来的影响。影响环境污染主要有"三废"产生量和"三废"处理量两个方面，主要可以调控的参数有万元产值废水排放系数、万元产值废气排放系数、万元工业废弃物排放系数以及环保投入比，设定两种不同的方案来调整系数的变化，"三废 1"代表增加万元产值"三废"排放系数，"三废 2"代表减少万元"三废"排放系数，系数调整如表 4.5 所示。

表 4.5　　　　　　　　　　万元产值"三废"排放系数变化

参数	当前系数	三废 1	三废 2
万元产值废水排放系数	0.0022	0.0025	0.0020
万元产值废气排放系数	0.000458	0.0005	0.0004
万元产值废物排放系数	0.00002465	0.00003	0.00002

　　在 Vensim 中进行动态仿真模拟，得到环境污染的输出图如图 4.14 所示。

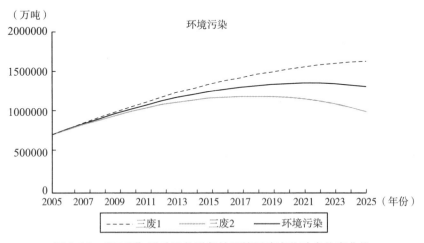

图 4.14　"三废"排放系数引起的环境污染变化动态仿真曲线

在当前环境污染曲线中，可以看出环境污染随着时间的变化呈现上升的趋势，随着经济的发展和人口的不断增加，环境污染会进一步加剧，但由于可持续发展政策的实施，环境污染排放总量可能会在 2021 年开始呈现缓慢的下降趋势，如果"三废"排放量降低，对于环境污染的增长起着进一步的缓冲作用，对环境污染改善具有显著的作用，可以提高环境的质量，使京津冀地区可持续发展能力增加。

控制其他变量不变，改变环保投入比例，"环保投入比 1"代表增大环保投资系数，"环保投入比 2"代表减小环保投资系数，三种方案的变化如表 4.6 所示。

表 4.6　　　　　　　　　　　　环保投入比例参数变化

参数	当前系数	环保投入系数 1	环保投入系数 2
环保投入比例	0.013	0.015	0.011

在 Vensim 中进行动态仿真模拟，得到环境污染的输出图如图 4.15 所示。

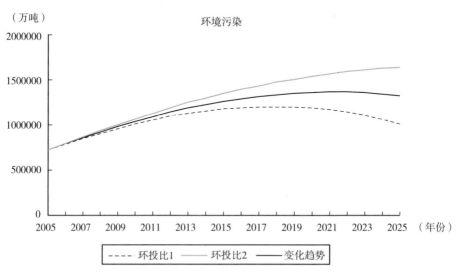

图 4.15　环保投入比引起的环境污染变化动态仿真曲线

因此,降低"三废"排放和加大环保投资对环境污染具有抑制作用,可以加强京津冀地区的可持续发展能力。

假设增加教育投入,在模拟的过程中发现能够改变全民综合素质的高低,又由于全民综合素质影响了人均生活"三废"的排放,进而影响环境污染程度。控制其他变量不变,改变教育水平因子,"教育水平因子 1"代表提高教育水平,"教育水平因子 2"代表降低教育水平,三种方案的变化如表 4.7 所示。

表 4.7 教育水平因子参数变化

参数	当前系数	教育水平因子 1	教育水平因子 2
教育水平因子	0.95	1	0.9

在 Vensim 中进行动态仿真模拟,得到全民综合素质的输出图如图 4.16 所示。

图 4.16 全民综合素质变化动态仿真曲线

增加教育水平因子,会在一定程度上使全民综合素质得到提升,生活"三废"污染会得到控制,但也会使创新创业人才增多,为社会制造出的产品或者工业污染也会增多,所以在模拟时短时间内并没有发现环境污染有明显的变化，但如果加大提高教育幅度，会使得生活"三废"产生量明显降低，进而使得环境污染降低。

在节能技术创新系数改变时，能源消耗情况会发生改变，假设节能技术创新的改变如表4.8所示。

表4.8   节能技术创新参数变化

参数	当前系数	节能技术创新1	节能技术创新2
节能技术创新	0.04	0.045	0.035

最终能源消耗情况如图4.17所示。

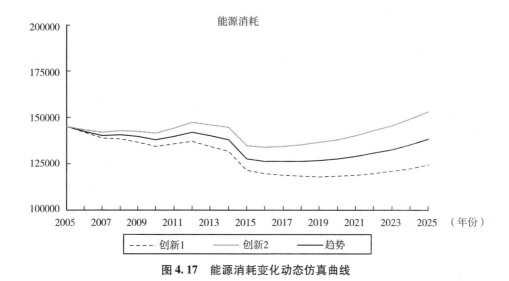

图4.17 能源消耗变化动态仿真曲线

节能技术创新水平提高，会使得能源消耗降低，并且效果明显，使得资源模块的情况得到好转。

因此，影响京津冀生态经济效率的影响因素主要有万元产值废水排放系数、万元产值废气排放系数、万元工业废弃物排放系数、环保投入比、教育水平以及节能技术创新因子。

4.7　京津冀生态经济系统效率影响因素对策建议

京津冀作为一个经济迅速发展的区域，现有的经济发展模式多是以环境污染为代价的，生态环境是京津冀地区面临的较为严峻的现实问题。通过定性与定量分析的结合，根据仿真结果可知，若要实现生态与经济的协调发展，需要从万元产值"三废"排放量、环保投入比、教育投入以及技术创新等方面进行政策调整，结合京津冀现有问题，对京津冀生态与经济发展提出以下建议。

1. 尽可能减少"三废"产生量，整治污染严重的企业

废气、废水以及固体废物的排放在 2005 年后是逐年递增的，如果不采取控制措施，会使得环境污染越来越严重。所以应加强对污染的治理，整治污染严重的企业。以废水污染为代表，可以看出，生态环境问题已得到政府的高度重视，人们保护环境的意识也在不断增强，政府治理污染的措施在不断更新，废水排放增加速度逐渐放缓。同理，废气以及固体废弃物的排放变化趋势与废水大致相同，在 2020 年排放左右可能会达到饱和状态。由于废气和废水的产生主要是工业的排放，所以环境污染水平受废气污染的影响最大，废水污染的影响次之，固体废弃物的增加主要是生活垃圾产生，其排放量影响最小。因此，在治理环境污染时，最关键的是要控制废气和废水的排放。

在系统动态仿真模拟过程中，增加万元产值废气排放系数、万元产值废水排放系数、万元产值废物排放系数会使得环境污染量有较大幅度的增加，而减小万元产值废气排放系数、万元产值废水排放系数、万元产值废物排放系数又会使得环境污染总量有较大幅度的减少。所以应对主要的污染源进行严格监管控制，推进生活污水处理设施的建设。对于污染物排放量大的企业，应对其进行设备、技术更新。需要对各类企业进行环保意识的宣传，使其知道造成污染所要承担的后果，切实保证企业排放污染物达标。

2. 加大环保投入，强化监督机制

环保投入系数的增大或减小会使得环境污染总量具有明显向上或向下的发展趋势。环境保护和治理的投入应与经济发展相适应，对于京津冀这种经济发展十分迅速的区域而言，要建立以国家投入为导向的机制，谁污染谁负责，谁治理谁受益。对于那些对环境友好的企业以及保护环境的行为，应给予政策支持和奖励；对不符合环保标准的企业以及工业生产部门应依法处置。建立生态环境恢复责任制，谁开发谁保护，谁利用谁补偿。环保投入系数的变化，主要是由政府或相关部门主导的，政府应加大环保投入力度，改进京津冀生态环境建设，促进京津冀生态与经济协调发展。

3. 控制人口数量，提高人口素质

在京津冀快速发展的进程中，为了改善生态环境质量，应该将人口控制在环境承载范围以内，提高人口素质，这就需要增大教育投入力度。总人口的增加会使得生活废气、废水、垃圾产生量相对增多，所以需要控制好人口数量。在系统模拟仿真过程中，增加教育水平因子，会在一定程度上使全民综合素质得到提升。而人均生活垃圾排放系数、人均生活污水排放系数以及人均生活废气排放系数与全民综合素质有较为显著的负相关关系，在全民综合素质得到提升的同时，"三废"的产生量会相对减少；虽然全民综合素质提高会使得创新创业人才增多，为社会制造出的产品或者工业污染也会增多，但综合各方面的影响，并没有发现该因素对环境污染有明显的影响效果。所以加大教育幅度，会使得生活"三废"产生量明显降低，进而使得环境污染降低。

教育投资与环保投入都是促进环境向友好方向发展的指标，所以应该协调好这两部分的投资，加快经济发展，改善生态环境，提高人民的生活水平，促进经济与生态环境的协调发展。

4. 在一定限度内加大技术创新，适当减少能源消耗

必须依靠先进的技术创新，才能确保经济的发展不会与生态环境保护相对

立。节能技术创新水平提高，会使得能源消耗降低，资源利用情况得到好转，并且有十分明显的效果。由于生产技术不高，创新能力较低等因素，当前京津冀地区仍然有一部分企业能源消耗较多，尤其是用于第二产业的能源消耗，造成了严重的环境污染，制约了生态环境保护的质量。因此，必须要加大节能技术创新，推进实施大众创业、万众创新，培养人们的创新能力。科技创新是生态经济协调发展的关键，但由于一些企业人力、物力有限，依靠节能技术创新创造的价值并不高，政府部门应制定一系列的政策，鼓励企业增加研发投入。企业本身也应重视技术创新，不断推进产品升级换代，加强技术运用，确保新技术、新产品能迅速投入利用，并形成有效的回收技术机制，有良好的自主研发、发展的良性循环。

5. 调整产业结构，转变经济增长方式

产业结构是衡量国家经济发展水平的重要标准，作为生态与经济之间的纽带，能够协调生态环境保护和社会经济发展之间的关系。为了实现生态与经济的协调发展，京津冀必须要树立整体意识，实现产业的良性对接。三次产业中第二产业在生产中排放的废气、废水所占比重较大，对环境破坏也最严重；第三产业对环境的破坏较小，创造的国内生产总值也较大；第一产业创造的价值较第二、第三产业较少。因此，对于第二产业，应促进其优化转型，并促进战略性新兴产业的进一步发展；对于第三产业，必须长期推进发展；对于第一产业，发展生态农业方面有着不容忽视的提升空间。

（1）加快第二产业转型升级。

虽然传统第二产业对国内生产总值的贡献也是不容忽视的，但是由于其基本建立在对资源和环境的过度消耗基础上，对生态子系统破坏较为严重，属于环境污染的先行者。因此，需要加快京津冀第二产业的转型升级，并淘汰落后的产能，这就需要坚持大力发展科技创新，尤其是"绿色科技"的创新。京津冀地区有着得天独厚的科研条件以及众多高科技的人才，政府要加大对科研院校以及创新企业的补贴力度，鼓励创新，舍弃高污染、高能耗的落后技术，大力发展战略性新兴产业，充分发挥新材料、新能源等产业的优势，以更好地促进产业结构调整并有效降低环境污染。

（2）大力发展第三产业。

第三产业主要是服务业，对环境污染较小，却能提高 GDP。因此，需要实现第三产业的快速发展，这就要求人才培养机制的进一步健全，推动学科建设和专业建设，使得在校课程进一步专业化、有针对性，重视数字化图书馆、网上教育、多媒体教学，培养高端服务人才。由于北京的第三产业相当发达，而天津、河北较为落后，为了京津冀地区的协同发展，可以鼓励北京的服务业或人才向天津、河北转移，尤其是向河北转移。河北省也要抓住机会加快发展各类服务产业，使得区域整体实力有较大提升。

（3）推进绿色农业的发展。

京津冀第一产业在 GDP 中占比相对较低，还有很大的提升空间。农业中化肥、农药的使用对土地造成了严重污染，要想使得生态子系统有良好的发展，需要鼓励农业科技创新，生产无害化或污染小的肥料或者提高肥料利用率，减少对环境的污染。在发展生态农业过程中，加快第一产业生态化。

京津冀地区应结合自身优势，实现产业对接，并在京津冀协同发展背景下，使得资源得到最大限度的利用。北京的高端产业可以向天津、河北转移；而天津拥有的现代制造业可积极承接北京的高端技术人才，推动发展第三产业；河北省借助北京、天津强大的技术与人才，努力寻求经济增长点，可在承德、秦皇岛等地级市推动发展旅游业。调整产业结构，可促进京津冀生态经济的可持续发展。

6. 发展循环经济，提高资源利用效率

要想使资源和能源循环利用，提高资源的利用效率，减少环境的污染与破坏，需要尽可能将污染物在生产中消耗掉。在生产各环节中如果能将固体废弃物转化为产品，就会降低污染物的排出，使得污染在源头得到预防控制。另外，通过培养社会公众的绿色消费习惯，树立循环经济观念，控制生活废气、废水以及生活垃圾排放量，能够有效抑制污染物的增加。而且如果能够实现循环利用，废气、废水以及废弃物处理量就能有效减少，最终使得环境污染水平得到有效控制。确定京津冀地区的发展性质以及功能定位，实现资源和要素的合理配置，可提高资源利用效率。

7. 树立协调发展观念，促进京津冀生态经济可持续发展

树立生态与经济协调发展的意识可以有效推动生态与经济的协调发展。所以为了京津冀生态与经济的可持续发展，必须要加强宣传和教育，这涉及社会的方方面面，政府、企业、学校等都是促进生态经济协调发展的主体。一方面利用媒体与社交平台大幅度宣传环保重要性，另一方面要鼓励他们积极参加环保活动，只有亲力亲为，才能认识到破坏环境和不合理资源利用的危害以及良好的生态环境带来的好处，使得生态环境与社会经济协调发展的观念深入人心，促进京津冀资源、环境、社会、经济的可持续发展。

第 5 章

京津冀生态经济效率横向测度

5.1 国内外生态经济评价的经验及借鉴

5.1.1 国外生态经济效率评价的经验及借鉴

1. 美国金属产业生态效率评价指标设计

位于美国匹兹堡的铝业公司属于金属制造的传统企业，也是美国最大的制造铝产品的公司。自1888年公司设立，其发展几经波折，起伏不定。1910年，为了紧跟新行业的发展，该公司开始研发各类新产品，并且向各个领域进军，并购了汽车、航空等多个行业的企业，进而不断发展壮大。然而，1945年因司法问题，该公司不得不将一些下属的公司卖掉，损失惨重。随后，1998年在并购阿鲁玛克斯公司之后，公司得到快速发展，年产量甚至达到百万吨，成为金属制造市场的"领头羊"。如今，美国铝业公司已发展百余年，并且迅速占领海外市场，扩大对外贸易。例如，美国铝业已经成功占领中国市场，成为在中国最成功的跨国投资企业之一。在生态效率指标的设计上，美国铝业公司将环境与财务的业绩作为主要的衡量标准。能源、水、原材料的使用是评估环境优劣的主要方面，因此，资源的消耗水平成为考察的指标。同时，由于行业的特殊性，其以铝产品加工为主要生存方式，进行原材料的工业加工，而这一生产过程不只是对资源的消耗，还关系到对环境的影响。因此，美国铝业公司在生态效率指标的设计上又加入了污染排放与温室效应气体排放两个指标，使评估体系更具科学性。

另外，从其自身的生产考虑，公司还加入了符合于行业特征的生态效率指标，包括铝土矿的消耗、电力能源的消耗等。因此，初级能源消耗指标的选择上添加了相关的特有指标，即氧化铝综合能耗、吨铝综合交流电耗和铝材综合能耗。水资源的使用也是生态效率指标中必须考虑的重要选项。由于生产过程中，氧化铝和电解铝的生产具有很大的差异性，电解铝对于水资源有更多的消耗，因此新水消耗量必须加入生态效率指标当中，使设计体系更加合理、可靠。

纯碱和铝土矿是氧化铝生产过程中不可缺少的重要原材料，并且电解铝的生产必须依靠氧化铝才能实现，不仅如此，冰晶石等材料在其生产中也是必不可少的，因此，铝土矿、纯碱以及形成后的氧化铝单耗量必须作为资源指标再次加入整个体系的建立中。温室气体排放量的考量方面，二氧化碳和二氧化硫作为铝产业产品加工过程中主要向大气排放的温室气体，两个效率指标必须予以充分的重视。在污染物处理指标的衡量中，根据铝产品加工的特有属性，综合选取了相关的评估指标，主要包括化学需氧量（COD）排放量、氮氧化物排放量、工业粉尘的排放量和工业废水排放量。最终，美国铝业公司综合考量了所有的效率评价指标，依照科学的、合理的原则，形成指标体系如表5.1 所示。

表 5.1　　　　　　　　　　美国铝业生态效率相关指标体系构建

一级指标	二级指标
初级能源耗用量	铝材综合能耗
	吨铝综合交流电耗
	氧化铝综合能耗

续表

一级指标	二级指标
原材料耗用量	纯碱消耗
	氧化铝单耗
	铝土矿单耗
水资源耗用量	新水消耗量
温室效应气体排放量	二氧化碳排放量
	二氧化硫排放量
污染物排放量	COD 排放量
	氮氧化物排放量
	工业粉尘排放量
	工业废水排放量

在财务指标的构建方面，公司选取了较为简单的评估体系。首先，将经济增加值（EVA）、经营活动现金净流量、营业利润和净利润相关指标加入体系中，并且构建环境业绩指标与经济增加值的正比例关系，其目的在于将环境业绩指标作为基本的考量单位，具有更强的解释力与说明性。以上述环境业绩指标为基础将环境业绩指标作为分子，分母分别以经济增加值（EVA）、经营活动现金净流量、营业利润和净利润表示，最终得到财务业绩的 4 个指标。以经济增加值为例，具体的指标设计如表 5.2 所示。

表 5.2　　　　　　以经济增加值为分母的美国铝业生态效率指标设计

一级指标	二级指标
初级能源耗用量	铝材综合能耗/经济增加值
	吨铝综合交流电耗/经济增加值
	氧化铝综合能耗/经济增加值
原材料耗用量	纯碱消耗/经济增加值
	氧化铝单耗/经济增加值
	铝土矿单耗/经济增加值

续表

一级指标	二级指标
水资源耗用量	新水消耗量/经济增加值
温室效应气体排放量	二氧化碳排放量/经济增加值
	二氧化硫排放量/经济增加值
污染物排放量	COD 排放量/经济增加值
	氮氧化物排放量/经济增加值
	工业粉尘排放量/经济增加值
	工业废水排放量/经济增加值

2. 德国环境经济账户生态效率指标设计

经济活动与环境之间的紧密关系受到了德国学术界的重视，因此，建立生态效率指标也是科学评价发展的必然趋势。在研究过程中，德国相关领域的专家为了有效评估生态效率，将 12 个生态效率指标纳入整个评估体系中，也就是环境经济账户。该账户的设立以德国联邦统计局为主要负责部门。在德国的学术领域讨论中，环境核算作为重要的经济指标应该纳入整个国民经济的核算体系当中，也是体系中的重要账户。在具体的实践中，这个账户以经济核算体系（SNA）作为指标核算基础，并且根据与之具有密切关联的定义、理论、原则和方法，设计出实物量与价值量两种核算方法，通过这样的方式使整体核算体系更加完善，尤其在环境核算方面就更加凸显其科学性。在此基础之上，德国的环境经济账户形成了它本身所具有的核心价值。

人类的经济活动与自然环境有着紧密的联系，二者相互依存、相互影响，因此，人类的所有活动必须在尊重自然环境发展规律的基础上开展。人类所进行的产品生产、消费，甚至提供相关性质的服务，都要以消耗自然资源作为交换。在长期的生产生活中，也势必对自然环境造成一定破坏。类似的观点在德国的学术环境中早已达成共识，并寻求积极的改善方法，在建立环境经济账户的过程中，就遵循了一种生态发展原则，将自然资源作为一切经济发展的生产要素。表 5.3 阐释了环境经济账户中自然输入要素的全部内容及其选用的相关指标，确定了各要素的具体内容。

表 5.3　　　　　　　德国环境经济账户中的自然输入要素及选用指标

输入要素种类	输入要素名词	输入要素选用指标
自然作为资源来源	原材料	原材料消耗量：进口无机产品数量和从国内提取的无机原材料数量
	能源	能源消耗量：初级能源消耗量
	土地	土地使用量：建成土地和交通土地
自然作为废弃物和污染物的排放池	酸性气体	酸性气体排放量：酸性气体当量
	温室气体	温室气体排放量：二氧化碳当量
所使用的经济要素	劳动力	劳动总量：工作总小时数
	资本	资本使用量：固定资产消耗量

　　德国的环境经济账户在研究方法的选择上，指标采取定量研究的方法，将自然输入要素与经济价值创造结合起来。前期的分析主要从资本生产率与劳动生产率作为计算要素出发。两个要素都是数量表达的结果，在一段时间内，资本生产率是单位资本存量形成的产出水平，而劳动生产率则是劳动成果与其消耗的比值。因此，在生态效率的计算过程中，是一种定量化的结果表达，其表达式中的所有变量都是以量化的方式予以分析，最终所表示的是由代表经济价值的创造量 GDP 与环境的输入要素所构成的比例关系。但是，环境输入的类别繁多，如何进行度量仍是目前德国学者关注的焦点问题之一。

　　在指标体系内容上，德国的环境经济账户将环境业绩与经济业绩纳入生态效率的分析中来，形成相对完善的体系构架。从环境的角度上，主要包括了原材料、能源、水、土地资源的耗费与酸性气体、温室气体排放的总量。从经济的角度上，将劳动量和资本的使用程度作为衡量其业绩的标准。将相关的指标按照账户规定的计算标准进行合理分析，得出相对应的生态效率指标。其一是以劳动总量为代表，与环境输入要素构成比值关系，形成生态效率指标，其二是指从资本的使用程度与环境输入要素之间的比值关系构成生态效率指标。

　　德国在环境账户指标的设立上考虑到许多问题。由于自然输入经济的要素具有不同形式,因此单一的指标衡量会使其结果产生误差甚至偏离。在实际的分析中,生态效率是一个多维向量,它包含多个生产效率,其内部具有很强的相互关联性,彼此产生影响。在实际的应用过程中,仍有很多需要注意的地方,生态效率中的每一个要素指标在计算的过程中都有其独特的意义。例如,经济生产中包含了许多要素,即使加入了全部的经济活动所形成的真实产量,也只代表与其中的一个生产要素指标具有一定的关联性。因此,在计算生态效率的过程中,仅具有指导方向的作用。这种简单的计算只一种粗略的表达方式。

所以,生态效率的输入要素存在着多方面的差异性,在很多方面不能直接进行对比。但是,要素之间关系的变化随着观察的不断深入有了具体的认识和了解,可以从中发掘一定的规律。

3. 芬兰国家经济创造福利的生态效率指标设计

芬兰在生态效率指标的设立与该国国家福利经济具有高度的密切关系。例如,芬兰学者哈弗因(Hoffren)对生态效率度量作出了适应性的解释,提出了利用政策工具为经济活动的发展提供框架,支持整体社会的发展,并且利用生态效率的优点提出新的观点,并在实践中加以应用;另外在定价方法,尤其是自然资本的定价方面提供了一些指标方案,如可持续经济福利指数(ISEW)、可持续生产净收益测度(SBM)和环境调整的国内生产总值(EDPZ);最终,自然资源与经济活动形成了有效的整合体系,两者互相影响,互为补充,构成了完整的整体(如表 5.4 所示)。

表 5.4　　　　　　　　　哈弗因生态效率指标设计、解释与计算方法

指标名称	指标公式	指标解释和计算
生态效率 1(EE1),即生产生态效率	$EE1 = GDP/DMF$	DMF 表示直接物质流
生态效率 2(EE2),即工业生态效率	$EE2 = EDP1/DMF$	EDP1 等于传统的 GDP 减去固定资本(人造资本)消耗与环境资源(环境资本)

指标名称	指标公式	指标解释和计算
生态效率 3（*EE3*），即社会生态效率	*EE3 = ISEW/DMF*	*ISEW = Cadj. + P + G + W − D − E − N* *Cadj* 表示调整收入分配后的消费者支出；*P* 表示非防务公共支出；*G* 表示资本增长和国际位置净变化；*W* 表示非货币贡献的福利估计；*D* 表示防备私人支出；*E* 表示环境退化成本；*N* 表示自然资本贬值
生态效率 4（*EE4*），即人文生态效率	*EE4 = HDI/DMF*	*HDI* 度量的是人文发展三个基本纬度的总体成就：寿命、知识和生活水平。具体度量的是期望寿命、受教育程度（成人识字率与小学、中学和大学入学率的综合）、购买力调整后的收入
生态效率 5（*EES*），即潜力生态效率	*EE5 = SBM/DMF*	*SBM = NNI − TE − NE − NR − OE* *NNI* 表示净国民收入；*TE* 表示社会总环境支出；*NE* 表示经常活动的负面效应；*NR* 表示人类导致的资源变化（以数量和质量计）；*OE* 表示生物圈中人类导致的其他变化（以数量和质量计）

4. 芬兰 Kymenlaakso 地区生态效率指标设计

芬兰 Kymenlaakso 地区表达的是经济生产活动与环境生态之间关系问题。该地区的经济活动，包括生产、消费等，突出表现为人类活动对区域或区域外的环境影响，并考验一个区域环境承载能力。从此项研究中不难看出，所谓的"生态系统"包含了 Kyrnenlaakso 地区与芬兰其他地区和国外的进口（图 5.1 中的"上游"）和出口（图 5.1 中的"下游"）。

5. 三个国家构建的指标体系给我们的启示

美国：既采用被广泛接受和认可的指标，即能源、水和原材料的耗用三方面的指标，也根据自身的特点，引入代表特定铝制品和消耗的指标。同时将环境与经济挂钩，将选取的指标与经济增加值、利润等相除，求得生态效率指标。

德国：考虑原材料、能源、土地等的输入指标，以及废气排放等输出指标。比较有借鉴意义的是在考虑代表经济的 GDP 这一指标时，分别考虑资本和劳动的投入，将经济因素加以细化。

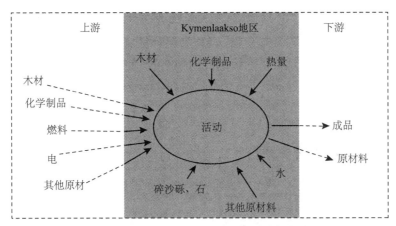

图 5.1　芬兰 Kymenlaakso 地区的生态效率指标体系构建

芬兰：从国家角度构建指标时通过 5 个定量的公式将涉及生产、社会、人文、潜力等各方面指标都囊括其中，与其他学者相比，将寿命、知识和生活水平等人文的因素考虑进来。从地区角度构建指标时，除了考虑本地区的因素之外，还将进出口因素考虑进来。

5.1.2　国内生态经济效率评价的经验及借鉴

1. 生态经济系统的综合评价

国内学者对生态经济进行综合评价时，大多综合考虑经济增长、社会发展、资源环境、生态等多方面因素。如张淑敏等学者构建由经济增长、社会发展、生态建设、资源利用和环境保护 5 个准则层构成的生态经济综合评价指标体系，用以衡量区域生态经济系统发展状况（如表 5.5 所示）。

表 5.5　　　　　　　　　生态经济综合评价指标体系

目标层	准则层	指标层
生态经济综合评价	经济增长	人均 GDP（元）
		人均社会消费品零售额（元）

目标层	准则层	指标层
生态经济综合评价	经济增长	第三产业占 GDP 比重（%）
		人均固定资产投资额（元）
	社会发展	就业率（%）
		入学率（%）
		城市化率（%）
		恩格尔系数（%）
	生态建设	森林覆盖率（%）
		生态用地覆盖率（%）
		建成区绿化覆盖率（%）
		人均绿地面积（m^2）
	资源利用	能源利用效率（万元/吨）
		水资源利用效率（元/吨）
	环境保护	COD 排放环境效率（元/吨）
		SO$_2$ 排放环境效率（元/吨）
		工业固体废弃物排放环境效率（元/吨）
		工业烟尘排放环境效率（元/吨）

陈林心等将经济增长、生态效率视为相互独立又相互影响的系统，从经济增长质量和经济增长数量两方面考察经济的增长，从资源投入、环境负荷、经济产出三方面分析生态效率。构建的指标体系如表 5.6 所示。

表 5.6　　　　　　　　经济增长与生态效率系统指标体系

子系统	准则层	指标层
经济增长系统	经济增长质量	居民消费价格指数
		在岗职工平均工资（元）
		社会消费品零售总额（亿元）
		居民人均消费支出（元）
		参保养老险人数（人）

子系统	准则层	指标层
经济增长系统	经济增长数量	城市人口密度（人/平方千米）
		城镇化率（%）
		人均 GDP（万元/人）
生态效率系统	资源投入	发电量（亿千瓦时）
		供水总量（亿吨）
		液化石油气供应（万吨）
		城市建成区面积（平方千米）
		有效灌溉耕地面积（千公顷）
		化肥施用量（万吨）
	环境负荷	废水排放（万吨）
		二氧化硫排放（吨）
		固体废物排放（万吨）
	经济产出	地区生产总值（亿元）

2. 基于效率指标的评价

有些学者通过分别计算资源效率和环境效率并与经济产出因素相结合进行生态效率评价。如胡巧玲利用数学模型将经济产出对资源环境的影响做了细致分析，并且从生态效率理论出发，形成社会服务量、生态负荷、生态效率三者之间的关系，其目的在于改变政府传统的经济发展思维，以生态环境为重，构建可持续的经济发展。胡巧玲提出的生态效率概念模型如下：

$$生态效率（E）= \frac{社会服务量（S）}{生态负荷（I）} \tag{5.1}$$

社会服务量 S 代表区域范围内的产业经济效益、人口规模、年产值、年工业增加值等；而生态负荷 I 所代表的是自然资源的使用效率和相关的污染排放量（三废排放等），另外还包括资源的消耗（水、能源等）等；前者与后者成比例关系，构成了 E，即生态效率。模型中，各个变量之间的关系显而易见，生态效率实际上与社会服务量构成了相同的发展趋势，与生态负荷在趋势上构成反向关系。因此在度量上，生态效率的评估必须包括资源和环境的负荷程度，所以，在指标分析上进一步分化，形成资源效率 R 和环境效率 P。

$$资源效率（R）= \frac{社会服务量增长倍数}{资源和能源消耗量增长倍数} \qquad (5.2)$$

$$环境效率（P）= \frac{社会服务量增长倍数}{环境污染排放量增长倍数} \qquad (5.3)$$

臧正基于生态系统服务价值理论提出区域生态 - 经济产出效率评价模型：

$$EEE = GDP/ESV$$

其中，GDP 为国民生产总值，代表区域国民经济与社会发展成就；ESV 代表投入到国民经济与社会发展过程中的全部生态系统服务；EEE 为生态 - 经济产出效率。

宋廷山基于 OECD 对生态效率的定义，综合宏观经济环境、资源、环境三方面因素，用 GDP 代替生态效率表达式中的"产品或服务的价值"，用水、电、能源、劳动力代表资源，用三废指标表示对环境的影响，提出资源效率和环境效率的计算方法，如表 5.7 所示。

表 5.7 生态效率评价指标体系

目标层	准则层	指标层	指标解释
生态效率	宏观环境	人均 GDP（$X1$）	GDP/人口数
		单位面积 GDP（$X2$）	GDP/地区面积
		政府环境保护力度（$X3$）	政府对环境的保护
		固定资产投资（$X4$）	固定资产投资总额
		人均海岸线长度（$X5$）	海岸线长度/人口数
		单位 GDP 海洋产值（$X6$）	海洋产值/GDP
	资源效率	水资源效率（$X7$）	GDP/水消耗量
		电力资源效率（$X8$）	GDP/电消耗量
		能源效率（$X9$）	GDP/能源消耗量
		劳动效率（$X10$）	GDP/从业人员数
	环境效率	废气效率（$X11$）	GDP/废气排放量
		废水效率（$X12$）	GDP/废水排放量
		固废排放效率（$X13$）	GDP/固废排放量

3. 基于投入产出指标的评价

有些学者从投入和产出角度构建指标体系，运用基本的数据包括分析（DEA）计算方法或者改进的 DEA 计算方法对生态经济效率进行评价。

曹鹏认为生态效率是在发展经济的同时保护好环境和节约资源，做到发展和保护并重，因此应从资源和环境两个不同的视角对生态效率进行评价，再结合经济产出和我国的统计年鉴，对投入产出指标进行相应的选择。构建的指标体系如表5.8所示。

表5.8　　　　　　　　　　　生态效率评价指标体系

指标	类别	具体指标构成	说明
投入指标	环境污染	废水排放	废水排放量、化学需氧量排放量
		废气排放	SO_2 排放量、粉尘排放量、烟尘排放量
		固废排放	工业固体废物排放量
	资源消耗	能源消耗	万元 GDP 能耗
		人力消耗	就业人数
		土地消耗	建设用地面积
		水资源消耗	用水总量
产出指标		经济发展总量	地区 GDP

薛言祯在生态经济评价指标体系的研究上，利用超效率 DEA 模型进行了相关的数据处理。以青岛生态经济作为测量样本，结合能值理论，对青岛市能值指标进行相关的分析与解释，并且在此基础上，搭建了处理非期望产出的模型分析。从指标体系中青岛市生态效率的具体情况及未来的趋势得到有效论证。在具体的指标体系构建上，这种生态经济指标表达如表5.9所示。

表 5.9　　　　　　基于能值理论的生态效率评价指标体系

一级指标	类别	传统指标	基于能值的分析指标
输入		能用消耗总量 水资源消耗 建设用地面积	不可更新资源能值
		— 固定资产投资	可更新能源能值 投入能值
输出	非期望产出	固体废物 废水 废气	废物能值
	期望产出	— GDP	输出能值 GDP 能值

4. 三种评价体系的经验及启示

生态经济系统的综合评价：将生态和经济视为独立的系统，在考虑经济系统时不仅涉及 GDP、固定资产投资等指标，还应当考虑经济增长的质量或者说社会保障和发展的指标，如居民养老、工资、消费等。考虑生态系统时，通常从资源、环境两方面入手，涉及水、电、能源、土地等资源指标和三废排放等环境指标。

基于效率指标的评价：该类评价大多以生态经济效率的内涵为基础，基于基本公式：

$$生态效率 = \frac{产品或服务的价值}{环境影响} \tag{5.4}$$

对该公式进行完善和变形，有的用 GDP 来表示产品或服务的价值，用资源消耗和三废排放表示对环境的影响，用 GDP 与资源消耗和三废排放的比值来分别计算资源效率和环境效率。因此，社会服务量在表示方法上应当予以扩充，那么相应地就会把产品或服务的价值相关指标进行更替或者增加，此类观点也是将产品或服务的价值等同于社会服务量进行相关解释说明，不仅限于GDP，还考虑工业产值、劳动力等投入指标。

基于投入产出指标的评价：通过计算生产效率的办法，利用投入产出指标计算生态经济效率，投入指标一般包括资源和环境指标，包括资源和能源的消耗以及三废排放。产出指标通常用 GDP 来表示经济产出。有的学者认为"三废"排放在生态经济效率评价中是带来负效应的，是非期望产出，在计算时应当视作投入指标来表示其负向效应。

5.2　基于城市综合承载力的京津冀生态经济效率评价

5.2.1　城市综合承载力的内涵及构成

1. 城市综合承载力的内涵

城市综合承载力将承载力这一概念和城市研究领域自然地结合在一起。城市综合承载能力概念是由城市规模、城市容量等概念引申而来的。城市规模问题最早是由古希腊人提出的。

根据国外规划专家的研究，承载力是自然或者人工的系统吸收人口的增长或有形的增长而不会产生明显退化或破坏的能力。到 2002 年，城市承载能力定义被界定出：一种人口增长、人类活动、物质发展、土地利用的水平，使城市人居环境系统可持续发展，且不会造成其退化和不可恢复的破坏。这一定义是基于以下假设提出的：有一种环境阈值，若超过这一阈值会造成退化和不可恢复的破坏。

国内学者主要对城市容量、城市规模、城市水资源承载力、城市交通承载力、城市生态系统承载力等进行了研究。这些研究主要集中在一些制约城市发展的因素上，如水、土地等要素，鲜有对整个城市系统承载能力所进行的研究。2005 年 1 月，建设部下发的《关于加强城市总体规划修编和审批工作的通知》中对城市综合承载能力进行了明确的界定。目前，对这一定义还没有形成统一的理解，存在分歧。罗亚蒙、吕斌、叶裕民、陈淮、王东等分别提出了具有代表性的五种观点。

　　这些学者所提出的城市综合承载能力的概念虽然在表达上存在一定的差别，对承载能力影响因素的分析也不尽相同，但实际上，它们彼此之间是相通的，都是反映城市系统对内外环境变化的最大承受能力。为阐述发展限制程度的概念，学者们普遍认为承载力确实存在一个阈值，超过这一阈值将产生承载力失衡问题。

　　城市综合承载力涉及"城市""综合"和"承载力"三个概念，因此，城市综合承载力的定义应体现"城市"的特点，符合"承载力"的要求，具有"综合"的特性。本书在借鉴前面所述的承载力理论和参考大量文献的基础上，认为城市综合承载力（Urban Compositive Bearing Capacity，UCBC）是一个不同于原来资源、环境承载力的全新概念，是指城市的生态环境、基础设施、资源禀赋和公共服务对城市人口及经济社会活动的承载能力，即整个城市最多能够容纳的人口总量，能承担的就业人口，能提供优质生活的数量等。城市综合承载力包括资源承载力、环境承载力、经济承载力和社会承载力四个方面，是这四个方面的有机结合，而非简单叠加。

　　上述的概念可以用如下的模型来表示：

$$\max(UCBC) = f(x_1, x_2, x_3, x_4) \tag{5.5}$$

其中，$UCBC$ 表示城市综合承载力；x_1 表示资源承载力；x_2 表示环境承载力；x_3 表示经济承载力；x_4 表示社会承载力。

2. 城市综合承载力的构成及维度

　　承载力的研究最早始于力学，后被引用到生态学领域，随着对其研究的深化，近 20 年来承载力的思想逐渐被应用到人口学、环境学、经济学等多个研究领域。21 世纪前国内外学者对承载力的研究从分散到集中，逐步聚焦到对资源、环境和生态承载力的相关研究中，对资源承载力主要是研究水土资源承载力，对环境承载力主要研究环境污染与保护，对生态承载力主要研究自然生态系统的承载能力。21 世纪后，学者们逐渐将人口、社会等因素纳入综合承载力的范畴，将综合承载力看作一个整体系统，从资源、环境、人口、社会等多个方面考察综合承载力，认为城市承载力是生态环境对人类的人口增长、资源利用、生活发展的承受能力，城市承载力较高是指城市生态系统实现可持续发展、城市生态环境没有受到不可逆转的破坏的状态。城市的综合承载力的内涵应包括城市土地资源、水资源等资源因素，城市绿化、"三废"排放等环境因素，交通基础设施、教育、人口等社会因素和 GDP 等经济发展因素等多方面因素，还应同时包括城市发展的软、硬件条件。

　　基于国内外学者的相关研究成果，分析得出资源、环境承载力是城市综合承载力的最基础构成，经济、社会承载力是城市综合承载力的引申和发展，因此，对于城市综合承载力的研究可以划分为两个层次，如图 5.2 所示。

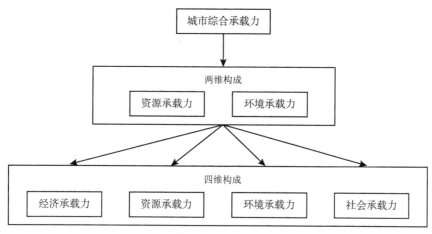

图 5.2　城市综合承载力维度构成

　　第一层次的研究为两维城市综合承载力研究，主要集中于对资源、环境承载力的研究；第二层次的研究为四维城市综合承载力研究，在资源、环境的基础上引入经济、社会因素，考察资源禀赋、自然环境、基础设施对城市人口及经济社会生活的承载能力。

5.2.2　生态经济系统综合评价指标体系构建

　　基于国外生态经济效率评价的借鉴以及城市综合承载力的内涵及构成，构建由经济、社会、资源、环境四个维度构成的生态经济系统综合评价指标体系，如表 5.10 所示。

表 5.10   生态经济系统综合评价指标体系

目标层 A	基准层 B	指标层 C
生态经济系统综合评价	经济	C_1 城镇就业人数（万人）
		C_2 规模以上企业新产品经费支出（万元）
		C_3 进口总额（万美元）
		C_4 全社会固定资产投资（亿元）
		C_5 GDP（亿元）
		C_6 出口总额（万美元）
		C_7 规模以上企业新产品销售收入（万元）
		C_8 人均可支配收入（元）
	社会	C_9 公共财政教育支出（亿元）
		C_{10} 医疗卫生机构（个）
		C_{11} 城乡居民领取养老保险人数（万人）
	资源	C_{12} 用水总量（亿立方米）
		C_{13} 用地总量（包括农业用地和建设用地）（千公顷）
		C_{14} 电力消费量（亿千瓦时）
	环境	C_{15} 废气（二氧化硫、氮氧化物、烟粉尘）排放总量（万吨）
		C_{16} 废水排放总量（万吨）
		C_{17} 一般工业固体废物产生量（万吨）
		C_{18} 一般工业固体废物综合利用量（万吨）

对于经济子系统，一是从投入、产出的角度来选择指标，投入方面主要涉及资本、劳动力的投入，选择城镇就业人数、企业新产品经费支出以及全社会固定资产投资指标；产出方面主要考虑投入所创造的价值，包括创造的新产品以及为人们带来的收入，选择企业新产品销售收入以及人均可支配收入指标。二是考虑整个经济系统创造的价值，选择 GDP 指标。三是将该地区作为独立的经济系统，考虑与系统外部的经济环境之间的关系，选择进出口额指标。

对于社会子系统，主要从教育、医疗、养老角度考虑社会发展情况，选择公共财政教育支出、医疗卫生机构数量以及城乡居民领取养老保险人数作为主要考察指标。

5.2.3 基于因子分析的经济社会综合指数的提取

因子分析法，是将许多复杂的因子变量，按照相关性的大小进行分类，归为一类的因子之间相关性程度高，可以用某些共有的属性定义，并且各个类别的因子都可以用一些相同因子的线性组合关系进行表示，这些相同因子称为公共因子。然而，不同类别的因子之间相关性程度小。公共因子是对所有因子原始数据的提取，并且也能够反映出主要的信息，包含了所有因子的完整信息，能够对真实情况进行客观和准确的描述。

通常来说，公共因子是对所有原始数据的高度集中概括，其可以在包含完整信息的前提下减轻工作负担，只对个别因子进行研究讨论；因子变量的选择不是凭借主观的经验，而应在结合科学的模型基础上，重新分析定义所有的原始数据，按照与研究对象相关性的大小二次分类，因此因子分析法可以在保证不丢失信息的前提下，进行客观真实的研究讨论。虽然同一类因子间的相关性高，但公共因子之间不能用相同的线性组合进行表示，它们彼此之间相互独立，互不干扰，互不影响。假设一共有 N 个样本和 P 个指标，$X = (x_1, x_2, x_3, \cdots, x_p)$ 随机向量是 T，公共因子为 $F = (F_1, F_2, L, F_m)^T$，则因子模型如下：

$$X_1 = a_{11}F_1 + a_{12}F_2 + L + a_{1m}F_m + \varepsilon_1$$
$$X_2 = a_{21}F_1 + a_{22}F_2 + L + a_{2m}F_m + \varepsilon_2$$
$$\vdots$$
$$X_P = a_{P1}F_1 + a_{P2}F_2 + L + a_{Pm}F_m + \varepsilon_P \tag{5.6}$$

矩阵 $A = a_{ij}$，称为因子载荷矩阵，a_{ij} 为因子载荷，其实质是公因子 F_i 和变量 X_i 的相关系数。ε 为特殊因子，代表公因子以外的影响因素，实际分析时忽略不计。

1. 因子分析适当性检验

运用 SPSS19.0 对相关数据进行因子分析，得到评价结果如下：

对因子分析的适当性进行检验通常是观察两个指标：KOM（Kaiser - Meyer-olkin）及 Bartlett 球形检验（Bartlett's test of Spherieity）的结果。表 5.11 为

因子分析的 KMO 及 Bartlett 球形度检验结果。

表 5.11   **KMO 和 Bartlett 检验**

取样足够度的 Kaiser – Meyer – Olkin 度量		0.847
Bartlett 的球形度检验	近似卡方	6076.390
	df	153
	Sig.	0.000

KMO 是取样适当性测量统计量。KMO 值越大,表明变量间的共同因素越多,越适合进行因子分析。KMO < 0.6 时,不适合做因子分析;0.6 < KMO < 0.7 时,可以做因子分析,但适合度较低;KMO > 0.7 时,适合做因子分析。表 5.11 显示 KMO 值为 0.847,说明适合进行因子分析。

Bartlett 球形检验可用来判断数据是否为多变量正态分布,也可用来判断相关系数矩阵是否适合进行因子分析,小于 0.05 说明该数据适宜做因子分析。表 5.11 显示,Sig. 值为 0.000,达到显著性水平,说明适合进行因子分析。

表 5.12 为每个变量的共同度。所谓共同度就是每个原始变量在每个公因子载荷量的平方和,也就是每个原始变量可以被公因子解释的变异量百分比。从共同度的大小可以判断原始变量与公因子间的关系程度,共同度越大,说明原始变量被提取的信息越多,损失的信息越少。

表 5.12   **各变量的共同度**

变量	原始共同度	提取共同度	变量	原始共同度	提取共同度
C_1	1.000	0.938	C_{10}	1.000	0.824
C_2	1.000	0.933	C_{11}	1.000	0.891
C_3	1.000	0.857	C_{12}	1.000	0.757
C_4	1.000	0.859	C_{13}	1.000	0.949
C_5	1.000	0.979	C_{14}	1.000	0.943
C_6	1.000	0.877	C_{15}	1.000	0.853
C_7	1.000	0.909	C_{16}	1.000	0.942
C_8	1.000	0.754	C_{17}	1.000	0.941
C_9	1.000	0.921	C_{18}	1.000	0.941

从表5.12中可以看出，各变量共同度均在0.75以上，最大值达到0.979，表明各原始变量被提取的信息很充分，用公因子解释损失的信息很少。

2. 因子的提取

表5.13为特征值与解释变量值。从表中可以看出，前四个特征值累积的解释变异量为88.098%，损失的信息仅占11.902%，可认为这四个公因子综合了原始指标的绝大部分信息，可以对生态经济系统的整体情况作出较好的解释。

表5.13　　　　　　　　　　　　特征值与解释变量值

成分	初始特征值			旋转平方和载入		
	合计	方差的%	累积%	合计	方差的%	累积%
1	9.980	55.444	55.444	5.850	32.499	32.499
2	3.711	20.615	76.059	5.384	29.912	62.411
3	1.258	6.989	83.047	3.570	19.831	82.242
4	0.909	5.051	88.098	1.054	5.856	88.098
5	0.724	4.019	92.118			
6	0.407	2.263	94.381			
7	0.377	2.096	96.477			
8	0.143	0.793	97.269			
9	0.133	0.740	98.010			
10	0.090	0.500	98.509			
11	0.065	0.359	98.868			
12	0.056	0.313	99.181			
13	0.045	0.250	99.432			
14	0.036	0.198	99.629			
15	0.032	0.181	99.810			
16	0.017	0.094	99.903			
17	0.013	0.070	99.974			
18	0.005	0.026	100.000			

表 5.14 为旋转后的因子载荷矩阵。公因子是否易于解释，很大程度上取决于因子载荷的结构，如果载荷矩阵的所有元素都接近 0 或 ±1，则模型的公因子就易于解释；如果载荷阵中的元素多数居中，不大不小，应考虑进行因子旋转，使得旋转后的载荷矩阵在每一列上元素的绝对值尽量地拉开大小距离。因子旋转方法有多种，从统计上所有的转轴法皆是相等的，本书采用方差最大化旋转，即使因子载荷表中每一列的变异最大。

因子应以其载荷较大的变量共同现象作为命名，载荷应达到 0.5 以上。从表 5.14 可以看出，第一个因子在 C_1、C_2、C_3、C_4、C_5、C_6、C_7、C_8 上有较大载荷，第二个因子在 C_9、C_{10}、C_{11} 上有较大载荷，第三个因子在 C_{15}、C_{16}、C_{17}、C_{18} 上有较大载荷，第四个因子在 C_{12}、C_{13}、C_{14} 上有较大载荷。第一个因子主要包含经济系统评价指标，可称为经济因子；第二个因子主要包含社会评价指标，可称为社会因子；第三个因子主要包含环境评价指标，可称为环境因子；第四个因子主要包含资源评价指标，可称为资源因子。这也说明，生态经济系统可以用经济、社会、资源、环境四个指标来解释。

表 5.14   旋转后的因子载荷矩阵

变量	因子			
	1	2	3	4
C_1	0.675			
C_2	0.577			
C_3	−0.910			
C_4	0.796			
C_5	0.701			
C_6	0.840			
C_7	0.576			
C_8	0.824			
C_9		0.771		
C_{10}		0.685		
C_{11}		0.854		

续表

变量	因子			
	1	2	3	4
C_{12}				-0.698
C_{13}				0.963
C_{14}				-0.635
C_{15}			-0.855	
C_{16}			-0.736	
C_{17}			-0.961	
C_{18}			0.942	

3. 基于 R 型因子分析法计算各指标权重

R 型因子分析是数理统计中一种研究各指标之间相互关系的多因素分析方法。首先将测试获得的一批数据计算出各指标两两间的相关系数矩阵，再通过矩阵变换，算出特征值 λ_i 和特征向通 μ_{ij}。根据 λ_i 的大小，可以从中选出几个主因子，用这几个主因子就能反映原有指标的绝大部分信息，进而按公式 $a_{ij} = \mu_{ij} / \sqrt{\lambda_i}$ 可计算出初始因子矩阵。由于初始因子矩阵中的因子载荷 a_{ij} 是第 i 个指标和第 j 主成分的相关系数，因而可以根据各指标的因子载荷的大小来确定各个指标的相对重要程度，从而计算出各指标的"权重"。计算结果如表 5.15 所示。

表 5.15　　　　　　　　　　　　指标层权重

Wc_1	Wc_2	Wc_3	Wc_4	Wc_5	Wc_6	Wc_7	Wc_8	Wc_9
0.05758	0.04266	0.04435	0.04962	0.05224	0.04342	0.04294	0.05669	0.05198
Wc_{10}	Wc_{11}	Wc_{12}	Wc_{13}	Wc_{14}	Wc_{15}	Wc_{16}	Wc_{17}	Wc_{18}
0.06190	0.05515	0.04656	0.12004	0.06392	0.05486	0.05382	0.05473	0.04755

从表 5.15 中计算结果可以看出，用来评价生态经济系统的 18 个指标中绝大

部分指标的权重值相差不大，处于 0.04266 ~ 0.06392 之间，只有第 13 个指标用地总量权重值为 0.12004，远远高于其他指标，说明随着城市化发展进程的加快，在现代生态经济系统中，农业用地和建设用地等土地资源的使用所占比重越来越大。

从上表 5.16 计算结果可以看出，经济、社会、环境、资源所构成的生态经济评价系统中，经济和社会的比重较大，环境和资源的比重较小。由此可见在生态经济系统中经济与社会的比重远大于资源与环境的比重。我们在研究生态经济效率的过程中，不能忽视经济社会方面的指标。

表 5.16 基础层权重

W_{B1}	W_{B2}	W_{B3}	W_{B4}
0.36890	0.33953	0.22510	0.06647

4. 经济社会综合指数

在计算生态经济效率时，学者们更多地使用 GDP 指标来表示经济投入，指标过于简单，不能全面反映经济投入、产出的状况，也没有考虑企业、个人等经济主体。为解决这一问题，本研究充分考虑多方面因素，通过表 5.10 中的 8 个指标表示经济子系统，3 个指标表示社会子系统，并借助因子分析法提炼出经济、社会公因子，通过如下公式计算经济社会综合指数：

$$F = W_{B1}f_1 + W_{B2}f_2 \qquad (5.7)$$

其中，F 是综合评价值；W_{B1} 和 W_{B2} 分别为经济系统和社会系统指标的权重；f_1、f_2 分别为经济、社会系统评价指标经因子分析计算后的数值。

经计算 2011 ~ 2016 年京津冀经济社会综合指数值如表 5.17 所示。

表 5.17 京津冀经济综合指数

年份	2011	2012	2013	2014	2015	2016
北京	- 1.40753	- 1.50748	- 1.59890	- 1.67237	- 1.58363	- 1.56592
天津	- 1.03655	- 1.07243	- 1.09665	- 0.93166	- 0.95185	- 1.00411
河北	- 0.69831	- 0.32960	- 0.27234	0.08347	0.28963	0.50682

由表 5.17 计算结果可以看出,2011~2016 年北京经济发展时有起伏;天津经济发展除 2016 年有所下降外,基本呈现上升趋势;河北经济发展比较稳定,一直呈现上升趋势。北京经济发展显示有一定的下降趋势,是由于北京地区进出口额在这六年中一直呈现下降趋势。天津 2016 年经济发展出现下降态势,主要是因为在这一年天津市城镇就业人数、新产品销售收入以及进出口额均有所下降。比较京津冀三省市的经济发展,河北省的经济发展优于北京市和天津市,这是因为经济系统考察的 8 个指标都是总量指标,河北省的 GDP 和全社会固定资产投资远远高于北京、天津两市。

由表 5.18 计算结果可以看出,2011~2016 年北京、天津社会发展整体呈现上升趋势。河北社会发展呈下降趋势,这是由于 2011~2016 年河北的医疗卫生机构数量逐年减少。京津冀三省市社会发展总体比较而言,北京最优,天津其次,河北最差,说明河北省的教育、医疗和城乡养老仍有待提高。

表 5.18　　　　　　　　　　　　京津冀社会综合指数

年份	2011	2012	2013	2014	2015	2016
北京	1.39041	1.60813	1.84957	2.00445	1.89713	1.96858
天津	0.27091	0.44394	0.61794	0.49115	0.52993	0.60913
河北	-0.12462	-0.16911	-0.08462	-0.3578	-0.35927	-0.3756

由表 5.19 计算结果可以看出,2011~2016 年京津冀三省市经济社会发展总体均呈现上升趋势,三省市比较而言,北京的经济社会发展状况最好,河北其次,天津较差。这一结果与普遍意义上认为的北京、天津优于河北的结论有一定出入,这是因为经济发展比较中天津比河北稍差,尽管社会发展的状况优于河北,但是由于经济子系统的权重较高,总体计算结果天津略低于河北。

表 5.19　　　　　　　　　　　京津冀经济社会综合指数

年份	2011	2012	2013	2014	2015	2016
北京	-0.04714	-0.01009	0.03816	0.06364	0.05994	0.09073
天津	-0.29040	-0.24488	-0.19474	-0.17693	-0.17121	-0.16359
河北	-0.29992	-0.17901	-0.12920	-0.09069	-0.01514	0.05944

5.2.4　基于熵值法的京津冀生态经济效率评价

1. 评价指标体系构建

生态经济的评价需要综合考虑经济、社会、环境和资源四方面因素，而效率的评价需要考虑经济社会总量指标与资源、环境消耗的比值，因此构建生态经济效率评价指标体系，具体如表 5.20 所示。

表 5.20　　　　　　　　　生态经济效率评价指标体系

目标层	基准层	指标名称
生态经济效率	经济社会综合指数	X1 国民经济与社会发展成就综合指数
	资源效率	X2 水资源效率（综合指数/水消耗量）
		X3 土地资源效率（综合指数/土地消耗量）
		X4 电力资源效率（综合指数/电力消耗量）
	环境效率	X5 废气效率（综合指数/废气排放量）
		X6 废水效率（综合指数/废水排放量）
		X7 固废排放效率（综合指数/固废排放量）
		X8 固废综合利用效率（综合指数/固废综合利用量）

经济社会发展状况涉及经济、社会相关的 11 个指标，通过因子分析法计算出这 11 个指标的综合指数。分别用综合指数除以水消耗量、土地消耗量和电力消耗量，得到资源效率指标。分别用综合指数除以废气排放量、废水排放量和固体废弃物排放量以及固体废弃物综合利用量，得到环境效率指标。

2. 计算方法及步骤

（1）评价指标的标准化处理。

数据标准化处理是为了统一各指标量纲与缩小指标之间的数量级差异，消除不同计量单位的影响，使其转化为无量纲数值。设 X 为引进式技术跨越指数，对应于 j 企业与 i 个评价指标的样本矩阵，有 $X = x_{ij}$。本研究采用级差标准化的方法，对原始数据进行标准化处理，公式为：

$$y'_{ij} = (x_{ij} - x_{\min})/(x_{\max} - x_{\min})（正效应）$$
$$y'_{ij} = (x_{\min} - x_{ij})/(x_{\max} - x_{\min})（负效应） \tag{5.8}$$

其中，y_{ij} 为标准化后某因素指标值，x_{ij} 为处理前某因素指标值，$x_{\min}$ 为处理前某因素指标最小值，$x_{\max}$ 为处理前某因素指标最大值。

由于在下面的熵值法确定指标权重中，要对指标值取对数，因此为保证指标值为正数，采用的方法是对坐标进行平移：

$$y_{ij} = y'_{ij} + b \tag{5.9}$$

其中，b 为指标的平移幅度，$b > |\min(x_{ij})|$，b 的取值越接近 $|\min(x_{ij})|$ 则评价结果越显著。

通过级差标准化和坐标平移，得到数据的标准化矩阵：

$$y_{ij} = \begin{vmatrix} y_{11} & y_{12} & \cdots & y_{1m} \\ y_{21} & y_{22} & \cdots & y_{2m} \\ \cdots & \cdots & \cdots & \cdots \\ y_{n1} & y_{n2} & \cdots & y_{nm} \end{vmatrix} \tag{5.10}$$

其中，y_{ij} 为第 i 个样本第 j 项评价指标的数值。

（2）基于熵值法确定指标权重。

熵值法是一种客观赋权法，其根据各项指标观测值所提供的信息多少来确定指标权重。信息熵描述了样本数据变化的速率，在综合评价中描述了指标数值变化的相对幅度，代表了该指标变化的相对速度。信息熵越小，信息的无序度越低，其信息的效用值越大，指标的权重也越大；反之亦然。据此可应用信息熵来确定权重，进而作出评价。熵值法计算评价指标权重的步骤如下。

首先，对标准化矩阵 p_{ij} 计算第 j 项指标的熵值 e_j：

$$e_j = \frac{-\sum_{j=1}^{m} p_{ij} \ln p_{ij}}{\ln m} \tag{5.11}$$

其中，$p_{ij} = \dfrac{y_{ij}}{\sum_{i=1}^{m} y_{ij}}$。

其次，计算指标的效用值 $\alpha_j = 1 - e_j$。α_j 越大，该指标价值越大，其权重也就越大。那么第 j 项指标权重的计算结果如下：

$$W_j = \frac{\alpha_j}{\sum_{j=1}^{n} a_j} \tag{5.12}$$

最后，对于多层结构的评价系统，根据熵的可加性，可以利用下层结构的指标信息效用值，按比例确定对应于上层结构的权重 W_i 数值。在熵值法前面步骤中，已经计算了各个指标的效用值 α_j，对下层结构的各个指标的效用值求和，得到各类指数的效用值，记作 $A_i (i = 1, 2, 3, \cdots, m)$。进而得到全部指数效用值的总和：

$$A = \sum A_i \tag{5.13}$$

则相应类指数的权重为：

$$W_i = A_i / A \tag{5.14}$$

（3）基于综合指数评价法进行整体评价。

综合指数评价法是指运用多个指标对目标单位进行评价的方法。其基本思想是将多个指标转化为一个能够反映综合情况的指标来进行评价。评价过程不是逐个指标顺次完成的，而是通过一些特殊方法将多个指标进行评价同时完成的；在综合评价过程中，一般要根据指标的重要性进行加权处理；评价结果不再是具有具体含义的统计指标，而是以指数或分值结果来表示参评单位综合状况的排序。

通过综合评价指数法可以找出影响综合承载力的薄弱环节，以便提出相应对策。对综合评价值 A 采用评价模型：

$$A = \sum_{i}^{n} W_j y_{ij} \tag{5.15}$$

其中，A 是综合评价值；W_j 是第 i 样本的第 j 个指标的权重；y_{ij} 是第 i 个样本第 j 项评价指标的数值。

3. 实证研究结果

根据指标体系，运用熵值法对京津冀 2011~2016 年的生态经济效率进行评价，各指标权重值如表 5.21 所示。

表 5.21　　　　　　　　　　　　指标层权重

Wc_1	Wc_2	Wc_3	Wc_4	Wc_5	Wc_6	Wc_7	Wc_8
0.05923	0.08535	0.17863	0.08043	0.17461	0.05316	0.18447	0.18412

由表 5.21 计算结果可以看出，土地资源效率、废气效率、固废排放效率和固废综合利用效率指标权重较高，说明在资源效率方面，随着农业用地和建设用地占用越来越多的土地资源，土地资源越来越稀缺，其价值也越来越高，相应地在资源效率中的重要性也越来越大。环境效率方面，废气和固体废弃物在环境因素中的重要性较大，固体废弃物综合利用效率指标权重在所有指标中位居第二，说明环境效率同时也注重对于已有废弃物的再利用。

京津冀 2011~2016 年生态经济评价结果如表 5.22 和图 5.3 所示。

表 5.22　　　　　　　京津冀生态经济效率评价结果

年份	2011	2012	2013	2014	2015	2016
北京	0.09632	0.10724	0.12569	0.13512	0.12793	0.16151
天津	0.00697	0.02229	0.04021	0.04440	0.03243	0.03836
河北	0.00080	0.00730	0.00991	0.01185	0.01376	0.01792

由图 5.3、表 5.22 可看出，2011~2016 年京津冀三省市生态经济效率整体呈上升趋势，北京地区生态经济效率最高，远远高出天津和河北两地。天津

生态经济效率略高于河北。河北生态经济效率最低，但六年来发展比较平稳，一直呈现上升的态势。

图 5.3　京津冀生态经济效率

5.3　京津冀生态经济效率全国定位

5.3.1　我国生态经济效率评价指标体系构建

生态经济效率的测算需投入、产出两大类指标，投入指标考虑用水、用地、用电的总量指标。生态经济效率离不开对于"三废"指标的测算，由于"三废"指标属于不期望产出的范畴，因此借鉴学者们的一般处理方法，把"三废"指标放在投入指标类。产出指标除表示地区生产总值的 GDP 外，还需考察企业及个人两类经济主体的产出，选择规模以上企业新产品销售收入和人均可支配收入作为经济主体的产出，另外还应考虑对于废物再利用的处理，将一般工业固体废物综合利用量也列为产出指标。构建的指标体系如表5.23 所示。

表 5.23   生态经济效率评价指标体系

目标层	基准层	指标名称
生态经济效率	投入指标	X1 用水总量（亿立方米）
		X2 用地总量（千公顷）
		X3 电力消费量（亿千瓦时）
		X4 废气排放总量（万吨）
		X5 废水排放总量（万吨）
		X6 一般工业固体废物产生量（万吨）
	产出指标	X7 GDP（亿元）
		X8 规模以上企业新产品销售收入（万元）
		X9 人均可支配收入（元）
		X10 一般工业固体废物综合利用量（万吨）

5.3.2 评价模型及方法

1. DEA 方法介绍

DEA 分析是一个针对多投入、多产出的多个决策单元的效率评价方法，属于运筹学、管理科学与数理经济学的交叉研究，DEA 方法最早由美国的运筹学家查恩斯（Charnes）和库珀（Cooper）提出，后来发展出多个数据包络的分析模型，并广泛应用于多个行业和部门。该方法大致思想在本书前面的内容中已经提到，这里不再赘述。下面主要分析其数学表达式。

假设存在独立的 N 个部门，其被纳入一个整体的生态系统，用 DMU 来代表这些部门，部门本身的作用在于要素的输入和产品的输出，因此，多个输入要素构成了一个矩阵表达，其用向量表示的输入要素为 $X_j = (X_{1j}, X_{2j}, X_{3j}, \cdots, X_{mj})^T$，同理得出输出要素用 $Y_j = (Y_{1j}, Y_{2j}, Y_{3j}, \cdots, Y_{nj})^T$ 表示，两个向量的有机组合与数学表达构成了部门生产活动的全部内容。然而，生产活动只是一个因素的考察，实际论证过程中，更要突出对生产效率进行综合性质的评价，一般对于生产效率的理解主要是部门的投入产出的比值。利用数据包络分析，是对效率评价的全方位的补充和说明，加入生产可能性前沿作为分析条件，使评价更加具有科学性。但在具体的数学分析中，一个部门的生产活动假设用 $(x, y) \in T$ 表示，但得出的条件分析中 $(x, y') \in T$，且 $y' \geqslant y$ 是无法得到的，此时，我们得出一个结论：该部门的生产活动已经处于生产可能性前沿上。鉴于此，生产可能性前沿的概念为同时所有满足这种条件的生产活动共同组成的集合。因此，一个部门处于生产可能性前沿上的位置与其生产活动的效率具有显著的相关性，也是评价效率存在与否的重要方面。部门处在生产可能性前沿，则生产是有效的，相反，一旦没有处在生产可能性前沿则意味着部门的生产是失效的。当我们采用数据包络的分析方法进行效率评价时，在投入和产出的指标设置上不需要额外通过增加权重的方法解决问题，更多地会采用算式赋予每个变量权重。总之，我们要核算生产部门的效率，在权重设计上采取以下两个步骤：其一，假设某一部门的第 i 种输入要素的权重为 V_i，其二，假设该部门中的第 r 种输出要素的权重为 U_r，得出的计算公式为：

$$h_j = \frac{\sum_{r=1}^{n} u_r y_{rj}}{\sum_{i=1}^{m} V_i X_{ij}} \quad (j = 1, 2, 3, \cdots, n) \tag{5.16}$$

通过该公式得出各部门的生产效率值，由于对各部门的投入和产出要素赋予了合适的权重，所有部门的效率值均为大于 0 且小于等于 1。

2. DEA 模型介绍

随着 DEA 分析的快速发展，许多学者基于 DEA 基本模型拓展出新的评价模型，其中 CCR 模型和 BCC 模型被最先提出并得到广泛应用，其他模型的构建也是基于这两个模型。CCR 模型主要用来分析每个决策单元的效率，其主要缺点是该模型假设部门具有固定的规模收益，这不符合现实情况，另外，该模型无法实现进一步的分解，因此解释力较弱。BBC 模型改善了这些问题，它在假设中认为部门的规模收益可以改变，同时该模型可以进行进一步分解，增强了客观性和合理性。

当我们用 CCR 模型进行部门效率评价时，要假设在选定的目标系统中，

有 N 个相互独立的部门，并且不同的部门之间具有可比性，设定每个部门有 a 种投入项、b 种输出项，部门的生产活动用 x 和 y 来表示，从统计年鉴或其他数据库中得到每个部门的投入产出数据，最终构建出 CCR 模型，进行效率评价时选部门的效率值作为结果，其可以表示为：

$$\begin{cases} \max \boldsymbol{\mu}^T y_0 = V_p \\ \text{s. t. } \boldsymbol{\omega}^T X_j - \boldsymbol{\mu}^T y_j \geq 0 \\ \boldsymbol{\omega}^T X_0 = 1 \\ \boldsymbol{\omega} \geq 0, \ \boldsymbol{\mu} \gg 0 \end{cases} \quad (j = 1, \ 2, \ 3, \ \cdots, \ n) \quad (5.17)$$

因为 CCR 不能进一步分解，具有较弱的解释力，使用范围受到限制，查恩斯等在该模型的基础上进一步拓展，提出了 BBC 模型，BBC 模型不再强调每个部门有固定的规模报酬，同时其评价出的效率值允许进一步分析，这大大提升了该模型的解释能力，被广大学者所认可，其可以表示为：

$$\begin{cases} \max \boldsymbol{\mu}^T y_0 - \boldsymbol{\mu}_0 = V_p \\ \text{s. t. } \boldsymbol{\omega}^T X_j - \boldsymbol{\mu}^T y_j \boldsymbol{\mu}_0 \geq 0 \\ \boldsymbol{\omega}^T X_0 = 1 \\ \boldsymbol{\omega} \geq 0, \ \boldsymbol{\mu} \gg 0 \end{cases} \quad (j = 1, \ 2, \ 3, \ \cdots, \ n) \quad (5.18)$$

在 BBC 模型中，部门的效率值可以进一步细分为规模效率和技术效率，且部门效应等于规模效率与技术效率的乘积，技术效率代表的是该部门的管理与技术能力，技术效率的值越大，代表该部门的管理能力和技术能力越强。规模效率可以辨别部门是否实现了规模有效，如果没有达到最优规模，则可以通过规模效率来判断该部门属于规模报酬递增还是规模报酬递减的状态，三种效率的判断标准都是 1，当数值达到 1 时被认为有效，数值小于 1 说明还未到达最优状态，数值越高，代表效率越高。

CCR 和 BBC 模型都是对部门效率进行静态评价，约束条件是每个部门当期的有效性，对各个部门的效率进行静态分析，分解得到规模效率和技术效率来判断是否达到最优状态。然而部门效率的静态分析，无法客观反映各个部门效率随着年份发生变动的趋势，也无法全面揭示是什么因素导致效率发生变化。基于此，将 DEA 分析中 Malmquist 指数模型引入静态分析中，实现对各个部门生态经济效率的动态分析，同时也可以通过效率分析找出影响效率变化的主要因素。

在 20 世纪 80 年代，费尔等（Fare et al.）首次将 Malmquist 指数模型引用到包络分析中，实现静态分析到动态分析的跨越，最大限度地发挥了该模型动态分析的强大优势，早在数据包络出现前该模型就被应用到效率变动的研究中，目前在社会科学的研究领域实现广泛应用，其数学表达式为：

$$M_i^t(x^t,\ y^t,\ x^{t+1},\ y^{t+1}) = \left[\frac{D_i^t(x^{t+1},\ y^{t+1})}{D_i^t(x^t,\ y^t)} \times \frac{D_i^{t+1}(x^{t+1},\ y^{t+1})}{D_i^{t+1}(x^t,\ y^t)}\right]^{\frac{1}{2}} \quad (5.19)$$

为了得到基于 Malmquist 模型的部门效率指数，我们用当期的技术水平衡量下一期的技术效率，再用下一期的技术水平衡量当期的技术效率，同时将 Malmquist 指数模型进行变换，最终得到了该模型的效率分解形式，其数学表达式为：

$$M_j^t = TECHch \times EFFch = TECHch \times SEch \times PTEch \quad (5.20)$$

其中，M_j^t 是部门综合效率的表达式，$EFFch$ 表示部门的技术进步变化，$TECHch$ 表示部门的综合技术变动，$SEch$ 表示部门的规模效率，$PTEch$ 表示部门的纯技术效率。由此可以看出部门的综合效率由技术进步和综合技术变动两部分共同影响，而综合技术进步又由规模效率和纯技术效率两部分共同影响。

5.3.3　我国 31 省、市、自治区生态经济效率评价

基于上述 DEA 模型的研究方法，利用 DEA - Malmquist 方法对 2012～2016 年全国各省、市、自治区的生态经济效率进行评价和测度。在 DEAP2.1 软件中导入各省、市、自治区 2012～2016 年的产出指标和投入指标后，可以得到相应省份生态经济全要素生产率指数；利用软件还可以进行指数分解，包括技术效率变动指数、技术进步指数、纯技术效率变动指数、规模效率变动指数等，计算结果如表 5.24 所示。

表 5.24　　2012 ~ 2016 年全国各省、市、自治区年均生态经济效率及其指数分解

排名	省份	技术效率	技术进步	纯技术效率	规模效率	生态经济效率
1	浙江	1.01100	1.05200	1.00000	1.01100	1.06300
2	广东	0.99000	1.06600	1.00000	0.99000	1.05500
3	北京	1.00000	1.03500	1.00000	1.00000	1.03500
4	湖南	1.01000	1.00500	1.00000	1.01000	1.01600
5	四川	0.99100	1.02000	1.01100	0.98000	1.01000
6	新疆	1.01600	0.98800	1.01600	1.00000	1.00300
7	陕西	1.02300	0.96900	1.02000	1.00300	0.99200
8	吉林	1.00000	0.99100	1.00000	1.00000	0.99100
9	内蒙古	1.00000	0.99000	1.00000	1.00000	0.99000
10	广西	1.01400	0.97100	1.00900	1.00500	0.98500
11	福建	0.99400	0.99000	1.01500	0.97900	0.98400
12	黑龙江	0.97900	1.00300	0.98400	0.99400	0.98100
13	甘肃	1.00600	0.97500	1.01200	0.99400	0.98000
14	海南	1.00000	0.97600	1.00000	1.00000	0.97600
15	重庆	0.99600	0.96100	0.99500	1.00100	0.95700
16	湖北	0.99500	0.95800	1.01400	0.98200	0.95400
17	贵州	1.02200	0.93300	1.02500	0.99800	0.95400
18	云南	0.97700	0.96100	0.96600	1.01100	0.93900
19	青海	1.00000	0.92800	1.00000	1.00000	0.92800
20	安徽	1.00000	0.92000	1.00000	1.00000	0.92000
21	天津	1.00000	0.91100	1.00000	1.00000	0.91100
22	江苏	0.99600	0.90800	1.00000	0.99600	0.90500
23	江西	0.97800	0.92400	0.97900	0.99900	0.90400
24	河南	1.01600	0.88700	1.03400	0.98300	0.90100
25	宁夏	1.00000	0.89700	1.00000	1.00000	0.89700
26	山东	1.00000	0.87300	1.00000	1.00000	0.87300
27	辽宁	0.97100	0.89500	0.97800	0.99300	0.86900
28	上海	1.00000	0.85900	1.00000	1.00000	0.85900

续表

排名	省份	技术效率	技术进步	纯技术效率	规模效率	生态经济效率
29	西藏	1.00000	0.85700	1.00000	1.00000	0.85700
30	河北	0.99900	0.85500	1.00000	0.99900	0.85400
31	山西	1.00000	0.81400	1.00000	1.00000	0.81400

由数据分析结果可知，全国31省、市、自治区的生态经济效率排名中，浙江位居第一，广东位居第二，北京排名第三。西藏、河北、山西排名后三位。京津冀除北京排名前三外，天津排名第二十一位，河北排名第三十位，在全国排名非常靠后。

5.3.4 京津冀生态经济效率与全国各地区的比较

1. 京津冀生态经济效率全国排名

全国31省、市、自治区生态经济效率均值为0.94500，京津冀生态经济效率的均值为0.93333，均值低于全国平均值（如表5.25所示）。

表5.25　　　　　　　　京津冀生态经济效率全国排名

排名	省份	技术效率	技术进步	纯技术效率	规模效率	生态经济效率
1	浙江	1.01100	1.05200	1.00000	1.01100	1.06300
2	广东	0.99000	1.06600	1.00000	0.99000	1.05500
3	北京	1.00000	1.03500	1.00000	1.00000	1.03500
4	湖南	1.01000	1.00500	1.00000	1.01000	1.01600
5	四川	0.99100	1.02000	1.01100	0.98000	1.01000
6	新疆	1.01600	0.98800	1.01600	1.00000	1.00300
7	陕西	1.02300	0.96900	1.02000	1.00300	0.99200
8	吉林	1.00000	0.99100	1.00000	1.00000	0.99100
9	内蒙古	1.00000	0.99000	1.00000	1.00000	0.99000

续表

排名	省份	技术效率	技术进步	纯技术效率	规模效率	生态经济效率
10	广西	1.01400	0.97100	1.00900	1.00500	0.98500
11	福建	0.99400	0.99000	1.01500	0.97900	0.98400
12	黑龙江	0.97900	1.00300	0.98400	0.99400	0.98100
13	甘肃	1.00600	0.97500	1.01200	0.99400	0.98000
14	海南	1.00000	0.97600	1.00000	1.00000	0.97600
15	重庆	0.99600	0.96100	0.99500	1.00100	0.95700
16	湖北	0.99500	0.95800	1.01400	0.98200	0.95400
17	贵州	1.02200	0.93300	1.02500	0.99800	0.95400
18	云南	0.97700	0.96100	0.96600	1.01100	0.93900
19	青海	1.00000	0.92800	1.00000	1.00000	0.92800
20	安徽	1.00000	0.92000	1.00000	1.00000	0.92000
21	天津	1.00000	0.91100	1.00000	1.00000	0.91100
22	江苏	0.99600	0.90800	1.00000	0.99600	0.90500
23	江西	0.97800	0.92400	0.97900	0.99900	0.90400
24	河南	1.01600	0.88700	1.03400	0.98300	0.90100
25	宁夏	1.00000	0.89700	1.00000	1.00000	0.89700
26	山东	1.00000	0.87300	1.00000	1.00000	0.87300
27	辽宁	0.97100	0.89500	0.97800	0.99300	0.86900
28	上海	1.00000	0.85900	1.00000	1.00000	0.85900
29	西藏	1.00000	0.85700	1.00000	1.00000	0.85700
30	河北	0.99900	0.85500	1.00000	0.99900	0.85400
31	山西	1.00000	0.81400	1.00000	1.00000	0.81400
	全国均值	0.99900	0.94600	1.00200	0.99800	0.94500
	京津冀均值	0.99967	0.93367	1.00000	0.99967	0.93333

2. 京津冀生态经济效率分地区排名

我国西部地区包括的省级行政区共 12 个，分别是四川、重庆、贵州、云南、西藏、陕西、甘肃、青海、宁夏、新疆、广西、内蒙古；中部地区有 8 个省级行政区，分别是山西、吉林、黑龙江、安徽、江西、河南、湖北、湖南；东部地区包括的 11 个省级行政区，分别是北京、天津、河北、辽宁、上海、江苏、浙江、福建、山东、广东和海南。

如表 5.26 所示，从东部地区总体生态经济效率来看，北京排名第三，天津排名第六，河北最后一名。说明在东部地区，北京的生态经济效率属于较高水平，天津属于中等水平，河北最差。从均值来看，京津冀地区生态经济效率的均值低于东部地区的均值。

表 5.26   我国东部地区生态经济效率

排名	省份	技术效率	技术进步	纯技术效率	规模效率	生态经济效率
1	浙江	1.01100	1.05200	1.00000	1.01100	1.06300
2	广东	0.99000	1.06600	1.00000	0.99000	1.05500
3	北京	1.00000	1.03500	1.00000	1.00000	1.03500
4	福建	0.99400	0.99000	1.01500	0.97900	0.98400
5	海南	1.00000	0.97600	1.00000	1.00000	0.97600
6	天津	1.00000	0.91100	1.00000	1.00000	0.91100
7	江苏	0.99600	0.90800	1.00000	0.99600	0.90500
8	山东	1.00000	0.87300	1.00000	1.00000	0.87300
9	辽宁	0.97100	0.89500	0.97800	0.99300	0.86900
10	上海	1.00000	0.85900	1.00000	1.00000	0.85900
11	河北	0.99900	0.85500	1.00000	0.99900	0.85400
	东部地区均值	0.99645	0.94727	0.99936	0.99709	0.94400
	京津冀均值	0.99967	0.93367	1.00000	0.99967	0.93333

如表 5.27 所示，与中部地区各省市相比较，北京的生态经济效率略高于湖南，天津和河北的生态经济效率与后三名的省市相差不大。从均值来看，京津冀生态经济效率的均值低于中部地区生态经济效率的均值。

表 5.27 我国中部地区生态经济效率

排名	省份	技术效率	技术进步	纯技术效率	规模效率	生态经济效率
1	湖南	1.01000	1.00500	1.00000	1.01000	1.01600
2	吉林	1.00000	0.99100	1.00000	1.00000	0.99100
3	黑龙江	0.97900	1.00300	0.98400	0.99400	0.98100
4	湖北	0.99500	0.95800	1.01400	0.98200	0.95400
5	安徽	1.00000	0.92000	1.00000	1.00000	0.92000
6	江西	0.97800	0.92400	0.97900	0.99900	0.90400
7	河南	1.01600	0.88700	1.03400	0.98300	0.90100
8	山西	1.00000	0.81400	1.00000	1.00000	0.81400
	北京	1.00000	1.03500	1.00000	1.00000	1.03500
	天津	1.00000	0.91100	1.00000	1.00000	0.91100
	河北	0.99900	0.85500	1.00000	0.99900	0.85400
	中部地区均值	0.99725	0.93775	1.00138	0.99600	0.93513
	京津冀均值	0.99967	0.93367	1.00000	0.99967	0.93333

如表 5.28 所示，与西部地区各省市相比较，北京的生态经济效率比排名第一的四川略高，天津和河北的生态经济效率与后两名的省市相差不大。从均值来看，京津冀生态经济效率的均值低于西部地区生态经济效率的均值。

表 5.28 我国西部地区生态经济效率

排名	省份	技术效率	技术进步	纯技术效率	规模效率	生态经济效率
1	四川	0.99100	1.02000	1.01100	0.98000	1.01000
2	新疆	1.01600	0.98800	1.01600	1.00000	1.00300
3	陕西	1.02300	0.96900	1.02000	1.00300	0.99200
4	内蒙古	1.00000	0.99000	1.00000	1.00000	0.99000
5	广西	1.01400	0.97100	1.00900	1.00500	0.98500
6	甘肃	1.00600	0.97500	1.01200	0.99400	0.98000
7	重庆	0.99600	0.96100	0.99500	1.00100	0.95700

排名	省份	技术效率	技术进步	纯技术效率	规模效率	生态经济效率
8	贵州	1.02200	0.93300	1.02500	0.99800	0.95400
9	云南	0.97700	0.96100	0.96600	1.01100	0.93900
10	青海	1.00000	0.92800	1.00000	1.00000	0.92800
11	宁夏	1.00000	0.89700	1.00000	1.00000	0.89700
12	西藏	1.00000	0.85700	1.00000	1.00000	0.85700
	北京	1.00000	1.03500	1.00000	1.00000	1.03500
	天津	1.00000	0.91100	1.00000	1.00000	0.91100
	河北	0.99900	0.85500	1.00000	0.99900	0.85400
	西部地区均值	1.00375	0.95417	1.00450	0.99933	0.95767
	京津冀均值	0.99967	0.93367	1.00000	0.99967	0.93333

3. 京津冀生态经济效率经济增长区排名

当前我国有长江三角洲、珠江三角洲和京津冀三个经济带。

长江三角洲城市群（以下简称"长三角城市群"）位于长江入海之前的冲积平原，根据2016年5月国务院批准的《长江三角洲城市群发展规划》，长三角城市群包括上海，江苏省的南京、无锡、常州、苏州、南通、盐城、扬州、镇江、泰州，浙江省的杭州、宁波、嘉兴、湖州、绍兴、金华、舟山、台州，安徽省的合肥、芜湖、马鞍山、铜陵、安庆、滁州、池州、宣城26个城市。长江三角洲主要涉及上海、江苏、安徽三个省、市，因此选取这三个省、市的生态经济效率代表长江三角洲的生态经济效率。

珠江三角洲城市群（以下简称"珠三角城市群"）包括广州、深圳、珠海、佛山、东莞、惠州、中山、江门、肇庆9个主要城市，新规划扩容汕尾、阳江、清远、云浮、河源5个城市，共14个城市所形成的珠三角城市群，是国家级三大城市群之一，它是亚太地区最具活力的经济区之一，以广东70%的人口，创造着全省85%的GDP。珠三角城市群只涉及广东省，因此选取广东省的生态经济效率代表珠江三角洲的生态经济效率。

由表5.29的计算结果可以看出，在三大经济区生态经济效率省市排名中，北京排名第三，天津、河北排名基本在最后。从均值来看，京津冀地区的生态经济效率低于珠江三角洲和长江三角洲。

表5.29　　　　　　　　我国三大经济区生态经济效率

地区	技术效率	技术进步	纯技术效率	规模效率	生态经济效率
浙江	1.01100	1.05200	1.00000	1.01100	1.06300
广东	0.99000	1.06600	1.00000	0.99000	1.05500
北京	1.00000	1.03500	1.00000	1.00000	1.03500
江苏	0.99600	0.90800	1.00000	0.99600	0.90500
天津	1.00000	0.91100	1.00000	1.00000	0.91100
上海	1.00000	0.85900	1.00000	1.00000	0.85900
河北	0.99900	0.85500	1.00000	0.99900	0.85400
长江三角洲均值	1.00233	0.93967	1.00000	1.00233	0.94233
珠江三角洲均值	0.99000	1.06600	1.00000	0.99000	1.05500
京津冀均值	0.99967	0.93367	1.00000	0.99967	0.93333

第 6 章

京津冀生态经济效率纵向测度

6.1 基于复合生态系统理论的生态经济协同耦合机理

6.1.1 复合生态系统理论

随着城市化的快速发展，我国面临着日益严重的生态环境问题。这些生态环境问题我们不能将其简单地定义为自然问题、经济问题或社会生态问题，而应是由多个生态子系统组成的社会—经济—自然复合生态系统问题。1984 年，马世骏和王如松首创社会—经济—自然复合生态系统理论的研究方法，将城市与地域作为研究对象限定了复合生态系统的结构和功能，并在我国进行了城市复合生态系统研究和城乡可持续发展实践，创建了省、市、县不同层次政区的可持续发展新模式。

马世骏和王如松（1984）指出，不仅是城市与郊区环境的协调发展和城市建设等问题，当代许多重大问题都直接或间接地受到社会体制、自然环境和经济发展状况的影响，都必须当成一个复合系统来考虑，因此提出了社会 - 经济 - 自然复合生态系统理论，该理论主要阐述了复合系统由社会、经济和自然三个子系统组合而成，通过保证各子系统及子系统之间的协调发展来确保系统的综合可持续发展，即在经济生态学原则的指导下，拟定具体的社会、经济和生态目标，使系统的综合效益最高，产生危机的风险最小，存活进化的机会最大。

复合生态系统理论提出后，王如松和欧阳志云等对该理论进行了深入研究和应用，主要集中在环境保护和生态规划等方面。随着复合生态系统理论的发展，众多学科的研究学者也开始借鉴复合生态系统理论。例如，燕守广等（2011）利用该理论对长江三角洲的生态承载力进行了评价。苏纪阳等（2011）、袁方和张华（2013）分别以该理论为基础，建立了高速公路平面线性优化和城市立交选址优化设计综合评价指标体系。李林子等（2016）基于复合生态系统原理，构建由水生态、经济和社会子系统共同构成、相互作用的流域复合水生态系统模型，对流域水生态承载力内涵进行解析。黄寰等（2018）通过构建社会—经济—自然复合生态系统评价指标体系，对成渝城市群 2006～2015 年复合生态系统进行综合评价。

复合生态系统具有系统内部层次性、系统整体性、动态相关性等特征。复合生态系统理论要求合理利用资源，注重人与自然之间、不同人类活动之间以及个体与整体间的协同共生和公平性原则，强调发展的整体性、持续性、生态性，要求局部与整体、短期和长期利益、经济发展和生态保护、物质文明与精神文明相协调。

1. 复合生态系统的内部关系

复合生态系统的社会、经济和自然子系统互相影响，相辅相成。经济子系统涉及生产加工、运输及供销，其中生产加工所需的物质与能源依赖自然环境的供给，消费的剩余物质返还给自然界，通过自然子系统中物理、化学与生物的再生过程，满足人类生产的需要。自然资源的供给及社会的科技水平决定产品的数量和质量能否满足社会需求，达到供需平衡。社会子系统中的组织管理和政策法令等保障经济子系统的有序进行。经济振兴必然促进社会发展，提高人类社会的物质和精神水平，促进社会对自然环境的保护和改善。

2. 复合生态系统的组合要素

复合生态系统主要包括自然子系统（即人的生存环境，用水、土、空气、生物、矿产及之间的相互关系来描述)、经济子系统(即人类的物质能量代谢活动,包括生产、流通、消费、还原和调拉活动)、社会子系统(由人的知识网、体制网和文化网组成)。其中,自然子系统为生物化学循环过程和以太阳能为基础的能量转换过程所主导,经济子系统由商品流和价值流主导,社会子系统由体制网和信息流主导。复合生态系统的三个子系统间通过生态流、生态场在一定的时空尺度上耦合,形成一定的生态格局和生态秩序。

6.1.2 生态与经济协同耦合机理

经济系统与生态系统共同构成复合经济生态系统,两大子系统之间相互联系、相互影响。经济系统主要考察综合经济效益,而综合经济效益需要依靠产业的发展和带动,需要国内外市场的参与,因此综合经济效益、产业发展、产业带动、国内外市场共同组成一个内循环系统,该系统的运行不能忽略生态保护。生态系统的核心是生态化,是节约资源、保护环境,这些离不开物质基础和科研的支撑。经济系统为生态系统提供人力、物力支撑,生态系统的环境、资源状况影响和制约着经济系统的发展。两者之间具有明显的相互支持、相互促进、共荣共损关系,通过相互促进和协调发展,实现经济系统与生态系统从微弱到强大、从无序到井然、从低级到高级的演进。两大子系统之间存在着静态耦合和动态耦合,如图6.1所示。

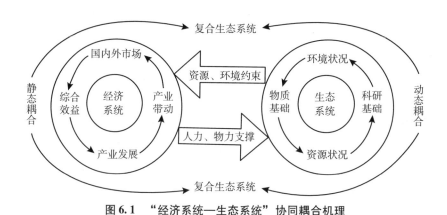

图6.1 "经济系统—生态系统"协同耦合机理

6.2　基于复合系统理论的生态经济耦合协同度模型

6.2.1　主要概念阐释

耦合度是一个物理学概念，是指复合系统（或两个以上有关联的子系统）由于自身或与外界的相互作用而产生的相互影响，复合系统中的子系统具有不同的属性，存在着极其复杂的交互耦合关系。一方面，经济的发展受到生态保护的制约；另一方面，生态保护有利于实现经济的可持续发展，只有生态发展到一定程度，经济才能占据制高点。由此可以看出，经济与生态系统之间相互影响、相互联系而构成协调统一的大系统。复合系统的公式表达式为：

$$CS \subseteq \{S_1, S_2, \cdots, S_n, R_a, T\}, \; n \geqslant 2$$
$$S_i \subseteq \{F_i, C_i, E_i\} \tag{6.1}$$

其中，$S_i(i=1, 2, \cdots, n)$ 代表各个子系统，F、C、E 分别代表子系统的功能、结构和要素，并且这些子系统的功能、结构和要素具有多样性特征。R_a 表示复合系统中的相关关系集合，该集合既涵盖了各子系统之间的相关关系，也包括子系统内部组成要素的相关关系，横纵关系相结合形成多重多向复杂的网络关联关系。n 代表子系统的个数，T 代表时间。经济与生态系统复合系统包含系统与外部环境的耦合性，也包含各个子系统之间的耦合性，本书以后者为研究对象，也就是评价经济子系统和生态子系统之间的耦合协调度。

6.2.2　子系统评价指标体系及数据来源

为了更客观地评价京津冀经济系统与生态系统之间的耦合协调度，本书在前人研究的基础上，综合经济可持续发展度量法与生态评价模型，遵循综合性、科学性、层次性、数据可得性和定量与定性相结合的原则，构建了京津冀经济系统评价指标体系和京津冀生态系统评价指标体系（如表 6.1 和表 6.2 所示）。指标体系中 27 个指标采集的数据主要选自 2007～2015 年《中国统计年鉴》《北京市统计年鉴》《天津市统计年鉴》和《河北省统计年鉴》等。

表 6.1　　　　　　　　　京津冀经济系统评价指标体系

项目	一级指标	二级指标	单位	类型	因子分析法	层次分析法	多层次灰色评价	最终权重
经济系统评价指标体系	国内外市场（0.285）	进出口额比重	%	正	0.073	0.080	0.081	0.078
		市场占有率	%	正	0.109	0.102	0.101	0.104
	综合经济效益（0.246）	污染排放量	万吨	负	0.067	0.076	0.078	0.074
		产业利润率	%	正	0.071	0.079	0.080	0.077
		单位 GDP 能耗	吨标准煤/万元	负	0.076	0.082	0.083	0.080
	产业发展（0.147）	需求收入弹性	—	正	0.050	0.066	0.069	0.062
		产业增长值的增长对 GDP 增长的贡献率	%	正	0.096	0.094	0.094	0.095
		产业增长率	%	正	0.126	0.113	0.110	0.116
	产业带动作用（0.322）	产业单位产值就业吸纳能力	万人	正	0.096	0.094	0.094	0.094
		感应度系数	—	正	0.118	0.108	0.105	0.110
		影响力系数	—	正	0.118	0.108	0.105	0.110

表 6.2　　　　　　　　　京津冀科技生态系统评价指标体系

项目	一级指标	二级指标	单位	类型	因子分析法	层次分析法	多层次灰色评价	最终权重
科技生态系统指标评价体系	科研基础及成果（0.353）	人均 GDP	万元	正	0.082	0.072	0.077	0.077
		年度高科技产品出口比重	%	正	0.083	0.072	0.087	0.081
		年度专利授权数量	个	正	0.047	0.055	0.064	0.055

续表

项目	一级指标	二级指标	单位	类型	因子分析法	层次分析法	多层次灰色评价	最终权重
科技生态系统指标评价体系	科研基础及成果（0.353）	年度工业企业数	个	正	0.053	0.060	0.068	0.061
		年度移动电话拥有量	部	正	0.046	0.055	0.045	0.049
		年度计算机拥有量	台	正	0.055	0.059	0.048	0.054
	物质基础（0.158）	年度货物运输量	万吨	正	0.061	0.062	0.062	0.062
		社会固定资产投资量	亿元	正	0.070	0.069	0.076	0.072
		年度实际利用外资量	亿美元	正	0.041	0.052	0.047	0.047
	环境状况（0.216）	C_{15}废气（二氧化硫、氮氧化物、烟粉尘）排放总量	万吨	负	0.072	0.072	0.073	0.072
		C_{16}废水排放总量（万吨）	万吨	负	0.058	0.060	0.059	0.059
		C_{17}一般工业固体废物产生量（万吨）	万吨	负	0.060	0.063	0.052	0.058
		C_{18}一般工业固体废物综合利用量（万吨）	万吨	正	0.076	0.069	0.041	0.062
	资源状况（0.273）	C_{12}用水总量	亿立方米	负	0.063	0.063	0.079	0.068
		C_{13}用地总量（包括农业用地和建设用地）	千公顷	负	0.037	0.050	0.051	0.046
		C_{14}电力消费量	亿千瓦时	负	0.061	0.068	0.071	0.067

在评价子系统综合发展水平时，为了消除量纲的影响，需要对数据进行标准化处理，经济系统与生态系统评价指标可以分正向指标（数值越大越好的指标）和逆向指标（数值越小越好的指标），对不同性质的指标采用不同的标准化数据处理方法，采用公式如下：

$$x_i = [X_i - \min(X)] / [\max(X) - \min(X)] \tag{6.2}$$

$$x_i = [\max(X) - X] / [\max(X) - \min(X)] \tag{6.3}$$

6.2.3　子系统综合发展水平度量

在计算两个子系统的静态耦合度和动态耦合度时，首先需要确定每个子系统的各个指标的权重系数，权重系数的确定主要有主观赋权法和客观赋权法，它们各有一定的局限性，为了尽量避免每种方法确定权重时带来的局限性，本研究采用两种主观赋权法（层次分析法、多层次灰色评价）和一种客观赋权法（因子分析法），最后求得三种方法计算结果的平均值作为最终权重。

经济子系统的综合评价函数为：

$$F(x) = \sum_{i=1}^{m} \alpha_i x_i \tag{6.4}$$

其中 i 为战略性新兴产业指标系统中的指标个数，α_i 为指标权重，x_i 为战略性新兴产业指标系统中第 i 个指标的标准化值。$F(x)$ 值越大表明经济子系统情况越好；反之则越差。

科技生态子系统的综合评价函数为：

$$F(y) = \sum_{i=1}^{m} b_i y_i \tag{6.5}$$

其中 i 为生态指标系统中的指标个数，b_i 为指标权重，y_i 为生态指标系统中第 i 个指标的标准化值。$F(y)$ 越大表明生态子系统状况越好；反之则越差。

$F(x) > 0$、$F(y) > 0$、$F(x)$ 和 $F(y)$ 分别表示经济子系统与生态子系统的综合得分。

6.2.4　复合系统耦合度模型

耦合度能够度量复合系统中各系统间相互促进、相互影响的程度，目前被广大学者公认的耦合度模型来源于物理学中容量耦合系数模型，其基本思想是复合系统中各子系统共同决定整个系统的演变过程。如图6.1所示，经济子系统与生态子系统之间存在着与物理耦合系统相似的作用机制，生态系统承载并制约着经济的发展，而经济的发展反过来又促进并逼迫生态的进一步改进。由此借鉴物理学中耦合度概念，可以建立经济子系统与生态子系统的耦合度系数模型，模型推导过程如下。

首先定义 $F(X)$ 和 $F(Y)$ 的相对离差 $G(t)$：

$$G(t) = \frac{|F(x) - F(y)|}{\frac{1}{2}[F(x) + F(y)]} = \sqrt{\frac{[F(x) - F(y)]^2}{\left\{\frac{1}{2}[F(x) + F(y)]\right\}^2}}$$

$$= 2\sqrt{1 - \frac{F'(t, x) \cdot F'(t, y)}{\left[\frac{F'(t, x) + F'(t, y)}{2}\right]^2}} \tag{6.6}$$

因为 $F(x) > 0$，$F(y) > 0$，所以 $G(t)$ 达到最小值的充要条件为：

$$\frac{F(x) \cdot F(y)}{\left[\frac{F(x) + F(y)}{2}\right]^2} \to \max \tag{6.7}$$

由此定义经济子系统与生态子系统的耦合度模型为：

$$C(t) = \left\{\frac{F(x) \cdot F(y)}{\left[\frac{F(x) + F(y)}{2}\right]^2}\right\}^k \tag{6.8}$$

其中 k 为辨别系数，且 $k \geq 2$。显然，$0 < C(t) \leq 1$，其中 $C(t)$ 为耦合度，k 称为辨别系数，可取的值为2、3、4、5，为了增加区分度，本研究 $k = 4$。当 $C(t)$ 取值越靠近0时，说明经济子系统与生态子系统之间的相关性越弱，两者之间的互动不明显，容易导致无序混乱状态，耦合度体现退化现象；当 $C(t)$ 取值越靠近1时，说明两个子系统的相关性比较强，两者之间的互动比较明显，耦合度体现有序状态。

6.2.5 复合系统动态耦合度量模型

$C(t)$ 作为耦合度指标，虽能反映复合系统中各子系统之间的相互联系和相互作用的程度，但是不能反映复合系统中各子系统协调发展的整体水平。例如，若两个子系统的综合发展水平都很低，依然能够计算出较高的耦合度，因此，本研究引入反映综合发展水平的耦合协调度模型，该模型能够反映一个时间段内长期耦合度的发展变化趋势，计算公式如下：

$$D(t) = \sqrt{C(t) \cdot T}, \ T = \alpha F(x) + \beta F(y) \tag{6.9}$$

其中，$D(t)$ 为耦合协调度，$C(t)$ 为耦合度，T 为经济子与生态子系统的综合发展水平，α、β 分别表示经济子系统与生态子系统发展水平的权重。

相对于耦合度，耦合协调度模型适用范围更广、稳定性更高。它综合考虑了经济子系统与生态子系统的耦合度以及二者所在阶段的发展水平，该公式可以弥补耦合度模型的缺陷，能充分说明两个子系统的总体发展水平越高耦合协调度越强。耦合协调度 $D(t)$ 的取值范围为 $[0, 1]$，为了直观解释经济子系统与生态子系统耦合协调发展所处的时序空间，对耦合协调度进行等级划分（如表6.3所示），数值越高说明协调度越高。

表6.3 　　　　　　　　　　　　　　耦合协调度评价标准

动态共生性	0~0.2	0.2~0.4	0.4~0.5	0.5~0.6	0.6~0.7	0.7~0.8	0.8~0.9	0.9~1
共生类型	无序状态	较重失调	中等失调	轻度失调	初级协调	中级协调	高级协调	优质协调

6.3 京津冀生态经济耦合协同度测度

6.3.1 生态经济子系统综合指数分析

1. 实证计算结果

运用动态耦合协调度模型计算经济子系统综合评价指数、生态子系统综合评价指数和耦合度，计算结果如表 6.4 所示。

表 6.4　　2006～2014 年京津冀经济与生态子系统系统耦合度模型计算结果

年份		2006	2007	2009	2010	2011	2012	2013	2014
经济子系统综合评价指数 $F(x)$	北京	0.429	0.364	0.400	0.302	0.412	0.481	0.440	0.545
	天津	0.312	0.329	0.368	0.499	0.380	0.507	0.559	0.661
	河北	0.113	0.259	0.430	0.518	0.403	0.599	0.727	0.734
	京津冀	0.219	0.321	0.385	0.463	0.385	0.578	0.659	0.718
生态子系统综合评价指数 $F(y)$	北京	0.300	0.375	0.404	0.518	0.546	0.485	0.507	0.692
	天津	0.387	0.523	0.519	0.512	0.591	0.402	0.478	0.414
	河北	0.325	0.401	0.423	0.485	0.524	0.515	0.507	0.522
	京津冀	0.266	0.409	0.486	0.536	0.586	0.495	0.526	0.556
耦合度 $C(t)$	北京	0.881	0.999	1.000	0.750	0.924	1.000	0.980	0.945
	天津	0.955	0.808	0.889	0.999	0.824	0.948	0.976	0.805
	河北	0.344	0.827	1.000	0.996	0.934	0.977	0.879	0.891
	京津冀	0.963	0.943	0.947	0.979	0.839	0.976	0.951	0.937

根据表 6.3 的划分标准考察京津冀经济与生态间的耦合协调程度。本研究对 2006～2014 年京津冀经济子系统与生态子系统的耦合协调度进行了计算，结果如表 6.5 所示。

表 6.5　　　　　　　　京津冀耦合协调等级划分结果

年份		2006	2007	2008	2009	2010	2011	2012	2013	2014
京津冀耦合协调度 $G(t)$	类型 1	0.558	0.473	0.478	0.520	0.593	0.566	0.725	0.772	0.809
	耦合协调等级	轻度失调	中等失调	中等失调	轻度失调	轻度失调	轻度失调	中级协调	中级协调	高级协调
	类型 2	0.406	0.428	0.560	0.678	0.749	0.694	0.859	0.827	0.859
	耦合协调等级	中等失调	中等失调	轻度失调	初级协调	中级协调	初级协调	高级协调	高级协调	高级协调

京津冀耦合协调度 $G(t)$	年份	2006	2007	2008	2009	2010	2011	2012	2013	2014
	类型3	0.147	0.337	0.434	0.559	0.673	0.624	0.779	0.945	0.954
	耦合协调等级	无序状态	较重失调	中等失调	轻度失调	初级协调	初级协调	中级协调	优质协调	优质协调

2. 综合指数分析

针对京津冀经济子系统的综合评价，由表6.1分析结果可知，4个一级指标中，产业的带动作用最强（0.322），国内外市场情况（0.285）和综合经济效益（0.246）作用其次，产业发展最弱（0.147），说明2006~2014年京津冀地区的经济发展中产业能够起到非常好的引领带动作用。11个二级指标中，排在前四位、权重在0.1以上的指标分别为：产业增长率（0.116）、感应度系数（0.110）、影响力系数（0.110）、市场占有率（0.104），综合权重占40%强，说明2006~2014年产业增长、市场占有率、影响力等是考察京津冀经济发展综合水平的重要因素，提高其综合水平需主要从这几方面着手；但需求收入弹性（0.062）、污染排放量（0.074）、产业利润率（0.077）、进出口额比重（0.078）等指标权重较低，说明在京津冀经济发展中，要注意生态化发展和国际市场的开拓，提高产业利润率。

针对京津冀生态系统的综合评价，由表6.2分析结果可知，4个一级指标中，科技基础及成果最强（0.353），其次是资源状况（0.273）和环境状况（0.216），物质基础（0.158）最弱，说明2006~2014年京津冀地区在生态发展的过程中，研发成果较多，对生态发展影响最大。16个二级指标中，年度高科技产品出口比重（0.081）、人均GDP（0.077）、社会固定资产投资量（0.072）、废气排放总量（0.072）和用水总量（0.068）对生态系统综合水平具有较高的贡献份额，总共占到了37%，说明提高人均收入水平、提高高科技产品出口比重、增加社会固定资产投资、控制排气排放量及用水总量等举措能够有效提高京津冀生态系统的综合水平。

图6.2和图6.3展示了北京、天津、河北以及京津冀经济子系统和生态子

系统综合水平的变动趋势，总体来看 2006～2014 年一直呈上升趋势。京津冀经济发展综合水平 9 年以来增长迅速，河北省表现尤为突出。京津冀生态保护效果较好。

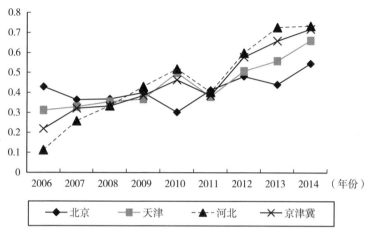

图 6.2　北京、天津、河北、京津冀经济子系统综合发展水平

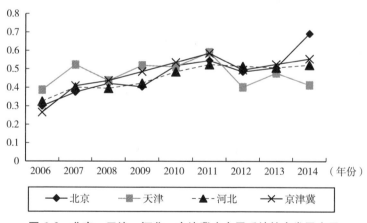

图 6.3　北京、天津、河北、京津冀生态子系统综合发展水平

6.3.2　生态经济耦合协同度分析

为了更好地测试京津冀经济子系统与生态子系统的耦合协调度，本书选取

了3种不同类型（类型1：$\alpha = 1/2$，$\beta = 1/2$；类型2：$\alpha = 1/3$，$\beta = 2/3$；类型3：$\alpha = 2/3$，$\beta = 1/3$）进行测算，α 和 β 分别代表经济子系统和生态子系统所占份额。如表6.5和图6.4计算结果所示，3种类型的耦合协调度变化趋势基本上是一致的，说明两大子系统所占份额对最终的分析结果影响不大，因此下面进一步分析时将不再着重分析由于两大系统份额不同所带来的耦合协调度计算结果的差异。

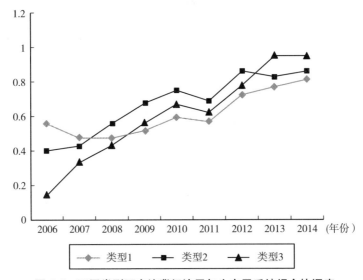

图6.4　不同类型下京津冀经济子与生态子系统耦合协调度

总体来看，经济子系统与生态子系统之间的耦合协调度除2011年以外，从2007年开始呈逐年上升的趋势，说明京津冀经济与生态之间基本保持着一致的发展速度，耦合度逐渐提高。参考表6.5类型3计算结果可以看出，两系统耦合协调度在最初的2006年处于无序状态，随后逐年提高，到2010年处于初级协调状态，此后一直保持在初级协调以上，直到2014年达到优质协调，然而值得注意的是，虽然耦合协调水平有上升趋势，但大部分年份一直处在比较低的协调水平，只有最后两年达到了优质协调，说明当前京津冀地区经济系统与生态系统还并未达到稳定的相互适应、相互促进、共同发展的程度，仍需进一步重视及促进两者的协调发展。

6.3.3　京津冀生态经济耦合协同度综合阐述

在长期的演化发展中，经济生态两大子系统内部各要素之间逐渐形成了复杂的、动态的交互耦合关系。本研究以京津冀为实证研究对象，构建指标体系评价两大系统的综合发展水平，运用复合系统动态耦合度量模型测算两大系统的耦合协调度，分析两大系统耦合协调度的动态变化，实证研究结果较好地呈现了京津冀地区经济和生态互动发展的情况。研究结果表明：

系统综合发展水平方面，对经济发展影响较大的二级指标有产业增长率、感应度系数、影响力系数、市场占有率等，一级指标为产业的引领带动作用、国内外市场情况等，因此，应从提高产业增长率、影响力、市场占有率，发掘市场潜力和引领带动作用等方面促进经济的发展。对生态系统影响较大的二级指标有人均 GDP、年度高科技产品出口比重、社会固定资产投资量、废气排放量及用水总量等，一级指标有科研基础及成果、资源状况等，因此应从提高人民收入水平、扩大高科技产品出口、增加社会固定资产投资、减少废气排放和用水总量等方面提高科技生态的发展水平。

耦合协调度方面，2006～2014 年两大系统耦合协调度总体呈动态上升趋势，在 2006 年濒临失调，2007～2010 年协调度缓慢上升，到 2010 年基本达到了协调状态。2011 年有所下降，2012～2014 年耦合度协调度迅速走高，达到高级协调阶段。可以看出，近些年京津冀经济子系统和生态子系统的耦合协调度逐年走高，呈良好的发展态势，两大系统互相促进、互为支撑，共同带动京津冀地区的经济发展。但是，也要看到两大系统的耦合协调度并不稳定，在某些年度会出现骤然下降的情况，说明在京津冀协同发展背景下，两系统的耦合协调发展仍然面临着比较严峻的挑战，仍需相关部门采取有效的政策措施促进两者协调发展。

第 7 章

京津冀生态经济效率协同
提升的机制及对策

7.1 确立生态经济协调发展目标，
构建区域生态治理网络

近年来，随着经济高速发展，能源消耗持续增加，环境污染问题日益严重。其中最为突出的就是京津冀地区出现的区域性复合型大气污染问题。从2012 年开始，京津冀地区日益成为雾霾治理的重点区域。在资源存量和环境承载力有限的条件下，京津冀区域迫切需要建立切实可行的、促进生态经济高效率发展的机制和路径。如何构建符合京津冀经济社会发展和生态环境规律的和谐发展的目标体系、机理路径和府际生态治理网络，是一个具有现实意义和理论价值的研究课题，它可以丰富和深化区域生态经济效率的理论研究，为优化京津冀经济结构提供理论指导，为实现社会经济系统和生态环境的最佳综合效益、最大限度地消解长期以来环境与发展之间的对立冲突开辟一条可行的实践路径。

7.1.1　京津冀生态经济协调发展目标体系

1. 生态经济协调发展政策支持模式

城市作为人类社会、经济活动最为活跃的地区，同时也是自然资源的主要消耗源和各类污染的主要排放源。在人类城市化不断加速的进程中，城市的发展模式和发展轨迹成为生态经济研究的关注焦点，学术界、国际组织和各级政府开始日益关注"生态经济效率"的概念。

自 20 世纪 80 年代以来，在经历了一个高速工业发展的时期后，发达国家陆续陷入环境恶化、资源短缺的城市发展困境。于是如何协调城市中经济增长和资源环境保护的关系逐渐受到各个国家和地区政府的重视。在这一背景下，生态经济效率思想和理论研究得以不断深入发展，国内外对于提升生态效率的政策实践在宏观、中观、微观三个层面都有所突破。其中，生态经济效率提升模式在宏观层面的代表有德国、日本和美国模式，具体表现为在国家或区域范围制定产业发展战略和构建相关法律制度体系，从而为社会的各个领域和环节实现生态经济运行提供制度保障；在中观层面，产业生态模式表现为园区模式，即在企业间形成循环利用的生态系统，从而使得废弃物得到充分回收利用；生态经济效率的提升在微观表现就是在企业内部通过技术的不断创新来逐步实现清洁生产和资源的循环利用，其中以杜邦模式为典型代表。

（1）企业实践层面。

美国杜邦化学公司将减少排放甚至零排放废弃物作为目标，首次将"3R"原则（减量化、再利用、再循环）与化工生产相结合，提出了"3R 制造法"，该公司最大限度地放弃对环境有害化学物质的投入与生产，在低碳、节能、环保、高效的发展道路上不断探索和创新，最终形成了杜邦模式。

我国在企业层面的产业生态化建设，以传统生态农业模式"桑基鱼塘"为典型代表，作为"种桑 – 养蚕 – 养猪 – 养鱼"良性循环的生态农业模型典范而闻名中外。

（2）园区实践层面。

产业生态园区是在全球范围内最为热点的城市低碳发展模式之一。1992年，美国 indigo 研究所阐述了"生态产业园"的内涵与核心架构，即不同行业的各企业在一个"社区"内部进行废弃物相互利用、生产合作的产业生态系统，在这一"社区"之中的各企业相互协调，共同管理和利用资源。

产业生态园区模式的典型代表之一就是丹麦的卡伦堡工业生态园区。卡伦堡工业园区以电厂、炼油厂、制药厂和石膏板厂为核心企业，通过将园区内产业链中某一企业的废弃物转化为另一企业的原料和能源，从而形成企业间的生态共生和代谢网络。

我国在产业生态园区方面也不断进行探索和实践。2001年，衢州市沈家生态工业园区建设规划完成，同年，广西贵港工业园区经环保总局批准成为国家第一个生态（制糖）产业示范园区；此后，包头生态（铝业）产业园区、南海生态产业园区、石河子生态工业园区等一大批生态工业示范园相继建成，为我国进行生态经济发展实践积累了宝贵经验。

（3）宏观监管层面。

生态发展模式在社会宏观层面以日本、德国、美国为典型代表。其中，德国是最早倡导城市生态经济的国家之一，其提升生态经济效率的实践主要集中在废弃物的处理和再利用方面。德国在1972年就制定和颁布了《废弃物处理法》，初步奠定了垃圾无害化处理的法律基础。1991年，基于物质循环"资源—产品—资源"利用的思路，德国又相继制定了《包装废弃物处理法》和《避免和回收包装品垃圾条例》，对废弃物再利用的法律监管范围进行了扩展。1996年，《物质循环和废弃物管理法》在德国正式生效，成为德国发展低碳经济的主要法律依据。为了对企业的清洁生产和低碳发展进行有效监督，德国还设立专门的监管机构，生产企业要想进行产品生产和销售，必须向监管机构提交其有相应的资金和技术能够对废旧产品进行回收的证明；企业还要向监督机构对其生产过程中排放的废弃物的种类、规模和处理措施等情况进行通报……总之，在德国城市中，废弃物的分类回收利用已成为民众的一种自觉行为。相关统计资料表明，德国城市发展低碳经济产业每年能够创收410亿欧元和20多万个就业机会。

2. 生态经济协同发展目标体系构建原则

京津冀区域生态经济协同发展目标体系的构建应遵循系统性、可持续性和可行性的原则。区域生态经济协同发展是一个错综复杂的广泛联系的系统，涉及的因素具有多元化、关联性及广泛性等特征。京津冀生态经济协同发展目标体系应当由不用层次的子系统指标构成，系统层次间存在交错联系、相互依存与制约的关系。因此，京津冀区域生态经济发展目标体系应当适应当前生态经济发展形势，从科学的角度系统理解生态经济发展的本质，客观综合地反映产业升级、发展效率、社会福祉、创新驱动和可持续性等多个方面。

同时，各目标应当具有代表性，各目标之间要形成有机的内部逻辑联系，是在实践中可以操作并执行的。目标体系中既有可以量化的指标，也有定性指标来描述难以量化但对京津冀生态经济协同发展具有重大意义的导向性目标。

3. 生态经济协同发展目标体系构建

可以根据世界自然基金会针对生态城市建设提出的 CIRCLE 原则，即城市紧凑型（Compact）、个人行为对环境负责任（Individual）、削减资源消耗（Reduce）、减少碳足迹（Carbon）、维护区域生态功能（Land）、提升生态经济效率（Efficiency）。在本书前几章分析的基础上做进一步拓展，得到京津冀区域生态经济协同发展的目标体系，即"经济发展与城市建设协同""区域环境治理协同""人居环境的健康和谐"，这三个综合目标体系的建立可以为京津冀区域生态经济效率协同提升提供指导。

（1）经济发展与城市建设协同。

京津冀区域生态经济协同发展以低能耗、低污染、低排放为特征，生态经济必然带来人类生存发展观念的转变。生态经济效率的提升必然牵动几乎所有产业领域，如工业、农业、建筑、服务、交通等。

京津冀区域生态经济协同发展必然会放弃与自然生态系统剥离的、不可调和的发展模式，遵循中国传统"天人合一"的思想，将城市建设重新纳入地球自然生态系统格局中，使城市成为自然系统中的一个健康单元，重新维系人与自然界之间周而复始的物质能量流动，维系自然生态过程的连续性与可持续性。京津冀区域生态经济协同发展应遵循以下三项原则。

①产业生态系统的可持续性。

生产过程和谐首先要求生产过程要尽可能减少能源、土地、水、生物资源的消耗，提高生产效率。生产过程中要积极进行技术创新，充分合理地利用自然，如光、风、水等，最大限度地减少资源消耗和污染物排放。

其次，生产过程和谐要对高能耗的落后产能进行淘汰，广泛实行清洁生产，推广低碳节能技术和产品，调整能源消费结构，推广太阳能、风能、沼气、潮汐、地热等清洁可再生能源的利用质量和效率，推进能源利用的清洁化和可持续化。

②城市建设与生态环境的协调性。

城市建设发展协同首先体现在城市规划方面，城市规划发展要根据生态经济效率最优化的原则进行。而在具体的建筑材料方面，应选择对环境无害的产品，并且在充分利用废弃的土地和原有材料（砖石、架构、土壤、植被等）的基础上尽可能利用本地生产的建筑材料，以减少建筑资源的耗费和由于运输而产生的费用和污染。

其次，在建筑施工方面，同样需要减少工地的能源消耗，并且事先做好施工的规划组织工作，保证施工过程中减少和避免各种污染的发生（噪声、大气、水体和土壤的污染）。此外，建筑施工过程中所产生的垃圾必须做好分类处理工作。

③区域交通系统设计与规划的协同性。

交通运输过程的绿色低碳不仅在于燃料动力的清洁节能，而且还在于交通工具从生产、使用到废弃回收过程的全生命周期的绿色低碳。此外，还应高度重视人们日常出行、生产、军事等不同功能的和谐交通体系的构建，做好交通路线、枢纽的规划设计，要与周边的土地利用相互协调，在便利、高效、合理、环保的基础上支撑起城市的各项功能和空间发展。总之，京津冀区域交通系统的高效便捷要以推进现代综合交通运输体系为突破口，推进交通基础设施互联互通，就是要实现四种和谐关系：一是道路交通网络与土地利用的和谐关系；二是交通系统与城市生态环境之间的和谐关系；三是交通运力供应与需求的和谐关系；四是多种交通方式与城市内外交通网络的和谐关系。

（2）区域环境治理协同。

在地球的自然生态系统中，物质和能量流动是由"源—消费—汇"构成的闭环，这一物质能量流动过程中的废物会在循环过程中被消化分解。而在现代城市生态系统中，物质能量的流动被人为改变为单向、不闭合。在城市生态系统中，人们在生产、消费过程中产生的垃圾和废物不能被自然及时消化分解，从而造成了对水、大气和土壤的污染。

因此，京津冀区域的自然环境协同就是要提倡减少人类对自然的改造和影响，充分利用当地既有的资源，使城市群的整体运行与所在区域的生态环境的物质能量流动交换过程相协调。

①京津冀区域的自然环境协同，首先体现在区域环境工程规划上。不考虑节水、抗虫害、防风沙、固碳、涵养水源以及维护问题的城市环境规划，无论其表面有多么光鲜美丽，也只是一项面子工程，而非便民工程和生态工程。城市绿化和谐就是维护当地原有生态系统，优先选择地带性植物品种取代外来园艺品种，提高绿化植被的耐旱、抗病和自播繁衍能力。同时，用林地取代草坪，从而减少灌溉用水和化肥、除草剂的使用，降低资源耗费和维护费用。此外，还应加强和推广住宅小区等区域的立体绿化工程，加强绿色廊道生态带建设和保护，加快沿高速公路、快速路、铁路的生态廊道建设，营造良好的城市绿化环境。

②京津冀区域自然环境协同，还体现在城市建设运行与水生态系统的协同上。城市水生态系统的和谐，必须要加强城市水生态系统的功能区的净化修复能力。首先要加强城市水体的环保设施（包括污水收集管网和处理厂等设施）建设。其次，要加强法律约束，对化工、印染、造纸等对水体有高污染风险的企业进行全时段、全方位监控，严格实行排污许可证制度。再次，构建完善的城市水体科学利用和治理的数字监管平台，建立全面完备的城市水体的数据库系统。最后，加强城市河道等水体的疏浚、生物治理和生态修复工程力度，开展沿河景观与城市湿地生态网络体系。

京津冀区域的水体生态系统协同还表现在城市雨水收集利用方面，必须积极推进"海绵功能"建设。"海绵功能"就是使城市能够像海绵一样，在下雨时利用各种自然与人工池塘、湿地或低洼地等对雨水进行吸收、含蓄、入渗、净化，补充地下水源；旱情出现时，能够将储存的雨水有效释放并利用。"海绵功能"能够有效缓解城市化带来的"热岛""雨岛"等水文效应，降低城市极端降水事件概率，有效控制城市雨水径流，避免城市内涝。

③京津冀区域自然环境协同的最主要内容之一就在于加强大气污染的整治和改善。而大气污染的治理又与城市建设和谐与自然环境和谐紧密相关。除了落后产能的逐步淘汰以及核心产业的升级改造，餐饮业油烟、机动车尾气与城市供热系统燃煤蒸汽锅炉的科学治理同样关键。在加强监管治理的同时，有机整合产学研力量，加快科研院所对雾霾天气形成机理的研究成果的转化力度，创新城市大气环境整治技术，有效减少城市雾霾，恢复城市的朗朗蓝天。

（3）人居环境的健康和谐。

以往的人居模式往往会片面强调人的舒适享受而忽略自然生态的协调，或者片面强调生态环境的可持续而忽略人的感受。而京津冀生态经济效率的提升问题既是经济问题和生态问题，同时也是社会问题。这一综合性课题的研究就离不开人（生命、生存）、自然（环境）、人与自然这三个元素。因此，应该摆脱经济和环境两种思维的局限，将生态经济效率提升问题进一步引入到人居环境领域。人居环境的和谐和健康不仅包括人与环境关系的和谐，而且包括人与自身关系的和谐。健康低碳的人居环境不仅要关注环境的"存在"，还要重视人与自身的和谐包容的"生存之道"以及人与自然环境的和谐共处。

在城市工业化以前，人居环境可以说是低碳的、生态的，人与自然的矛盾并不尖锐，但在工业化之后，虽然自然环境遭遇了前所未有的危机，但人们的生活水平得到了极大提高。本研究所提倡的人居环境和谐，并不是要让人们的生活水平和质量倒退回工业化以前的落后的状态，而是应改变过度追求舒适便利的思维，采用更人性化的、环境友好的、因地适宜的技术（健康住宅、生态社区等），来构建健康和谐的人居环境，帮助人们摆脱都市的忙碌喧嚣，用"最小的消耗"实现"最大的幸福感"。

健康人居环境可称为"生态人居环境"，它不仅强调低碳环保，注重绿化，其更为重要的特征就是对所在社区的房屋构造、空间组合等方面进行科学的布局，使其与区域自然环境相互融合。在设计上以尊重生态环境和生命质量为出发点，充分利用自然资源，并通过人工绿化和配套硬件设施等手段对社区的自然环境进行协调和补充，不但给人感官和心理上的美感，而且还应发挥隔热、防风、防尘、防噪声、减少细菌虫害等作用。另外，生态社区不但要考虑人与自然的和谐，还要注重居住者人际交往的需求，合理设置供人们共同休憩娱乐的场所和设施，提供周到的社区服务，使人们能够便于交流，放松紧张情绪，真正享受社区健康和谐的生活氛围。

要想真正实现生态经济效率的提升，就必须要使低碳、健康、朴素的生活方式和理念得到人们的普遍认同，用"以自然为中心"的文化氛围取代"以人为中心"的意识，形成低碳健康的行为准则和人与自然和谐共生的价值观。低碳生活理念应在衣食住行各个方面得以体现：穿衣方面考虑采用可再生资源为原料且生产过程和废弃处理过程对环境无害的布料；饮食注重营养的搭配和食品的绿色无害，不食用野生动物；居住环境追求安全舒适、亲近自然，节约水电资源、杜绝过度装修，自觉对生活垃圾进行分类收集并按规定排放；交通工具考虑节能减排，如果距离时间允许则尽量采用公共交通、自行车或步行方式出行……当低碳理念渗透人们工作、生活甚至休闲娱乐之中，最终形成一种文化认同时，人们就能以一种科学、理性、包容的态度面对自身和其所处的环境，使人与自然之间的关系转变为和谐的、非对抗性的。

7.1.2 京津冀生态经济协调发展机理分析

2018年11月18日，国务院出台的《关于建立更加有效的区域协调发展新机制的意见》中提出了建立更加有效的区域协调发展新机制的指导思想、基本原则、总体目标，并从建立区域战略统筹机制、健全市场一体化发展机制、深化区域合作机制、优化区域互助机制、健全区际利益补偿机制、完善基本公共服务均等化机制、创新区域政策调控机制、健全区域发展保障机制以及切实加强组织实施九个方面详细论述了区域协调发展新机制的实施方向。

基于本书针对京津冀生态经济效率的横向与纵向测度的分析，以及当前政府出台的指导意见，京津冀生态经济效率协同提升一般多是在宏观（政府）、中观（产业）及微观（企业与公众）三个层面展开探讨。

（1）从宏观层面来看，协调区域差距、调整区域经济结构和空间结构、发挥产业与资源区位优势、经济协同发展与生态补偿、完善基本公共服务的统筹合作等都是区域生态经济效率提升的关键影响因子。

第一，在协调区域差距的宏观调控方面，对于京津冀生态经济的协同发展问题，既要推动发达城市的改革创新引领作用，加快新旧动能转换，又要加快补齐基础设施、公共服务、生态环境、产业转型升级等"短板"。

第二，在调整区域经济结构和空间结构的宏观调控方面，以疏解北京非首都功能为"牛鼻子"推动京津冀协同发展，以治理和缓解"大城市病"为主线，探索京津冀生态经济协同发展对于"大城市病"的有序疏解功能，探索京津冀生态经济的优化开发模式。

第三，在充分发挥区位优势的资源宏观调控方面，以生态优先、绿色发展为引领，以北京、天津为中心，推动京津冀不同区域板块的协同互动发展，根据不同区域的产业基础和资源特色，建立健全用水权、排污权、碳排放权、用能权初始分配与交易制度，培育发展京津冀区域各类产权交易平台，构建京津冀统一的自然资源资产交易平台。

第四，完善多元化经济协同发展与生态补偿机制，既要以"看不见的手"为核心，充分发挥市场的主导作用，消除区域市场壁垒、促进要素高效流动；在实现科技资源和创新要素按照市场需求优化配置的基础上，还要借助"看得见的手"，引导科技创新因素对落后地区传统产业的转型升级起到引擎作用。

第五，完善基本公共服务的统筹合作，推动公共服务均等化。在京津冀区域建立医疗卫生、环境监测与治理、人才引进与劳动就业等多方面基本公共服务跨城乡跨区域流转平台，研究制定京津冀跨区域公共服务要素转移接续具体实施路径。

（2）从中观层面来看，产业结构的布局是否合理关系到资源的使用和配置是否达到最优状态。因此，要提升京津冀区域生态经济效率，就必须从产业层面进行优化和调整，深入挖掘京津冀产业间的共生联系，构建京津冀生态产业链条，优化京津冀区域产业布局，推进京津冀区域产业结构调整，从而形成和谐共生的产业生态系统。

一方面，要科学打造生态产业链，充分发挥生态产业链在促进区域生态经济效率提升方面的重要作用。这就要求各级政府对辖区内的生态经济系统进行宏观层面的生态网络设计，突出"低碳、节能、循环、创新"理念，探索"产业生态链－产业共生网络－产业生态系统"的发展路径，走出一条具有京津冀区域特色的生态经济协同发展道路。综合考虑各地区的产业经济发展基础、资源优势、技术可行性和环境友好可持续等因素，并深入挖掘各产业上下游间的共生耦合关系，将京津冀区域的主导产业——制造业、金融业、信息传输、软件和信息技术服务业以及科学研究和技术服务业、临港重装产业、高端装备产业、机械装备产业、金属制品产业、有色金属冶炼、金属制品业、医药制造业、电气机械及器材制造业、食品和饮料制造业等产业进行横向与纵向整合，延长产业生态链条，形成个体经济效率、环境效率、能源效率和社会效益最优化的产业生态网络，从产业的层面推动区域生态经济效率的提升，引导以低碳、节能、高效的循环经济为代表的生态经济成为京津冀区域的经济增长点，最终提升京津冀区域产业集群的可持续发展能力和竞争力。

另一方面，加强京津冀产业政策宏观调控，就要加快推进产业布局的优化调整，培育壮大京津冀生态产业集群，完善京津冀科技资源创新服务平台。这就要求产业升级和产业结构的战略调整，培育以大数据、智能化、低碳化为特征的区域主导产业，以主导产业带动产业集群，以健康的产业生态群落推进中心城市的经济创新和科技创新，以中心城市的高速发展带动城市群的发展，最终以城市群带动区域发展。通过淘汰落后产能、加快夕阳产业的转型升级，将粗放型产业发展模式转变为集约型产业发展模式；同时，各级政府在政策上加强对大数据产业、人工智能产业、生态农业与旅游业、低污染－低能耗－高附加值的第三产业进行政策倾斜与扶持，而对于高污染、高能耗、高排放的"三高"产业进行必要的约束，引导适应区域生态经济发展的新型产业系统的形成。

（3）从微观层面来看，从企业公众的角度，提升生态经济效率要从公众的消费观、生活方式与理念以及企业的生产观、社会责任观与企业文化与战略的层面入手，树立生态健康的公众消费观念、生活行为准则和企业生产观、社会使命与责任。具体来说，在公众与企业层面树立生态发展观念应该包括以下三个方面：

首先，应加大宣传力度，引导公众树立绿色消费观。公众的消费观对生态经济发展具有举足轻重的影响。公众绿色消费观念的形成才能推动绿色需求的形成，才能真正引导经济发展走上绿色发展的道路。为此，要切实提升生态经济的效率，就必须转变某些不良的传统消费观，引导公众养成生态健康的消费习惯。

其次，企业应树立绿色生产观和发展理念。企业作为社会经济系统中最重要的组成部分，也是构建节能高效、环境友好型生态经济发展模式最重要的主体，是提升生态经济效率最重要的推动力量。因此，必须对企业的发展提出新的要求，转变过去传统的单一注重经济效益而忽视环境效益的经营模式，用生态设计引领企业绿色发展。

在企业运营的全周期过程中，遵循生态理念和生命周期评价（LCA）思想，从项目选择开始就在考虑经济效益的基础上兼顾生态环境效益，在设计研发和产品制造阶段均采用环保节能的技术方案，实现"绿色研发""绿色制造""绿色包装""产品绿色使用和绿色回收"，实现产品的全生命周期的节能环保，从生产实践的角度切实实现生态效率的提升。

7.1.3 京津冀区域生态治理网络构建

随着科学技术的日新月异、经济的飞速发展，人类活动对生态环境的影响也更加错综复杂，随之而来的是出现了各种生态环境问题：水体污染、固体废物污染、大气污染等，这些污染问题直接对人类自身的生存造成了极大的危害，生态环境治理成为当前人类亟待解决的问题。

近年来，京津冀区域的环境问题备受关注，其中以大气污染问题最为突出，加大京津冀区域的生态治理是提升生态经济效率的重要一环。在京津冀区域中，各地的自然地理环境、资源禀赋、产业经济基础、社会文化背景存在差异，这些差异加大了地区之间跨区域生态治理的难度，如何加强地区合作、选择合理的协同治理路径成为解决京津冀区域生态治理的关键。从京津冀以往的环境治理合作经验中可以发现，在生态治理过程中存在着政策执行效率和执行力度参差不齐、合作路径和方式单一、不能切实实现协同联动等问题，这些问题如果不能有效解决，那么京津冀区域的生态治理就不能实现效率和效益的最大化。

结合本书中对京津冀生态经济效率的横向和纵向测度，以及相关学者关于生态治理的合作路径的研究（韩兆柱，2018），本研究认为京津冀区域的生态综合治理问题需要京津冀三地在区域间、政府间以及其他参与主体间构建一个完善的京津冀生态治理多向度、全方位的生态综合治理网络体系。通过生态综合治理网络体系从不同方向、不同路径和角度来破解制约京津冀区域生态环境方面存在的矛盾和问题。

1. 京津冀区域生态综合治理政策现状

国家发改委和环境保护部在 2015 年 12 月发布《京津冀协同发展生态环境保护规划》（以下简称《协同发展规划》）。《协同发展规划》中提出京津冀三地加强节能减排形势分析和监测预警，研究完善资源综合利用相关税收优惠政策，深入开展环境污染第三方治理试点，引导社会力量投入环境污染治理，明确企业和各级政府的法定责任，加大监管力度，加快推进节能环保数据的开发等措施。中央政府又相继出台了《关于成立京津冀及周边地区大气污染防治领导小组的通知》《打赢蓝天保卫战三年行动计划》《农村人居环境整治三年行动方案》等政策法规和实施方案。根据《协同发展规划》，北京市、天津市以及河北省各级政府结合各自实际情况，针对生态环境治理问题提出了相应的法规、规范、实施方案或政策性指导意见。

河北省人民政府于 2016 年 2 月发布了《河北省建设京津冀生态环境支撑区规划（2016~2020 年）》（以下简称《支撑区规划》），对河北省生态环境建设的现状、面临的形势和主要问题进行了分析，并提出河北省建设生态环境支撑区的总体要求、原则和目标，从"合理划定生态功能分区""严守资源环境生态红线""实施生态建设攻坚行动"等方面提出支撑区的生态治理措施，指出河北从"强化大气污染联防联控联治""积极参与京津冀水环境协同治理""加快建设区域生态屏障、共同推进京津保生态过渡带建设、开展环首都国家公园建设"等方面参与京津冀区域生态协同治理。

北京市政府在 2016 年 12 月印发的《北京市"十三五"时期环境保护和生态建设规划》（以下简称《"十三五"生态建设规划》），在总结"十二五"成就的基础上，提出北京"十三五"生态建设指导思想、目标指标。北京市

《"十三五"生态建设规划》中从积极开展生态环保联防联控、落实首都城市定位、拓展绿色发展空间、深化大气协同减排、统筹水污染防治和水资源补给、推进土壤和其他污染防治、加强环境风险防控等多方面提出北京市生态建设措施，构建多元共治体制机制。

天津市政府于 2017 年 6 月出台了《天津市环境保护工作责任规定（试行)》，并于 2018 年 10 月修订出台了《天津市生态环境保护条例》，进一步明确了政府及其监管部门的生态环保职责，严格生态环保监管制度，加强环境污染要素治理。

本研究以网络化治理为视角，探索京津冀在生态治理过程中府际合作的有效路径。

2. 京津冀生态综合治理中的困境

京津冀在生态环境的联合治理方面取得了一系列的成果和进展，但由于三地在经济水平、社会发展水平、人口因素、产业结构和发展水平、自然地理环境基础等各个方面都存在差异，因此在生态治理过程中也存在着一些问题。

第一，治理客体方面。生态治理的客体为生态环境，其公共物品属性制约了综合治理过程中地方协同治理的积极性和高效性。生态环境符合公共物品的特征：它既能满足公共需求，具有公共利益性，人人都可受益，且不能排除他人从中受益。在市场失灵的情况下，由于生态环境可持续性的实现是以免费或低收益的形式提供给公众的，因此需要借助公权力的强制性。这种利益非对称性供需需要政府这只"看得见的手"进行调控。

作为公共物品，生态环境的治理不可避免地会出现"搭便车"现象。为环境治理付出代价的地区可能没有快速获得显著效益，却承担了相当大的成本和风险，这就会使地方政府尤其是社会经济发展水平滞后的地方政府的生态治理缺乏原始动力，从而抑制地方生态环境治理的主动性、创造性。

京津冀区域生态环境治理过程中，三地存在地区间发展不平衡是现实，而生态环境可持续性的维护方（供给者）在行政手段的干预下，供给（维护）生态环境可持续性（产品）却无法获得与投入相应的合理经济回报，需求者依赖公权力的干预可以直接享受公共利益而不付出相应报酬，这一实际进一步加剧了京津冀经济发展的差距，进一步抑制欠发达地区参与生态协同治理的能动性，降低生态综合治理的效率。

第二，治理主体方面。"治理"一词在用于描述一种行为方式时，具有"使相互冲突或不同的利益得以调和并且采取联合行动的持续过程"的性质。如前所述，如果京津冀生态环境治理的主体仅仅依靠政府，通过政府的公权力加以强制干预，往往不利于提高生态治理的效率，治理的效果可能会远低于预期。

首先，正如前文分析，生态环境作为治理的客体，是一种公共物品，无法清晰界定产权界限，如果一味依靠政府干预，而忽视公众和企业的参与、忽视市场机制的参与，则会使生态环境的维护行为主体缺乏主动性，只看到维护成本，而没有切实享受到生态环境改善的效益。最终，生态治理的实施链条就会缺乏稳定性，无法形成高效、稳固的治理系统结构。

其次，京津冀三地在行政体系中的行政级别与地位、经济发展水平、发展方向与定位、资金投入水平等方面都具有非常显著的差异性。据统计，2011～2015 年京津冀地区人均 GDP 呈现明显的差距，北京和天津发展过程中更加注重新兴高科技产业的发展、鼓励技术创新、引进创新型人才，其经济发展水平明显优于河北；而河北省本身经济发展水平和产业基础就落后于京津两地，近年来又承接了北京一些高污染、高能耗的产业，统计数据显示河北省 2014～2016 年治理污染的投入总额也最多（韩兆柱，2018）。这种经济基础薄弱、投入和效益不对等现象，会产生"虹吸效应"，使河北省的优质资源和要素加快涌入京津，并在"马太效应"的作用下进一步扩大三地落差。这种落差必然会造成生态治理链条的错位和分解，不利于京津冀生态治理效率的提高。因此对于京津冀区域生态环境的综合治理，不能单纯依靠政府干预这只"看得见的手"，要想提高治理效率，改善治理成效，还必须依靠"看不见的手"，依靠市场经济中的公众、企业、科研机构、金融机构、中立的监管审计（第三方）机构等多元主体的力量对生态治理过程中的成本和利益问题进行有效协调。

总之，高效的生态治理体系应该是以市场机制为基础，由政府引导的多主体共同参与下的生态环境综合治理体系。通过建立政府、企业、公众、多种机构有效合作的治理网络，才能对京津冀三地经济、环境等失衡现象进行有效调节。

第三，治理路径方面。如前所述，近年来，中央政府、京津冀三地政府以及各相关部门针对京津冀的生态环境问题已陆续修订或出台了多项政策法规以及相关规划或办法，如《协同发展规划》《支撑区规划》《"十三五"生态建设规划》《天津市环境保护工作责任规定（试行）》《天津市生态环境保护条例》等，从政府顶层设计的路径上规范相关主体的行为。

这种顶层设计的路径体现了当前京津冀生态环境治理的两个特点。其一，治理方式的单一化。京津冀生态治理仍主要依靠政府顶层设计这种外力机制，无法完全代替市场经济和多元主体相互交流的内在自发机制。纵观人类社会的发展史，我们可以发现经济社会是没有一种"包治百病"的万能良药的。预设的、统一的管理方式在面对经济社会中的复杂问题时必然存在失灵的情况，这就需要新的、个性化的、有针对性的协调措施作为补充。因此，京津冀区域生态综合治理过程中，需要多元主体实现高效沟通、广泛吸纳各方意见，进而创新多种联动治理渠道和路径，提高生态治理的效率，切实改善环境问题。其二，治理路径的"碎片化"。各地的环境治理仍以"各自为政"为主，缺少高效的协同和配合。"碎片化"是西方学者在研究政治体制和政策运行机制时提出的（Lieberthal，1992）。他们用"碎片化权威"这一概念来描述不同地区政府之间以及政府不同部门之间在面对政策和决策的执行过程中，所表现出来的为了各自利益的最大化和成本责任的最小化而进行"讨价还价"的"各自为政"，最后相互妥协致使公共政策效果打折的现象（蔺丰奇，2017）。这种"碎片化"会造成治理区域及部门之间的摩擦与冲突、治理主体的目标分歧、权力和组织结构松散、组织资源内耗、治理系统效力分散，进而导致资金和资源浪费、生态治理的效率低下，生态环境治理的预期目标难以实现。京津冀区域生态治理过程中体现出来的"碎片化"主要体现在以下方面：

一是生态环境治理多元主体目标"碎片化"。在目前京津冀区域生态治理体系中，存在多元主体，而各主体在治理行动目标上并非完全协调一致，治理实践中难以形成共识。中央政府更关注全局，区域整体的生态环境的可持续发展是主要诉求，力求建立生态环境健康的长效机制；地方政府关注的一个重要目标之一就是地方政绩，因此更多的考量放在保障地方的经济效益上；企业和公众往往以个体利益为出发点，追求个体利益和效用最大化，而个体利益的最大化很可能对生态环境产生负面影响,对中央政府的政策目标有削弱和分解作用,降低生态治理效率。

二是生态综合治理组织结构"碎片化"。区域生态治理关系到多地区、多部门、多主体,协调各方利益实现协同治理绝非易事。首先从不同地区来看,生态环境治理需要由中央政府制定目标和规划,由自上而下的权利结构和组织结构层层传达、控制和执行。在这一过程中,对于地方政府来说,其自身具有"双面性",一方面代表中央政府执行政令,是公权力的"代理人";另一方面又肩负发展地方经济的责任,追求地方利益最大化,具有"经济人"的特性。由于经济发展在政绩体现上更具有显著性,因此对于一些不利于地方利益的生态治理政策,地方政府可能采取"观望"或"变通"的策略应对。这就使本应协调一致的治理政策执行链条发生了"割裂",不能真正实现政令畅通,导致"碎片化"。

其次,从生态治理涉及的多部门的结构设置来看,多部门的管理结构会造成多头管理的局面,各部门都有各自的职能领域和权利范围,有各自部门要达到的治理目标,这种多部门分割管理的状态会造成同一问题的多个权力部门交叉管理的局面,在协调上稍有疏忽就会导致管理冲突和矛盾,这种"碎片化"的管理结构会造成资金、人力、物力等各种资源的浪费,严重降低治理效率。

3. 京津冀生态综合治理网络体系构建

京津冀生态环境综合治理亟须构建一个包括多主体、多要素的更具整体性和协同性的网络体系。京津冀生态综合治理网络体系首先要解决各地政府之间和政府内部各部门之间组织结构、权利结构以及行政职能的协同整合;在此基础上,进行政府主体与企业、公众、科研机构与非营利组织之间的合作,最终构建京津冀区域多元主体高效的生态环境综合治理网络。

(1)完善生态综合治理多元主体机制。

第一,中央、地方政府及部门间生态治理功能的整合方面,中央政府作为主导,要从环境治理的全局着眼,提出总体环境治理目标。在此基础上,理顺中央与地方政府在职能、权力、责任等方面的关系,根据不同地区的实际情况和自身特点,因地制宜制定科学合理的治理政策措施。

　　地方政府要在中央政府的主导下，加强区域之间环境治理的协同联动和环境污染的联防联控，利用市场化手段拓宽地方环境治理的渠道，通过出台相关鼓励性政策引进项目和吸引资金，提供合资、租赁等多种运作模式，调动当地社会组织主动参与环境公益项目，如垃圾处理、空气污染等环境问题。

　　生态治理过程中各政府职能部门要在权力和职责范围方面进行明确和梳理，避免权力和职责的交叉，避免多头管理，将各部门中分散的生态治理职能进行整合，建立系统的生态治理职能架构，在地方政府的监管下对各地区普遍存在的生态环境问题进行有效的联防联控。

　　第二，政府与企业、公众、科研及非营利机构等参与主体的协调整合方面。首先，对于企业主体来说，单纯依靠政府强制力自上而下以行政命令（指令）的形式推行生态治理政策，虽能在一定时间内取得成果，但是由于缺乏市场机制的引导，缺乏有效的激励，无法有效调动企业主体的积极性，最终造成资源浪费、影响生态治理成效。京津冀生态综合治理网络可以借鉴政府和社会资本合作（Public – Private Partnership，PPP）模式，在生态治理的项目中采取招标形式引入企业等非公部门的参与，通过市场机制提高生态环境治理效率。

　　第三，在生态治理的公众主体层面，生态环境直接关系到社会中每个人的切身利益。京津冀区域生态综合治理网络同样离不开社会公众的支持和参与。在生态治理过程中，应加强环境保护宣传、积极推进公众参与地方生态治理的目标、方案制定、科学决策等全过程，规范公众的参与程序、厘清并畅通社会各方对生态治理过程的监督渠道。

　　第四，对于科研和非营利机构，京津冀区域生态综合治理需要依靠科研机构在生态环境保护方面进行科技创新，以此作为新引擎来提高生态治理效率。京津冀区域高校和科研院所众多，拥有相当数量的具有专业技术和能力的科研人员这一人才资源优势。京津冀生态综合治理网络的构建应该充分利用这一优势，进行产学研结合，搭建科技创新平台，为京津冀生态治理提供科技支持。

　　此外，非营利机构也是生态治理网络体系中不能忽视的一个参与主体。非营利机构具有非营利性，不受市场逐利性的影响，以社会效益为主要目标，具备公益和独立的中立特性，是政府和企业之间的纽带和桥梁。生态环境治理过程中离不开中立机构的独立监控、审计和评价，它们在生态治理过程中起着至关重要的作用。

（2）整合生态综合治理数据统计和信息资源平台。

生态综合治理网络的构建需要信息共享平台的有效支撑，利用互联网、大数据、人工智能等高新技术，对京津冀区域生态环境相关数据进行收集、统计和分析，实现京津冀生态治理数据共享，为生态治理提供有力的数据支撑。在"互联网＋"和"大数据"的背景下，通过建立生态治理信息资源共享平台，可以有效提高生态治理效率。

首先，借助与环境相关的科研机构和非营利机构所特有的技术专长、资金和信息资源这些天然基础和优势，构建信息共享平台的重要节点，并以环境监测数据、污染监控技术等数据和技术为着力点，以跨区域的生态综合治理为目标，充分利用不同机构的人才、技术优势，进行统筹规划和优势互补，构建京津冀生态治理大数据库。

其次，要充分利用现代化信息技术手段，建立京津冀区域生态综合治理信息共享的专项管理组织，实现生态治理相关的数据信息"挖掘—收集—分析处理—共享交流—高效利用"等各个环节的有效整合，实现各种生态环境信息数据的有效收集和传递，实现生态治理信息收集分析的及时性、高效性，为京津冀生态治理提供真实、科学的数据信息，支持生态治理政策决策。目前在京津冀三地都已建立了相应的环境实时监测系统，通过进一步完善京津冀区域的大气质量监测、水资源和土地资源污染防控和管理信息平台，构建一个完善的信息互联互通的网络体系，尽量避免治理过程中存在的"搭便车"和利益博弈现象。

（3）构建京津冀区域生态和经济利益共享机制。

在生态治理过程中，地方的利益分割和纠葛一直都是生态治理工作中的最大困扰之一。生态环境的污染和经济发展的矛盾是地方政府需要妥善协调的一个共性问题。建立以利益分享为核心的政府协同机制，协调各地的经济利益和环境效益，对环境污染控制给予财政补助，用于补贴企业在治理污染、淘汰落后产能以及使用清洁能源的花费。

按照各地的经济基础、产业发展状况、环境污染防控成本以及财政补偿受益程度等指标，建立科学、合理的利益补偿、成本分摊标准和规则，确保三地之间的成本和利益平衡。科学地协调三地政府在治污工作中的成本和利益关系，避免利益冲突和矛盾，改善三地生态综合治理的成效。

（4）构建京津冀区域生态治理监督机制。

在京津冀生态治理的过程中，还需要大力强化法律和监控机制建设。只有健全的法律制度和完善的环境监控标准才能保障京津冀生态治理过程的顺利进行。

首先，在法律制度体系建设方面，要在《宪法》《侵权责任法》和《环境保护法》等基础上，进一步完善、修订当前关于环境治理方面存在的不符合时代发展现状和科学发展要求的法律法规，建立起一整套与京津冀地区环境治理相符的法律法规体系。以这一法律法规体系为基础，将生态综合治理纳入法治轨道，确立环境污染的行政问责机制和终身责任追溯机制，确保生态治理以市场经济为基础、以政府干预为主导、以完善的法律体系为制度保障。

其次，建立第三方审计与监督机制。环境污染治理的公共物品属性决定了单纯依靠污染者自身进行自我约束和自我监督是难以实现的。在以往的生态治理中，没有做到充分运用市场手段和严格法律约束来推进治理工作，政府在生态治理过程中的"运动员"和"裁判员"双重角色，致使一些环节背离了市场经济的公平和效率原则。

2015年1月，国务院发布《关于推行环境污染第三方治理的意见》，对排污付费、第三方监管等机制进行了明确。生态治理引入第三方监督机制是市场化改革的必然要求，是保障市场机制有效发挥和推进环境保护和污染防治的重要途径。生态治理的第三方监督机制是通过缴纳或按合同约定支付费用，委托环境服务公司对污染治理效果进行监督、审计的一种模式，有助于对生态治理过程进行规范和控制，提高生态治理的专业性和效率性，降低治理成本。

（5）构建京津冀区域生态治理的绩效考核及责任追究机制。

首先，建立生态治理的绩效考核激励机制。生态治理的绩效考核必然要打破"唯GDP论"，在京津冀地区国民经济统计核算的基础上，建立新的绿色经济发展的国民经济统计系统，用新的绿色绩效指标体系来代替原有的指标体系。在绩效指标体系建立完善的基础上，进一步建立奖惩机制，对于生态环境治理工作成效显著的地区给予多种财政、税收的优惠和倾斜；对于生态环境治理工作没有完成的地区，应予以相应处罚和追责，从而从制度上保障京津冀区域环境治理的成效。

其次，完善生态治理的责任追究机制。盲目追求 GDP 而忽视生态环境的保护会造成一系列不良影响，生态责任追究制度亟待完善。2015 年 8 月，国务院出台了《党政领导干部生态环境损害责任追究办法（试行）》，表明中央政府对生态环境治理的高度重视，对环境保护责任落实的决心，以及对各级政府官员和领导干部在环境保护和生态治理方面的严格要求和追责力度的加大。

综上所述，京津冀生态综合治理网络涉及政府主体与企业、公众、科研机构与非营利组织等多元主体，由生态综合治理数据统计和信息资源共享平台、区域生态和经济利益共享机制、生态治理监控机制和绩效考核及责任追究机制共同构成一个完整的网络治理结构，如图 7.1 所示。

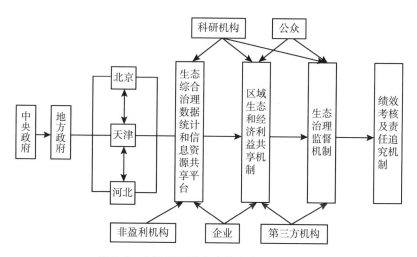

图 7.1 京津冀区域生态综合治理网络体系

7.1.4 京津冀生态经济效率提升政策建议

（1）京津冀各级政府应根据本地区的实际情况进行资源的统筹和优化配置，为生态治理提供良好的市场环境和政策环境，运用公共权力协调生态治理过程中的不同矛盾，保证不同参与主体能够享有利益均等的公平公正环境。政府通过建立和完善法律法规、第三方监督机制，建立生态治理的绩效考核和责任追溯机制。政府应树立全程监管的理念，强化监管职能，完善监管的各项基本环节和制度，形成"京津冀统一领导，地方政府负责，部门指导协调，各方联合行动"的监管工作格局。

同时，政府应积极推进生态补偿制度和产权交易机制的进一步深入，充分利用市场机制和财政税收政策的激励作用，吸引社会资源参与生态治理，逐步形成生态治理的多元主体成本和利益共担、共享机制。

（2）政府驱动企业参与生态协同发展，京津冀生态综合治理网络可以借鉴 PPP 模式，在生态治理的项目中采取招标形式引入企业等非公部门的参与，利用市场机制引导企业积极投资环境污染防治，为生态治理创造"造血"功能，提高财政资金使用效率和生态环境治理效率。同时充分利用京津冀科研院所众多这一优势，进行产学研结合，搭建科技创新平台，为京津冀生态治理提供科技支持，并利用互联网、大数据、人工智能等高新技术，建立生态治理信息资源共享平台，以有效提高生态治理效率。

（3）京津冀区域生态综合治理网络同样离不开社会公众的支持和参与。要想提高生态治理效率，必须提升公众健康的生态价值观，培养低碳环保的消费习惯和生活习惯。因此，各级政府在生态治理过程中，要注意加强环境保护的教育和宣传，积极推进公众参与到生态治理目标制定、方案选择以及科学决策等全过程，同时积极发挥科研院所的智库作用，为生态治理提供创新引擎。

（4）生态治理效率的提高需要建立生态治理的监督和绩效考核激励机制，完善生态治理的责任追究机制，落实环境保护责任，着力提高各级政府官员和领导干部在环境保护和生态治理方面能力，加大追责力度。积极引导产业环境友好转型，扶持生态治理相关的产业，如节能产业、清洁能源产业、现代物流业、信息技术和人工智能产业等，淘汰高耗能、高污染的传统产业。

7.2　促进创新主体合作，打造京津冀创新生态系统

随着现代科学技术的发展，创新的迫切性、复杂性、高科技性使得创新者

之间的关系悄然发生变化，由竞争、对立的关系逐步向互补、共生的关系演化，创新主体与创新环境之间互相依存、共存共生、共同进化，形成类比自然生态系统的创新生态系统。理想的创新生态系统内部，创新组织间协同共进、双向交流，最大限度利用创新资源，保护生态环境，实现系统的进化。但是现实中，无论是区域创新生态系统内部，还是产业创新生态系统内部，创新和生态维护都没有达到预期的效果，创新尚不能满足经济发展的需要。究其原因，在于创新组织间竞争激烈，缺乏有效的合作，这就需要建立有效的合作机制，通过有效的制度、体制打破界限，激励创新组织协同创新，达到协作共赢的目的。进化心理学的相关理念为我们研究协同创新合作机制提供了新的研究切入点。进化心理学是近年来西方心理学研究领域出现的新的研究观点，它将进化论与人类心理学相关联，运用进化论的基本观点分析人类心理的变化过程，并以此为基础深入剖析一些社会现象。将创新生态系统内部的创新组织作为研究对象，从进化论的角度研究创新组织心理的变化过程，通过研究创新组织的亲缘选择、生存观念、互惠理念以及群体认同等心理，寻找其长期合作的可能和契机，探索在创新组织间建立并维持合作的方法和机制。本研究致力于运用进化心理学分析创新生态系统内创新组织的心理，找到创新组织乐于合作的原理，通过不完全信息动态博弈模型对合作原理进行分析和推演，并结合京津冀地区创新生态系统内创新组织的问卷调查，对合作与案例进行实证检验，根据理论和实证分析结果最终提出促进协同创新的合作机制。

7.2.1 协同创新合作的原理分析

合作广泛存在于自然界和人类社会，动物世界里合作的例子很多，如鳄鸟与鳄鱼、帝王虾与狮虎鱼、犀鸟与犀牛，都是通过合作达到生存的目的。人类社会从诞生之日起，合作就伴随始终，从早期的合作狩猎到文明社会的合作发展再到现代社会的合作创新，这些合作有的是自发的，有的是通过政府的行政手段实现的。进化心理学研究合作者的心理，为深入理解合作行为提供了良好的理论平台，研究系统内"自私"的个体怎样通过心理进化，实现生态系统内的群体合作。

1. 亲缘选择与长期合作

早期的心理学中用亲缘选择理论（kin selection）来解释个体之间的合作，认为个体更倾向于选择与自身有血缘关系的人来合作。后有学者研究发现，个体在选择合作对象时，更愿意选择与自己长相相似的人或者在文化、习俗方面相似的人。从进化心理学的角度来看，个体选择与自己有血缘关系的人来合作，是为了使得自己拥有的基因得到更好的扩散、继承和繁衍，合作的紧密程度与亲缘关系成正比，亲缘关系越近，合作得越广泛、越紧密。以个体为核心的生态系统，通过与亲缘关系近的人紧密合作，与自身在某方面相似的人的次紧密合作，得到繁衍和进化。

与之相类比，创新生态系统内每个创新组织均是一个独立的个体，在选择合作对象时，也要考虑彼此的亲疏远近关系。创新组织的分公司、子公司、有业务关联的上下游企业，就类似与之有亲缘关系的个体，会被优先选择作为合作伙伴。其次是与之有相似之处的个体，创新组织对其会有亲切感，会将其列为优先考虑的对象，经过调查发现，与创新组织在决策领导人、经营理念、创新观念、商业模式、学科发展、研究互补等方面具有共同点的个体，容易成为创新组织的合作对象。同时，无论最初合作的原因是什么，如果能与创新组织进行长期合作，彼此之间建立类似于亲缘选择的源于基因、血脉的信任，则合作会更长久、更深入。

2. 生存与获取收益

自然生态系统内，在生物界物竞天择的环境下，个体为了能够生存，会选择合作。进化心理学认为，自人类祖先最初的群居生活开始，人类之间就存在为了在艰难的自然环境中生存而进行的合作，如抵御猛兽的进攻、联合狩猎等。这样的合作源于周围环境的刺激，个体自身没有从内而外的自发合作意愿，只是为了短期利益而在不同水平的个体之间通过劳动分工获取利益，以达到生存的目的。

借鉴进化心理学的研究发现，创新生态系统内，也可以通过外界环境的刺激使得创新组织之间为了获取收益而进行临时性的合作。这种外界环境的刺激需要政府制定一系列的激励政策，鼓励创新组织通过协同创新获取政府提供的收益。如政府可以为协同创新的组织提供临时性的政府补贴、一定范围内的税收减免或者在征地、建设厂房等方面给予一定的优惠政策，通过短期收益的刺激引导创新组织协同创新。

3. 互惠与利益捆绑

为了生存，个体在外界环境的刺激下会选择短期合作。在动物界，动物间会因为自身的生理特性长期合作，互利互惠，促进生物链条的进化。例如，寄居蟹靠海葵保持安全，海葵靠寄居蟹提供食物；鲨鱼为清洁鱼提供食物，清洁鱼为鲨鱼清理身体表面的细菌等。进化心理学认为，个体为了更好地生存发展，必然通过各种办法获得利益，当通过互惠的合作大大受益，其得到的利益大于所承担的风险时，乐于接受互惠合作的个体就会发展成为一个群体，而随着群体的逐渐壮大，获得更多的收益，会有更多的个体加入群体中来参与互惠合作。

创新生态系统内的创新组织，会面临与其他创新组织协同创新的契机，但是往往由于创新组织之间存在竞争、彼此经营信息不透明、提防心理作祟等原因，导致创新组织在权衡利弊后，认为风险大于收益，最终放弃协同创新。我们要研究的是通过什么方法，打破创新组织间的壁垒，促进创新组织的合作，并逐渐发展成为一个不断壮大的群体。较为有效的方法就是通过财政手段，将创新组织进行利益捆绑，通过外力使之成为互惠的群体。例如，可以为协同创新准备专项贷款或融资，要求创新组织进行团体贷款或者共同上交抵押物，通过这种利益捆绑的方式促使协同创新的发生。

4. 群体认同与商业信誉

通过竞争和自然选择，个体在群体内获得一定的地位，得到群体认同。随着整个群体的繁衍进化，文明程度越高的群体中，群体认同感高的个体拥有的利益更多。早期人类社会，群体认同感高的个体可以占有更多的食物，伴随着人类社会的进化发展，群体认同感高的个体能凭借威望获得社会地位甚至是金钱和权利。这样的个体，一旦参与合作，为了顾及自身的声誉和在群体中的地位，不会轻易退出合作，对于他们来说，即使后来发现合作带来的收益很少，甚至是负收益，但由于单方面中止合作会为他们的声誉带来极大的负面效应，导致群体认同感降低从而使他们损失更多，因此，群体认同感高的个体在合作过程中，更容易坚持到最后。

同样地，在创新生态系统内，这种群体认同感即是我们熟知的商业信誉。越是发展完善的市场，商业信誉越是重要。好的商业信誉伴随而来的是更多的客户、消费者、利润，并由此形成品牌效应、品牌价值。知名品牌咨询机构 Interbrand 发布的 2015 年全球品牌价值排行榜中，苹果的品牌价值为 1702.76 亿美元。由此可见，越是知名公司，品牌价值越高，越是注重商业信誉。因此，在创新生态系统内，创新组织都乐于选择商业信誉高的组织合作，协同创新过程中，商业信誉高的创新组织不会轻易中断合作。

7.2.2 不完全信息动态博弈模型分析及推演

创新组织间是否选择协同创新、合作研发，归根结底是创新组织间反复博弈的结果。由于创新组织间信息不完全透明，这种博弈是一种不完全信息博弈；又因为创新组织间的竞争与合作，是无休止的、不断变化的，可以分为无数个博弈回合，下一回合博弈开始时，参与人都能了解上一回合博弈的结果，因此这种博弈又是一种动态博弈。为了更深入研究协同创新的合作和进化，运用不完全信息动态博弈模型对合作和进化的原理进行分析和推演。

模型假设如下：创新生态系统内有两家创新组织 A 和 B，各自独立创新的收益为 U_A、U_B，各自独立创新的成本为 C_A、C_B。如果这两家创新组织均选择协同创新，由于资源共享、研发过程中取长补短等原因，均会为自身带来收益，但由于各自实际情况不同，带来的收益也各不相同，分别为 V_A、V_B。研发成本共同分担，因此研发成本相同，均为 C。协同创新比单独创新成本更低，因此 $C_A > C$，$C_B > C$。创新收益分别为 $U_A + V_A - C$、$U_B + V_B - C$。如果这两家创新组织均不选择协同创新，则各自的创新收益为 $U_A - C_A$，$U_B - C_B$。两者一方选择协同创新，另一方不选择协同创新，有两种情况：一种情况是这种选择在最初，则协同创新没有发生，不再另行研究。另一种情况是，两者已经选择协同创新，但是在创新过程中，一方单方面中止合作，这种情况下，如果另一方仍然坚持协同创新，坚持的一方将被迫承担相当于各自单独创新的所有成本，此时，双方的创新收益为 $U_A + V_A - C_A - C_B$，$U_B + V_B$。根据海萨尼转换，引入概率的理念将不完全信息博弈转换为完全信息博弈。创新组织 A 选择协同创新的概率为 q，则不选择协同创新的概率为 $1 - q$。创新组织 B 选择协同创新的概率为 p，则不选择协同创新的概率为 $1 - p$。根据上述假设，动态博弈的第一回合，博弈双方选择的策略及支付函数如表 7.1 所示。

表 7.1　　　　　　　　　　　　　创新组织 A 和 B 博弈模型

		创新组织 B	
		协同创新 p	不协同创新 $1-p$
创新组织 A	协同创新 q	$U_A + V_A - C$, $U_B + V_B - C$	$U_A + V_A - C_A - C_B$ $U_B + V_B$,
	不协同创新 $1-q$	$U_A + V_A$ $U_B + V_B - C_A - C_B$,	$U_A - C_A$, $U_B - C_B$

根据表 7.1，创新组织 A 的收益为：

$$E_A = q \times [\, p \times (U_A + V_A - C) + (1-p) \times (U_A + V_A - C_A - C_B) \,]$$
$$+ (1-q) \times [\, p \times (U_A + V_A) + (1-p) \times (U_A - C_A) \,]$$
$$= pqC + pqC_B - pqV_A + qV_A - qC_B + pV_A + pC_A + U_A - C_A \tag{7.1}$$

对概率 q 求导，得：

$$\frac{\mathrm{d}E}{\mathrm{d}q} = -pC + pC_B - pV_A + V_A - C_B \tag{7.2}$$

求得概率：

$$p = \frac{V_A - C_B}{V_A - C_B + C} \tag{7.3}$$

同理，创新组织 B 的收益为：

$$E_B = p \times [\, q \times (U_B + V_B - C) + (1-q) \times (U_B + V_B - C_A - C_B) \,]$$
$$+ (1-p) \times [\, q \times (U_B + V_B) + (1-q) \times (U_B - C_B) \,] \tag{7.4}$$

对概率 p 求导，得：

$$\frac{dE}{dp} = -qC + qC_A - qV_B + V_B - C_A \tag{7.5}$$

求得概率：

$$q = \frac{V_B - C_A}{V_B - C_A + C} \tag{7.6}$$

由式（7.3）和式（7.6）分子的计算结果可以看出，对于创新组织 A 和 B 来说，协同创新带来的收益越大于承担对方创新成本带来的风险，创新组织越会选择协同创新。换句话说，创新组织在选择协同创新伙伴时，会考虑对方的创新成本，对方的创新成本越低，合作的可能性越大。

由式（7.3）和式（7.6）分母的计算结果可以看出，双方协同创新的成本越小，创新组织越会选择协同创新。

1. 亲缘选择与长期合作

由合作及进化原理的分析可知，进化心理学亲缘选择的研究结果，有利于我们更深入地理解创新生态系统内创新组织的长期合作。有业务关联或有相似之处的创新组织更倾向于长期合作。那么拥有长期合作关系的创新组织，在新一轮的选择中，选择协同创新的概率是否高于普通关系的创新组织？创新组织 A 和 B 的 n 次协同创新，是典型的无限期重复博弈，参与人在每一回合的博弈中都知道对手在上一回合选择的策略。在无限期重复博弈中，参与人遵循冷酷战略（grim strategy），即对手一次的不合作行为，将导致永远的不合作。

由此我们提出如下假设，运用不完全信息动态博弈模型分析。假设创新组织 A 和 B 进行了 N 次创新合作，N 次创新合作的收益为 $n \times (U_A + V_A - C)$、$n \times (U_B + V_B - C)$，如果有一次创新违约，则违约的收益为 $U_A + V_A$、$U_B + V_B$。一次违约后，双方的合作终止，博弈结束。

根据上述假设，选择协同创新的收益和成本都是原来的 N 倍，选择不协同创新只有一次成功的机会，求得此时的概率 p_1：

$$p_1 = \frac{nV_A - C_B}{nV_A - C_B + nC} \tag{7.7}$$

将 p、p_1 进行同分母转化，则有：

$$p_1 = \frac{nV_A - C_B}{nV_A - C_B + nC} = \frac{nV_A^2 - nV_A C_B + nV_A C - V_A C_B + C_B^2 - CC_B}{(nV_A - C_B + nC) \times (V_A - C_B + C)} \tag{7.8}$$

$$p = \frac{V_A - C_B}{V_A - C_B + C} = \frac{nV_A^2 - V_A C_B + nV_A C - nV_A C_B + C_B^2 - nCC_B}{(nV_A - C_B + nC) \times (V_A - C_B + C)} \tag{7.9}$$

$$p_1 - p = \frac{-CC_B + nCC_B}{(nV_A - C_B + nC) \times (V_A - C_B + C)} = \frac{(n-1)CC_B}{(nV_A - C_B + nC) \times (V_A - C_B + C)} \tag{7.10}$$

由此得出，当 $n > 1$ 时，$p_1 > p$。即有长期合作的创新组织，其继续协同创新的概率大于没有长期合作的创新组织。

2. 生存与获取收益

外界环境的刺激使得创新组织通过临时合作能够获取收益时，创新组织倾向于协同创新。假定政府通过补贴的形式鼓励协同创新，如果创新组织协同创新，政府会给予补贴，记为 δ。则协同创新时增加的收益由 V_A、V_B 变为 $V_A + \delta$、$V_B + \delta$，此时的概率为：

$$p_2 = \frac{V_A + \delta - C_B}{V_A + \delta - C_B + C} \tag{7.11}$$

$$q_2 = \frac{V_B + \delta - C_A}{V_B + \delta - C_A + C} \tag{7.12}$$

$$p = \frac{V_A - C_B}{V_A - C_B + C} \tag{7.13}$$

将 p、p_2 进行同分母转化，则有：

$$p_2 = \frac{V_A + \delta - C_B}{V_A + \delta - C_B + C} = \frac{V_A^2 - V_A C_B + V_A C + \delta V_A - \delta C_B + \delta C - V_A C_B + C_B^2 - CC_B}{(V_A + \delta - C_B + C) \times (V_A - C_B + C)} \tag{7.14}$$

$$p = \frac{V_A - C_B}{V_A - C_B + C} = \frac{V_A^2 + \delta V_A - V_A C_B + V_A C - V_A C_B - \delta C_B + C_B^2 - CC_B}{(V_A + \delta - C_B + C) \times (V_A - C_B + C)} \tag{7.15}$$

$$p_2 - p = \frac{\delta C}{(V_A + \delta - C_B + C) \times (V_A - C_B + C)} \tag{7.16}$$

由式（7.16）可以看出，当 $\delta > 0$ 时，$p_2 > p$，即当政府提供补贴时，创新组织协同创新的概率会高于没有补贴时。

3. 互惠

成为互惠的群体，有利于促进创新组织的协同创新。通过财政手段进行利益捆绑的办法主要分析团体贷款和共同上交抵押物两种情况。

（1）团体贷款。

假设创新组织不协同创新则得不到贷款，收益降低 α。因此 A 和 B 有一方不协同创新时，创新组织 A，B 的收益分别为 $U_A + V_A - \alpha$，$U_B + V_B - \alpha$。两者均不协同创新的收益分别为 $U_A - C_A - \alpha$，$U_B - C_B - \alpha$。

创新组织 A 收益：

$$E_{A31} = q \times [p \times (U_A + V_A - C) + (1-p) \times (U_A + V_A - C_A - C_B)]$$
$$+ (1-q) \times [p \times (U_A + V_A - \alpha) + (1-p) \times (U_A - C_A - \alpha)]$$
$$= pqC + pqC_B - pqV_A + qV_A - qC_B + pV_A + pC_A + U_A - C_A + q\alpha - \alpha$$

$$(7.17)$$

$$\frac{dE_{A31}}{dq} = -pC + pC_B - pV_A + V_A - C_B + \alpha \qquad (7.18)$$

求得：

$$p_{31} = \frac{V_A - C_B + \alpha}{V_A - C_B + C} \qquad (7.19)$$

$$p = \frac{V_A - C_B}{V_A - C_B + C} \qquad (7.20)$$

显而易见 $p_{31} > p$，得到团体贷款的创新组织协同创新的概率更高。

（2）上交抵押物。

假设创新组织为了获得金融支持，各自上交抵押物，价值为 β_A，β_B。不协同创新则失去抵押物，收益降低。A 和 B 有一方不协同创新时，创新组织 A，B 的收益分别为 $U_A + V_A - \beta_A$，$U_B + V_B - \beta_B$。两者均不协同创新的收益为 $U_A - C_A - \beta_A$，$U_B - C_B - \beta_B$。同理求得：

$$p_{32} = \frac{V_A - C_B + \beta_A + \beta_B}{V_A - C_B + C} \qquad (7.21)$$

$$p = \frac{V_A - C_B}{V_A - C_B + C} \qquad (7.22)$$

显而易见 $p_{32} > p$，共同上交抵押物的创新组织创新协同的概率更高。

4. 群体认同与商业信誉

群体认同感强的创新组织，商业信誉高。如果在协同创新过程中单方面终止合作，会损失商业信誉，带来损失。假设创新组织单方面终止合作，损害商业信誉，损失记为 φ，则不协同创新的收益为 $U_A + V_A - \varphi$，$U_B + V_B - \varphi$。求得：

$$p_4 = \frac{V_A - C_B + \varphi}{V_A - C_B + C} \tag{7.23}$$

由式（7.22）P 的值可知 $P_4 > P$ 说明重视商业信誉的创新组织，坚持完成协同创新的概率更高。

7.2.3 基于合作的发生及进化原理的实证检验

通过上述在进化心理学视角下的相关理论分析及不完全信息博弈理论的推演，可总结得出协同创新合作及进化的原理和概念模型，并据此提出路径假设，设计问卷进行实证检验。

1. 进化心理学视角下协同创新合作及进化的原理及概念模型

从进化心理学的角度来看，创新生态系统内部创新组织间建立类似于亲缘选择的信任，能够促进长期合作；外界环境的刺激能够使得创新组织间为获取收益而合作；通过利益捆绑使得创新组织间成为互惠的群体可以产生合作；由于群体认同感，创新组织都愿意与商业信誉高的组织合作。不完全信息动态博弈的模型进一步分析了协同创新合作及进化的原理，即有长期合作的创新组织继续协同创新的概率大于没有长期合作的创新组织，外界环境的刺激、成为互惠的群体使得创新组织协同创新的概率增大，重视商业信誉的创新组织坚持完成协同创新的概率更高。

根据上述原理，提出协同创新合作及进化的概念模型，如图 7.2 所示。

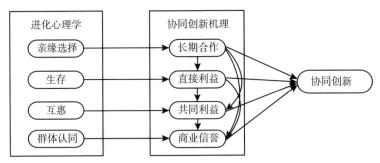

图 7.2　协同创新合作及进化的概念模型

由图 7.2 可见，通过运用进化心理学中亲缘选择、生存、互惠、群体认同的原理分析创新组织的协同创新，发现创新组织间原有的长期合作、临时获取的直接利益、暂时得到的共同利益以及长久的商业信誉会促进创新组织间的协同创新。同时创新组织内部的长期合作、直接利益、共同利益和商业信誉四个因素两两之间，也存在着促进关系。

2. 进化心理学视角下协同创新合作及进化的路径假设

由协同创新合作及进化的原理及概念模型分析可知，创新组织的长期合作、直接利益、共同利益、商业信誉与其协同创新之间，存在着促进和推动关系，故提出如下路径假设。

假设 H1：长期合作能够有效推动创新组织间的协同创新；

假设 H2：获取直接利益能够有效推动创新组织间的协同创新；

假设 H3：存在共同利益能够有效推动创新组织间的协同创新；

假设 H4：为了维护自身商业信誉创新组织必将选择将协同创新进行到底。

如创新组织间存在其他业务上的长期合作，创新组织对彼此的实力、能力、信誉都有一定了解，则当合作创新能够获得直接利益、共同利益、提高商业信誉时，创新组织间更乐于选择合作创新。而如果创新组织合作创新能够获得直接利益、共同利益、提高商业信誉，则创新组织更乐于选择长期合作。由此，提出如下假设。

假设 H5：长期合作与直接利益间存在显著的正相关关系；

假设 H6：长期合作与共同利益间存在显著的正相关关系；

假设 H7：长期合作与商业信誉间存在显著的正相关关系。

如果创新组织间由于获得直接利益存在协同创新，则当继续合作创新能够获得共同利益、提高商业信誉时，创新组织更乐于选择继续协同创新；而如果创新组织由于获得共同利益、提高商业信誉已经选择合作创新，当继续合作能够获得直接利益时，创新组织更乐于选择继续协同创新。同理，创新组织间由于获得共同利益存在协同创新，如继续合作能够提高商业信誉，创新组织更乐于选择继续合作；反之亦然。由此提出如下假设。

假设 H8：直接利益与共同利益间存在显著的正相关关系；

假设 H9：直接利益与商业信誉间存在显著的正相关关系；

假设 H10：共同利益与商业信誉间存在显著的正相关关系。

根据上述 10 个假设，绘制假设模型图如图 7.3 所示。

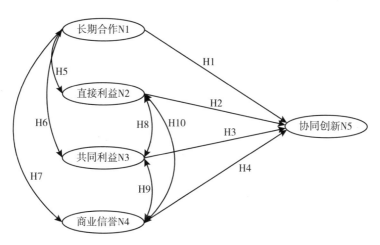

图 7.3　协同创新合作及进化机理假设模型

3. 结构方程模型的变量及模型设计

本研究构建的结构方程模型将长期合作、直接利益、共同利益、商业信誉、协同创新作为潜变量，根据国内外学者的研究成果及本书的研究内容，分别为这 5 个潜变量设置相应的 24 个测量变量。

对于潜变量"长期合作"，由心理学的亲缘选择理论，发现创新组织间有业务联系或隶属于同一系统内部的创新组织更乐于选择协同创新，由此确定 N11 和 N12 两个测量变量。具体分析创新生态系统内部，发现与创新组织在创新观念、经营理念、组织文化等方面具有共同点的个体，容易与创新组织合作创新，由此确定 N13、N14 和 N15 三个测量变量。

对于潜变量"直接利益"，由进化心理学研究发现，通过外界刺激可使创新组织为获得收益而进行临时性的合作，如政府可制定一系列如临时性的政府补贴、税收减免等优惠政策，由此确定 N21、N22、N23、N24、N25 五个测量变量。

对于潜变量"共同利益"，由前述机理研究及不完全信息动态博弈可知，可以通过财政手段对创新组织进行利益捆绑，使之成为互惠的群体，如提供专项贷款、共同抵押等，由此确定 N31、N32、N33、N34 四个测量变量。

潜变量"商业信誉"，这里的商业信誉主要指品牌价值、知名度、影响力等，同时结合学者们的相关研究及本研究的重点，在创新生态系统内部，创新组织还重视其在客户中的口碑和在同行内的信用，由此确定 N41、N42、N43、N44、N45 五个测量变量。

潜变量"协同创新"，本书致力于研究协同创新的合作机制，主要研究创新组织间如何通过合作研发出核心技术、突破技术"瓶颈"，核心技术主要涉及本单位及本行业，由此确定 N51、N52、N53、N54、N55 五个测量变量。

由此确定的 5 个潜变量、24 个测量变量具体如表 7.2 所示。

表 7.2　　　　　　　　　　　　　　　　　潜变量与测量变量

潜变量	测量变量
长期合作 N1	有业务联系 N11、同一系统内部 N12、创新观念相似 N13、经营理念相似 N14、组织文化相似 N15
直接利益 N2	临时性的政府补贴 N21、一定范围内的税收减免 N22、征地方面享受政府提供的优惠政策 N23、建设厂房方面享受政府提供的优惠政策 N24、一定范围内的科研资助 N25
共同利益 N3	团体低息贷款 N31、共同抵押低息贷款 N32、按股份投资则享受专项资助 N33、按股份投资则享受创新产品税收减免 N34

潜变量	测量变量
商业信誉 N4	在客户中的口碑 N41、同行中的信用评价 N42、在业界的影响力 N43、在社会上的知名度 N44、品牌价值 N45
协同创新 N5	技术瓶颈 N51、行业内核心技术 N52、行业内非核心技术 N53、本单位的核心技术 N54、本单位的非核心技术 N55

根据前述提出的理论假设及变量的设计，使用 AMOS17.0 绘制创新生态系统协同创新结构方程模型图，如图7.4 所示。

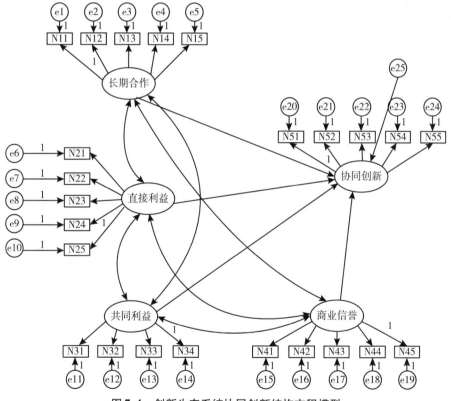

图 7.4　创新生态系统协同创新结构方程模型

4. 调查问卷设计及样本收集

根据协同创新合作及进化机理的假设、潜变量和测量变量的设计，构建创新组织协同创新合作影响因素李斯特五级量表，设计调查问卷。以河北省内的企业、高校、科研机构及其他涉及协同创新的组织为调研对象，针对组织内工作的中高层管理人员、技术人员、行政管理人员发放问卷。共回收问卷 225 份，剔除有缺失数据的问卷、所有问题答案相同的问卷 19 份，剩余有效问卷 206 份，有效率为 91.56%。

运用 SPSS19.0 对问卷的信度和效度进行检验，总量表的 Cronbach's α 系数为 0.918，各变量总体相关系数 CITC 最小值为 0.364，结果显示问卷具有很高的信度。运用 SPSS19.0 检验结构效度，KMO（Kaiser – Meyer – olkin）值为 0.880，因子载荷系数为 74.943%，结果显示问卷具有较高的效度。

使用 AMOS17.0 分析问卷数据，根据 AMOS17.0 的详细输出结果，按照结果提示对创新生态系统协同创新结构方程模型进行反复修正，最终得出各项拟和指数数值如表 7.3 所示，表明分析结果经各项拟和指数检验可以接受。最终数据分析结果如表 7.4 所示。

表 7.3 反复修正后的模型拟合指数

拟和指数	$\chi^2/d.f.$	GFI	AGFI	RMSEA	CFI	TLI	IFI	PNFI	PGFI
数值	2.545**	0.879*	0.926**	0.089**	0.908**	0.927**	0.911**	0.680**	0.628**

注：** 表示完全可以接受；* 表示处于可以接受的边缘。

表 7.4 结构方程模型假设路径的数据分析结果

假设	路径	标准化估计值	标准误（S.E.）	临界比（C.R.）	显著性	假设检验结果
H1	长期合作→协同创新	−0.187	0.101	−1.858	0.063	未通过
H2	直接利益→协同创新	0.301	0.073	4.095	***	通过
H3	共同利益→协同创新	0.120	0.053	4.276	***	通过

续表

假设	路径	标准化估计值	标准误（S. E.）	临界比（C. R.）	显著性	假设检验结果
H4	商业信誉→协同创新	0.160	0.048	3.352	***	通过
H5	长期合作↔直接利益	0.069	0.018	3.760	***	通过
H6	长期合作↔共同利益	0.124	0.029	4.287	***	通过
H7	长期合作↔商业信誉	0.140	0.032	4.399	***	通过
H8	直接利益↔共同利益	0.168	0.032	5.202	***	通过
H9	直接利益↔商业信誉	0.158	0.033	4.792	***	通过
H10	共同利益↔商业信誉	0.332	0.051	6.511	***	通过

注：*** 表示 $P < 0.001$。

5. 调查问卷结果分析

由表7.4可知，本章提出的10个假设经调查问卷实证检验，假设 H1 "长期合作能够有效推动创新组织间的协同创新"未能通过检验，其余9个假设均通过检验。通过对企业、高校、科研机构的调研，我们发现即使创新组织间由于业务联系、属同一系统等各种原因存在长期合作，也并不能表明创新组织间会进行有效的协同创新。但是如果协同创新能够带来政府补贴、税收减免等直接利益和低息贷款、科研资助等共同利益，创新组织则乐于选择协同创新，并且直接利益的激励要大于共同利益的刺激。而一旦创新组织选择协同创新，对自身商业信誉的顾忌会使得他们选择将协同创新进行到底。长期合作与直接利益、共同利益、商业信誉之间是相互促进的，从协同创新的角度来看，当受到直接利益或间接利益的刺激时，创新组织更愿意与存在长期合作的组织协同创新。直接利益、共同利益、商业信誉三者之间是相互促进的，即如果创新组织间由于直接利益或间接利益的刺激选择了协同创新，则在已经协同创新的基础上继续受到间接利益或直接利益的刺激，协同创新会在新的领域持续进行，随着组织越来越重视商业信誉，组织间的协同创新会持续进行下去。

7.2.4 构建创新生态系统协同创新的合作机制的建议

根据本章的理论分析、不完全信息动态博弈理论推演以及问卷的实证调研分析，提出构建创新生态系统协同创新的合作机制的对策建议。

1. 将利益刺激作为原始驱动力，促使创新组织开启合作模式

从进化心理学的角度研究发现，创新生态系统内创新组织受到外界环境的直接或间接刺激时，为了获得利益会趋向于选择协同创新。通过不完全信息动态博弈模型的分析发现，临时性的政府补贴、团体低息贷款、共同抵押、低息贷款条件下，创新组织协同创新的概率提高。问卷调查实证检验的结果表明，直接利益和共同利益都能够有效促进创新组织的协同创新。通过理论及实证分析，我们发现若想打破创新组织间的壁垒，促使他们排除重重顾虑选择协同创新，必须通过利益的刺激。

由假设路径实证分析的结果不难看出，直接利益的刺激效果要优于共同利益。因此，利益刺激仍应以政府直接为协同创新提供优惠政策为主。可以选择临时性的政府补贴、一定范围的税收减免、创新产品销售的优惠政策、关于用地厂房方面的优惠政策等，从多方面为协同创新的组织提供便利条件。同时，以共同利益为辅，通过财政手段以利益捆绑的方式将创新组织联合起来，使他们以共同贷款、共同抵押、按股份投资的方式分享协同创新的成果。

当然，单纯的由政府单方面提供优惠政策的办法是片面的、暂时的，如果一直为创新组织提供优惠，政府的财政无法负担。创新组织协同创新的开启，需要来自国家政策的宏观支持，我们希望通过政府的运作，打开僵局。在协同创新的初期，仍需以直接利益为主，随着越来越多的组织开启协同创新模式，金融机构逐渐参与进来，对创新组织的共同利益刺激逐渐发挥作用，理想的状态是通过政策性的引导，使市场发挥作用，主要由金融机构为创新组织的协同创新提供利益刺激。

2. 扩大商业信誉的影响力，为创新组织的合作启动监督模式

进化心理学强调群体认同，认为文化程度越高的群体中，群体认同感高的个体能够得到更多的利益。创新生态系统内，创新组织重视商业信誉，尤其在科技发达、信息传递速度飞快的现代社会，商业信誉代表着一个组织的市场地位、发展潜力，毫不夸张地说，商业信誉的损毁能够带来整个组织的崩溃，三鹿奶粉最终退出市场，就有力地说明了这一点。因此，发展得越好的组织越是重视商业信誉。不完全信息动态博弈模型的分析表明重视商业信誉的创新组织，坚持完成协同创新的概率更高。问卷调研的实证分析结果显示，商业信誉能够有效促进创新组织间的协同创新。

创新组织重视商业信誉，因此一旦选择协同创新，为维护其在客户中的口碑、同行中的信用评价、在业界的影响力、在社会上的知名度、品牌价值，会努力将协同创新进行到底。调查问卷的结果显示，在上述 5 个因素中，按重要性排名，创新组织更重视在业界的影响力、品牌价值、在社会上的知名度。由此可见，商业信誉可以自发地为创新组织协同创新的持续进行提供有效的监督。而我们要做的就是提高商业信誉的影响力，最直接的办法就是通过电视、广播、杂志、网络等多种媒体，宣传创新组织的协同创新，获得业界其他组织甚至是社会的关注，利用社会舆论扩大商业信誉的影响力。

3. 重视长期合作的效用，打造创新组织的长效合作模式

从理论上来说，个体更愿意选择与自身有亲缘关系或者是文化、习俗方面相似的人合作。创新生态系统内创新组织在选择合作伙伴时，也会偏向于与自身有业务联系或者在经营理念、企业文化方面与自身相似的组织。不完全信息动态博弈模型的推演确定了有长期合作的创新组织，其协同创新的概率大于没有长期合作的创新组织。但是，在问卷调研的实证分析中，假设 H1 "长期合作能够有效推动创新组织间的协同创新" 没有通过检验，即长期合作并不能显著推进创新组织间的协同创新。结合创新组织协同创新的实际情况不难发现，创新组织在实际的经营发展中，不可避免地拥有多个业务伙伴，也会接触到与之在企业文化、经营理念方面相似的其他组织，但是在没有外界利益的刺激

下，这些组织之间较难实现协同创新，长期合作的关系并不能有效打开创新组织间协同创新的局面。由实证分析结果我们还了解到，长期合作与直接利益、共同利益、商业信誉之间是相互促进的，当受到直接利益或间接利益的刺激时，创新组织更愿意与存在长期合作的组织协同创新。因此，长期合作在创新组织协同创新中还是能够发挥一定效用的。

通过分析发现，虽然长期合作在创新组织协同创新中没有起到核心的推动作用，但是由于其与直接利益、共同利益、商业信誉的相互作用，其能够在整个协同创新的过程中发挥间接效用，创新组织间原有的、稳定的长期合作关系，能够提高组织间协同创新的稳定性，有利于促进创新组织间开展持续的协同创新。因此，应重视长期合作的效用，采用多种方式保护并促进组织间的长期合作，在原有的产业园区规划、技术平台构建、创新成果扶持的政策中，对组织间的长期合作在一定范围内给予支持和帮助，促进创新组织在协同创新领域的长效合作。

7.3　厘清合作利益主体关系，构建京津冀生态产业链

京津冀生态产业链的构建需要中央及地方政府的政策扶持。研究公共扶持政策，应首先厘清构建生态产业链条合作利益主体合作的动力及利益划分；其次应确定京津冀生态产业链发展遇到的行政阻碍因素和行政壁垒，明确京津冀产业链跨区合作需求；最后综合考虑中央、京津冀、地方政府部门怎样从财税政策、金融政策等方面提供全方位的引导和支持。

7.3.1　京津冀合作利益主体共生耦合机理

生态产业链是京津冀产业生态化发展的重要载体，其构建能够有效解决产业发展与资源节约、环境保护之间的矛盾。地区间可以通过内生动力驱动产业集聚。京津冀三地可根据自身产业发展优势实现产业对接、协同合作和生态共生，打造跨区域的生态产业链条，其合作利益主体共生耦合机理如图 7.5 所示。

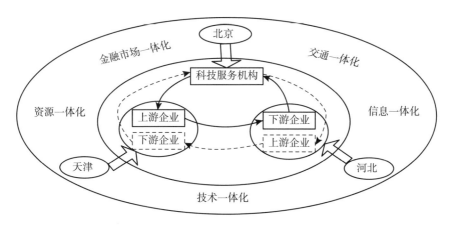

图 7.5　京津冀生态产业链共生耦合机理

京津冀生态产业链的共生耦合分为两个层面：第一层面为三地跨区域生态产业链条的打造，第二层面为构建产业链条外力的推动。

第一层面，北京作为京津冀区域核心城市，在科技、信息、人才等方面具有优势，高端服务业发达，主要以科技服务机构为主体参与到生态产业链条中；天津拥有较为丰富的矿产资源，在港口物流、加工制造、资金人才方面都具有优势，逐渐成为北京输出的科技成果的转化基地，电子信息、钢铁等产业发达，在生态产业链构建过程中，其或以上游企业为主体吸纳北京科技成果、变废为宝出售给河北的下游企业，或以下游企业为主体购买河北企业出售的副产品；河北拥有丰富的矿产资源，是京津冀区域重要的产业基地，也是京津冀重要的生态保护屏障，其钢铁、煤炭、化工、医药等产业优势巨大，在京津冀生态产业链条中或以上游企业为主体，引进北京先进的技术将废物无害化处理加工成副产品出售给天津的下游企业，或作为下游企业购买天津企业的副产品。由于天津和河北的工业发达，在具体产业链打造过程中企业的角色会在上游、下游间转换，因此，在图 7.5 中引入两个产业链条，以实线、虚线将两个产业链条加以区分。

第二层面，京津冀跨区域生态产业链条的构建，离不开外力的推动。当前国家政策的导向是希望通过政府的引导，发挥市场的作用，通过要素市场的一体化推动京津冀的协同发展。因此，通过京津冀要素市场一体化改革的推动，借助交通一体化降低物流成本，利用资源、金融一体化促进科研服务机构的技术研发、上游企业的成果转化和下游企业的采购生产，依托技术、信息一体化促进科研服务机构、上下游企业的及时沟通、交流和合作。

7.3.2 京津冀生态产业链共生耦合主体利益相关者关系模型

学者们针对生态产业链利益相关者进行了大量的研究，郭永辉基于利益相关者理论，提出生态产业链涉及的利益相关者主要有政府、企业、第三社会组织和公众，并从社会网络角度出发，认为利益相关者还涉及营利组织、非营利组织、媒体、消费者等；王进富等以西安汽车生态产业链为例，主要分析了政府、上下游企业之间的利益关系。基于前人的研究以及本研究所提出的共生耦合机理，京津冀生态产业链的利益主体首先应包括上下游企业和科技服务机构，其次是京津冀各级政府、第三社会组织、媒体、公众等部门从节约资源、保护生态环境、谋求社会利益的角度出发，对上下游企业的生产进行监督。最后，研究京津冀生态产业链，还要考虑整个区域一体化发展的政策激励和监督。

综上，京津冀生态产业链共生耦合的利益主体主要有上游企业 A、下游企业 B、科技服务机构 E、将政府、社会组织、媒体、公众等合并为一类为当地监管部门 F，虚拟的一体化政策颁布和执行的政府 W。共生耦合主体利益相关者关系模型如图 7.6 所示。

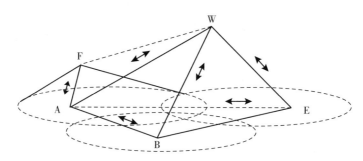

图 7.6 京津冀生态产业链共生耦合主体利益相关者关系模型

上下游企业 A、B 和科技服务机构 E 作为产业链的主要利益主体，在一个层级，分别有自身的利益空间，他们在合作的过程中互有利益牵扯，利益空间存在交集。利益主体的关系错综复杂，为了将利益关系简单化，便于进一步深化研究，这里主要研究上游企业从科技服务机构引进技术对废物进行无害化处理，将处理后生产的副产品出售给下游企业的过程。在这一过程中，主要考察的是上游企业的废弃物是否妥善处理，因此，监管部门主要是对上游企业进行监督，监督范围涉及上游企业 A 的整个空间。一体化政策颁布和执行的虚拟政府 W 权力范围覆盖整个京津冀区域，与各地监管部门之间有一定的合作关系，这里不作为主要的利益主体研究。

通过对图 7.6 相关利益主体的分析，我们得出结论，应主要研究利益主体间的如下共生耦合关系：上游企业—下游企业，科技服务机构—上游企业，当地监管部门—上游企业，一体化政策—科技服务机构，一体化政策—上游企业，一体化政策—下游企业。这六类共生耦合关系如图 7.6 中双向箭头所示。

7.3.3 京津冀生态产业链共生耦合主体的博弈分析

根据图 7.6 中分析的六类共生耦合关系，可以基于博弈论对利益主体进行分析。运用静态博弈和动态博弈主要分析企业、科研服务机构、当地监管部门间的博弈关系，研究博弈关系时考虑一体化政策对这三大主体决策的影响。通过分析国家促进京津冀一体化发展的政策可知，一体化政策主要以激励和促进为主，因此在研究三对主体博弈关系时，主要考虑一体化政策的激励，当地监管部门对上游企业的监管包括奖励与惩罚。

1. 静态博弈

根据评价指标的性质，评价指标一般分为定性指标和定量指标。

（1）上下游企业的博弈。

模型假设如下：现有上游企业 A 和下游企业 B，对于 A 企业来说，从科研机构引进技术进行废弃物无害化处理的成本为 C_A，将无害化处理后的副产品出售给下游企业 B 的收益为 U_A，将该副产品出售给其他企业的收益为 U_A'，所在地监管部门奖励为 V_A，一体化政策奖励为 W_A，没有对废弃物进行无害化处理污染环境受到所在地监管部门惩罚 δ_A。对于下游企业 B 来说，接受上游企业 A 的副产品成本为 C_B，副产品运输成本为 T，从其他来源采购原材料成本为 C_B'，其他来源采购运输成本为 T'，一体化政策奖励为 W_B，由于本模型中下游企业 B 只涉及采购副产品问题，不考虑其生产对当地环境的污染，因此不考虑当地监管机构对 B 企业的奖惩。只要 A 企业和 B 企业中有一方有合作意愿，企业 A 就会引进技术进行无害化处理。

则 A 企业加入生态产业链采用合作的策略时，收益为 $U_A + V_A + W_A - C_A$。采用不合作的策略时，收益为 $U_A' + V_A - C_A$ 或者 $-\delta_A$。B 企业加入生态产业链采用与 A 企业合作的策略，收益为 $W_B - C_B - T$。如采用不合作策略，收益为 $-C_B' - T'$。

根据上述假设，则博弈的第一回合，博弈双方选择的策略及支付函数如表 7.5 所示。

表7.5   上游企业 A 和下游企业 B 博弈模型

		下游企业 B	
		合作	不合作
上游企业 A	合作	$U_A + V_A + W_A - C$ $W_B - C_B - T$	$U_A' + V_A - C_A$ $- C_B' - T'$
	不合作	$U_A' + V_A - C_A$ $W_B - C_B' - T'$	$-\delta_A$ $- C_B' - T'$

设上下游企业策略集合 $S = \{s_1, s_2, s_3, s_4,\}$，$s_1$、$s_2$、$s_3$、$s_4$ 分别表示策略（合作，合作）、策略（合作，不合作）、策略（不合作，合作）、策略（不合作，不合作）。根据纳什均衡求解过程，如希望最终的均衡策略为 s_1，则需满足不等式集合：

$$N_1 = \begin{cases} U_A + V_A + W_A - C_A > U_A' + V_A - C_A \\ U_A' + V_A - C_A > -\delta_A \\ W_B - C_B - T > -C_B' - T' \\ W_B - C_B' - T' > -C_B' - T' \end{cases} \Rightarrow N_1 = \begin{cases} U_A + W_A > U_A' \\ U_A' + V_A - C_A > -\delta_A \\ W_B > (C_B + T) - (C_B' + T') \\ W_B > 0 \end{cases}$$

(7.24)

由不等式集合（7.24）可知，若想 A 企业和 B 企业均加入生态产业链，需满足如下条件：一是 A 企业向 B 企业出售废弃物无害化处理的副产品加一体化政策奖励的收益要高于其向其他企业出售无害化副产品的收益；二是 A 企业引进技术对废弃物进行无害化处理向其他企业出售副产品的收益加当地监管部门的奖励减去引进技术的成本不一定为正值，只要大于政府对企业污染环境惩罚金额的负值即可；三是如果 B 企业从 A 企业购买副产品的成本高于从其他企业购买副产品的成本，则一体化政策的奖励要高于这个成本，否则 B 企业不会加入产业链；四是一体化政策奖励要大于 0。

（2）科技服务机构与企业的博弈。

模型假设如下：现有上游企业 A 和科研服务机构 E，对于上游企业 A 来说，从科研机构 E 引进技术进行废物无害化处理的成本为 C_A，将无害化处理后的副产品出售所得的收益为 U_A（或 U'_A，为简化分析过程，这里只分析 U_A），所在地监管部门奖励为 V_A，一体化政策奖励为 W_A，没有对废弃物进行无害化处理污染环境受到所在地监管部门惩罚为 δ_A。对于科研服务机构 E 来说，技术开发的成本为 C_E，将技术转让或者许可上游企业 A 使用的收益为 U_E，为 A 企业开发废弃物无害化处理技术获得一体化政策奖励为 W_E，科研服务机构 E 如选择不与上游企业 A 合作，没有对当地造成环境污染或者不良社会影响，因此不考虑当地监管机构的惩罚。

根据上述假设，博弈双方选择的策略及支付函数如表 7.6 所示。

表 7.6　　　　　　　上游企业 A 和科研服务机构 E 博弈模型

		科研服务机构 E	
		合作	不合作
上游企业 A	合作	$U_A + V_A + W_A - C$ $U_E + W_E - C_E$	$-\delta_A$ 0
	不合作 A	$-\delta_A$ $W_E - C_E$	$-\delta_A$ 0

设上下游企业策略集合 $S_2 = \{s_1,\ s_2,\ s_3,\ s_4\} = \{(U_A + V_A + W_A - C_A,\ U_E +$

$W_E - C_E$），（$-\delta_A$，0），（$-\delta_A$，$W_E - C_E$），（$-\delta_A$，0）}，s_1、s_2、s_3、s_4 分别表示策略（合作，合作）、策略（合作，不合作）、策略（不合作，合作）、策略（不合作，不合作）。

根据纳什均衡求解过程，如希望最终的均衡策略为 s_1，则需满足不等式集合：

$$N_2 = \begin{cases} U_A + V_A + W_A - C_A > -\delta_A \\ U_E + W_E - C_E > 0 \\ W_E - C_E > 0 \end{cases} \tag{7.25}$$

由不等式集合（7.25）可知，若想 A 企业和科研服务机构 E 均加入生态产业链，需满足如下条件：一是对于上游企业 A 来说，出售废弃物无害化处理产生的副产品的收益加当地监管部门和一体化政策的奖励，减去引进技术的成本要大于将废弃物直接排放受到的当地监管部门的惩罚的负值；二是对于科研服务机构 E 来说，转让或许可技术的收益加一体化政策奖励减去技术开发成本应大于 0；同时所获得的一体化政策奖励减去技术开发成本也应大于 0。

（3）企业与监管部门的博弈。

模型假设如下：上游企业 A 的各项假设与前述科技服务机构与上游企业的博弈中的假设相同。对于企业所在地监管机构 F 来说，如果监管，有效控制了企业对环境的污染，取得社会效益 μ_F，则需支出监管成本 C_F，企业对废物处理无乱排放行为奖励支出 V_A，企业如果乱排放罚款 δ_A。

根据上述假设，博弈双方选择的策略及支付函数如表 7.7 所示。

表 7.7　　　　　　　上游企业 A 和所在地监管机构 F 博弈模型

		所在地监管机构 F	
		监管	不监管
上游企业 A	引进	$U_A + V_A + W_A - C$ $\mu_F - V_A - C_F$	$U_A + W_A - C_A$ 0
	不引进	$-\delta_A$ $\mu_F + \delta_A - C_F$	0 0

上下游企业策略集合 $S_3 = \{s_1, s_2, s_3, s_4\} = \{(U_A + V_A + W_A - C_A, \mu_F - V_A - C_F), (U_A + W_A - C_A, 0), (-\delta_A, \mu_F + \delta_A - C_F), (0, 0)\}$，$s_1$、$s_2$、$s_3$、$s_4$ 分别表示策略（引进，监管）、策略（引进，不监管）、策略（不引进，监管）、策略（不引进，不监管）。根据纳什均衡求解过程，如最终的均衡策略为 s_1，则需满足不等式集合：

$$N_3 = \begin{cases} U_A + V_A + W_A - C_A > -\delta_A \\ U_A + W_A - C_A > C \\ \mu_F - V_A - C_F > 0 \\ \mu_F + \delta_A - C_F > 0 \end{cases} \qquad (7.26)$$

由不等式集合（7.26）可知，若想上游企业 A 和所在地监管部门 F 均加入生态产业链，需满足如下条件：一是对于出售废弃物无害化处理产生的副产品的收益加一体化政策奖励的收益应大于引进技术进行废弃物无害化处理的成本；二是对于当地监管部门来说，对企业生产排放进行监管的社会效益要大于其支出的监管成本和对企业无乱排放的奖励；三是当地监管部门监管的社会效益加上从企业收取的罚款收入应大于其监管成本。

2. 企业、科技服务机构、监管机构的耦合动态博弈

综合考虑企业、科研服务机构和监管机构之间的耦合互动，考察他们在互动过程中的动态变化，由于耦合主体间并不能完全了解对方的行为选择，彼此间信息是不透明的，因此运用不完全信息动态博弈研究耦合主体间的动态耦合。经本书前述耦合主体间两两分析发现，主要是上游企业与科研服务机构和监管机构产生联系，因此这里的企业主要指上游企业。

模型假设如下：所在地监管机构 F 进行监管的概率为 P_1，科研服务机构 E 与企业 A 合作的概率为 P_2，企业引进技术对废物进行无害化处理的概率为 P_3，P_1、P_2、P_3 均大于 0 小于 1。其他假设与前三组博弈相同。在不完全信息动态博弈过程中，耦合主体间存在三阶段博弈，监管机构选择是否监管，科研服务机构选择是否合作，企业选择是否引进技术。三阶段的得益函数分别为：

监管机构监管、科研服务机构合作、企业引进技术，耦合主体的得益函数分别为：$\mu_F - V_A - C_F$，$U_E + W_E - C_E$，$U_A + V_A + W_A - C_A$。

监管机构监管、科研服务机构合作、企业不引进技术，耦合主体的得益函数分别为：$\mu_F + \delta_A - C_F$，$W_E - C_E$，$-\delta_A$。

监管机构监管、科研服务机构不合作、企业引进技术，耦合主体的得益函数分别为：$\mu_F + \delta_A - C_F$，0，$-\delta_A$。

监管机构监管、科研服务机构不合作、企业不引进技术，耦合主体的得益函数分别为：$\mu_F + \delta_A - C_F$，0，$-\delta_A$。

监管机构不监管、科研服务机构合作、企业引进技术，耦合主体的得益函数分别为：μ_F，$U_E + W_E - C_E$，$U_A + W_A - C_A$。

监管机构不监管、科研服务机构合作、企业引进技术，耦合主体的得益函数分别为：0，$W_E - C_E$，0。

监管机构不监管、科研服务机构不合作、企业引进技术，耦合主体的得益函数分别为：0，0，0。

监管机构不监管、科研服务机构不合作、企业不引进技术，耦合主体的得益函数分别为：0，0，0。

以上不完全信息动态博弈如图7.7所示。

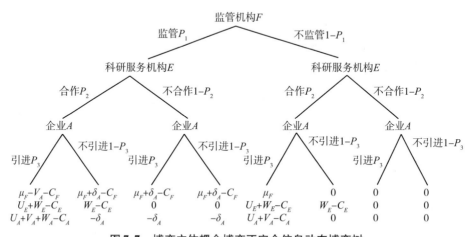

图7.7　博弈主体耦合博弈不完全信息动态博弈树

对耦合主体的动态博弈过程进行分析，监管机构进行监管的期望收益为：

$$E(F) = P_1 P_2 P_3 (\mu_F - V_A - C_F) + P_1 P_2 (1 - P_3)(\mu_F + \delta_A - C_F)$$

$$+ P_1(1 - P_2)P_3(\mu_F + \delta_A - C_F) + P_1(1 - P_2)(1 - P_3)(\mu_F + \delta_A - C_F)$$
$$(7.27)$$

监管机构不进行监管的期望收益为：
$$E(F)' = (1 - P_1)P_2P_3\mu_F + 0 \tag{7.28}$$

则监管机构进行监管的条件为：
$$E(F) > E(F)' \tag{7.29}$$

将式（7.27）、式（7.28）分别代入式（7.29），计算得出：
$$P_1P_2P_3(\mu_F - V_A - C_F) + (P_1 - P_1P_2P_3)(\delta_A - C_F) + (P_1 - P_2P_3)\mu_F > 0$$
$$(7.30)$$

由于 $P_1P_2P_3 > 0$，$P_1 - P_1P_2P_3 > 0$ 则若使上述不等式成立，应尽量满足不等式集合：

$$N_4 = \begin{cases} \mu_F - V_A - C_F > 0 \\ \delta_A - C_F > 0 \\ P_1 - P_2P_3 > 0 \\ \mu_F > 0 \end{cases} \tag{7.31}$$

由不等式集合（7.31）可以看出，若想提高监管机构监管的概率，应提高监管机构监管的社会效益，这与不等式集合（7.26）分析结论一样。通过动态分析发现，还应使得监管机构来自企业污染环境罚款所得大于监管成本，即提高对企业污染环境的惩罚力度，不等式集合（7.31）缩小了不等式集合（7.26）的取值范围，结论更加严谨。同时通过动态分析还发现，若科研服务机构和企业合作的概率偏小时，监管部门监管的概率会增加，这一结论与实际情况相符。

科研服务机构与上游企业合作的期望收益为：
$$E(E) = P_1P_2P_3(U_E + W_E - C_E) + P_1P_2(1 - P_3)(W_E - C_E)$$
$$+ (1 - P_1)P_2P_3(U_E + W_E - C_E) + (1 - P_1)P_2(1 - P_3)(W_E - C_E)$$
$$(7.32)$$

科研服务机构不与上游企业合作的期望收益为：
$$E(E)' = 0 \tag{7.33}$$

则科研服务机构与上游企业合作的条件为：

$$E(E) > E(E)'\qquad(7.34)$$

将式（7.32）、式（7.33）分别代入式（7.34）计算得出：

$$P_2P_3(U_E + W_E - C_E) + (P_2 - P_2P_3)(W_E - C_E) > 0\qquad(7.35)$$

由于 $P_2P_3 > 0$，$P_2 - P_2P_3 > 0$，则若使上述不等式成立，应尽量满足不等式集合

$$N_5 = \left\{\begin{array}{l} U_E + W_E - C_E > 0 \\ W_E - C_E > 0 \end{array}\right\}\qquad(7.36)$$

由不等式集合（7.36）可知，若想提高科研服务机构与上游企业的合作概率，应使其通过合作得到的一体化政策的收益大于技术开发的成本，即应提高一体化政策对科研服务机构的支持力度。这与不等式结合（7.25）的结论一致。

上游企业引进技术进行废物无害化处理的期望收益为：

$$E(A) = P_1P_2P_3(U_A + V_A + W_A - C_A) + P_1(1 - P_2)P_3(-\delta_A)$$
$$+ (1 - P_1)P_2P_3(U_A + W_A - C_A)\qquad(7.37)$$

上游企业不引进技术进行废物无害化处理的期望收益为：

$$E(A)' = P_1P_2(1 - P_3)(-\delta_A) + P_1(1 - P_2)(1 - P_3)(-\delta_A)\qquad(7.38)$$

则上游企业引进技术进行废物无害化处理的条件为：

$$E(A) > E(A)'\qquad(7.39)$$

将式（7.37）、式（7.38）分别代入式（7.39），计算得出：

$$P_1P_2P_3V_A + P_2P_3(U_A + W_A - C_A) + P_1[1 + P_3(P_2 - 2)]\delta_A > 0\qquad(7.40)$$

由于 $P_1P_2P_3 > 0$，$P_2P_3 > 0$ 则若使上述不等式成立，应尽量满足不等式集合：

$$N_6 = \left\{\begin{array}{l} V_A > 0 \\ U_A + W_A - C_A > 0 \\ P_1[1 + P_3(P_2 - 2)] > 0 \\ \delta_A > 0 \end{array}\right\}\qquad(7.41)$$

由不等式集合（7.41）可知，若想提高企业引进技术对废物进行无害化处理的概率，应使企业出售无害化处理副产品所得收益加一体化政策奖励大于

其引进技术的成本，缩小了不等式集合（7.24）所给出的结果的范围，比不等式（7.24）的结论更加严谨。同时通过动态分析还发现，监管部门要保证对企业引进技术进行废物处理的奖励，要通过优惠政策提高科研服务机构与企业合作的意愿来促进企业的引进技术。

7.3.4 京津冀生态产业链合作利益主体共生耦合机制分析

定量指标一般可由统计数据或计算获得，定性指标很难量化，它在综合评价中受主观因素影响很大。

1. 建立以市场为导向的长效激励机制

打造区域生态产业链条，实现产业生态化，光靠企业自发的合作是不够的。从博弈论的分析结果看，对于上游企业来说 $U_A + W_A > U'_A$，说明京津冀一体化政策的奖励金额要高于企业将副产品出售给区域内外企业的差价，才能保证上游企业将副产品出售给区域内的下游企业；$U_A + V_A + W_A - C_A > -\delta_A$，$U_A + V_A - C_A > 0$ 说明上游企业只要出售副产品的收益和得到的当地监管部门的政策奖励大于引进技术的成本，就愿意引进技术，且在一体化政策奖励条件下，如果当地监管部门对废物乱排放的惩罚力度足够大，即使企业得到的收益和奖励小于引进技术的成本，只要差价小于惩罚金额，其也愿意引进技术。对于下游企业来说，$W_B > 0$，$W_B > (C_B + T) - (C'_B + T')$，说明一体化政策提供的奖励一定要大于0并且大于下游企业从区域内外购买副产品加运输成本的差价。对于科研机构来说 $U_E + W_E - C_E > 0$，$W_E - C_E > 0$，$P_1[1 + P_3(P_2 - 2)] > 0$，说明为了鼓励科研服务机构开发废物无害化处理技术，应通过优惠政策鼓励科研服务机构与企业合作，同时一体化奖励应高于技术开发成本，这样才能更大限度地促使企业与科研服务机构合作，更有效地保护环境。由上述分析可知，从理论上讲，为保证上下游企业合作，企业当地监管部门和一体化政策都要通过奖励的手段保证企业的收益；为保证科技服务机构积极开发技术，一体化政策奖励要高于技术开发成本。

理论结合实际分析，整个京津冀跨区域生态产业链条的打造如果单纯依靠政策奖励来带动，政府不仅需要承担庞大的经费开支而且还要动态关注上下游企业的交易情况，这是不现实的。必须在政策的引导下建立以市场为导向的激励机制，逐渐使市场发挥主导作用，使得生态产业链的各个利益主体在市场的运作下自发合作，这才是长久之道。较为实际有效的方法是将奖励政策向科研服务机构倾斜，与扶持企业相比，扶持科研机构成本低、方法较为简便，可以通过设立专项科研扶持基金、组建专家团队等方法，从源头保证废物无害化处理技术的高水平和低成本。上游企业引进技术高效、低成本，能够有效降低副产品成本，与下游企业的合作概率也相应增大。所在地监管部门提高对企业保护环境的奖励和污染环境的惩罚力度，以刺激企业处理生产废弃物，保护生态环境。通过长效科研扶持政策引导企业加入生态产业链条，建立以市场为导向的长效激励机制。

2. 定性指标的量化

为促进京津冀协同发展，国家出台了一系列的规划、方案等，如《京津冀协同发展规划纲要》《京津冀区域通关改革一体化方案》等，这些政策措施明确了京津冀一体化发展方向，有效推动了京津冀一体化进程。但是由于三地处于不同的区域，在监管、交通、金融等方面仍存在壁垒。通过博弈论的分析，就监管机构而言，应对当地企业的废物排放进行奖励和监督，$\mu_F - V_A - C_F > 0$，$\mu_F + \delta_A - C_F > 0$，$\delta_A - C_F > 0$，说明监管部门在监管过程中需要支付监管成本和对企业奖励的开支，如果监管卓有成效，社会效益很高，确实达到了有效保护生态环境的目的，则监管部门监管的各种开支是值得的，监管部门也应当提高惩罚金额以降低监管成本。当前三地对企业的监管各地为政，对于同一生态产业链条上的企业，如果三地监管机构能够在监管过程中就监管措施、监管结果互通有无，将有效提高京津冀区域整体的监管效率。$W_B > (C_B + T) - (C_B' + T')$，说明交通成本是下游企业考虑采购对象的重要因素，因此加快京津冀交通一体化实施进程，降低交通成本，打破三地交通壁垒，也是非常必要的。$U_A + V_A + W_A - C_A > -\delta_A$，$U_A + V_A - C_A > 0$，$W_B > (C_B + T) - (C_B' + T')$，$U_E + W_E - C_E > 0$，说明科技服务机构、上下游企业是否加入生态产业链条，成本是其考虑的主要因素，这离不开金融的支持，京津冀应当在金融一体化上多下功夫，为生态产业链条的构建提供有效的金融支持。

3. 打造以信息平台为基础的共享机制

京津冀一体化发展的目标之一是实现资源、技术、信息共享。在京津冀横向生态产业链的构建过程中，信息共享是尤为重要的，要打造以信息平台为基础的共享机制。科研服务机构与上游企业、下游企业之间都需要获取对方的供求信息，单纯地依靠政府引导或京津冀一体化政策的鼓励并不能及时为产业链上的各个主体提供有益的信息。因此，需要建立并完善京津冀产业信息服务平台，企业在平台上及时发布产品买卖信息，科研服务机构通过平台了解企业相关信息和技术需求，中介服务机构在平台上发布服务信息，行业协会等社会组织在平台上及时更新国内外相关行业信息，三地各级监管部门在平台上公布监管要求、对企业监管的奖惩结果。利用平台在企业间、企业与科技服务机构间、三地监管部门间建立沟通的桥梁，通过信息共享促进资源、技术的共享。

7.3.5 促进京津冀各利益主体合作的政策建议

通过研究京津冀产业间的共生耦合机理，分析耦合主体利益相关者的静态及动态博弈过程，找到京津冀的企业、科研服务机构、各地监管机构加入生态产业链条需具备的条件，提出京津冀生态产业链共生耦合机制，研究结论如下：

一是若要打造京津冀生态产业链条，应满足企业、科研服务机构、各地监管部门加入链条所需的条件。上游企业引进技术进行废物无害化处理的条件是其出售无害化处理副产品的收益加京津冀一体化政策奖励要大于技术引进的成本，若企业当地监管部门对企业的无害化处理有金额较高的奖励，则企业加入链条的条件可以放宽；若下游企业从上游企业购买副产品的成本高于从其他企业购买副产品的成本，则一体化政策的奖励要高于这个成本，否则下游企业不会加入产业链。科研服务机构从京津冀一体化政策所得奖励要大于技术开发成本，才会有充足的意愿加入生态产业链条，与企业合作。企业当地监管部门从企业取得的罚款收入要大于其监管成本，才会乐于监管；同时其对企业生产排放进行监管的社会效益要大于其对企业无乱排放的奖励支出和监管成本之和。

二是京津冀生态产业链条共生耦合机制的构建要以长效激励机制为主，坚持以市场为导向。打造京津冀生态产业链条，实现产业生态化发展，光靠企业自发的合作是不够的，光靠政府提供政策奖励也是不现实的，必须两者相结合，通过政策引导逐步让市地发挥作用。京津冀一体化政策与企业当地监管部门的奖惩措施相结合，由面到点地发挥作用，既保证相关政策覆盖企业、科研服务机构，也注重奖励政策向科研机构倾斜，通过设立专项科研扶持基金、组建专家团队、鼓励科研机构与企业合作研发等方法，从源头保证生产废物无害化处理技术的高水平和低成本，使企业和科研机构加入生态产业链条都能有利可图，在市场的运作下自发合作，才能保证链条的建立并稳固存在。

三是京津冀生态产业链条共生耦合机制的构建还需克服区域壁垒、实现信息共享。国家已经出台了一系列的规划、方案促进京津冀一体化进程发展，但由于三地在监管、金融、交通等方面仍存在壁垒，因此，对于同一生态链条上的企业，三地监管机构应在监管过程中就监管措施、进程、结果互通有无，提高京津冀区域整体的监管效率；通过京津冀金融一体化的发展，为科研机构和企业提供更为有效的金融支持，促进京津的科研服务机构与津冀的企业的合作；加快京津冀交通一体化进程，降低上下游企业合作的交通成本。同时借助现代信息技术为生态产业链条的各个主体提供并实时更新政策、监管、供求、服务等方面信息，为企业、科研服务机构和各地监管机构建立沟通桥梁，促进资源、技术、信息的共享。

分析上述研究结论发现，京津冀生态产业链条共生耦合机制的构建需要京津冀和所在地监管两个层面的政策推动，具体的政策建议如下：

一是京津冀一体化政策要在科研、金融等方面提供强有力支持。京津冀生态产业链条构建的核心是生态技术，政策扶持的重心在于如何使科研服务机构和企业乐于开发技术、引进技术。因此政策层面上一方面是解决技术的资金支持问题，可以以金融机构与科研服务机构、企业的合作为前提，适当为金融机构提供优惠发展政策，这样既为技术开发筹措资金也为金融机构发展提供契机；还可以将现有的政府扶持下的科研基金如国家自然科学基金、国家社会科学基金、省部级的各项基金向生态技术倾斜，为科研机构尤其是高校的科研提供资金扶持。另一方面是解决科技研发问题，京津科研基础雄厚，拥有大量的科研院所和高水平大学，也拥有全国顶尖的专家学者团队，因此研发的核心问题是如何为科研机构创造机会，调动专家学者的积极性，可以由政府相关部门出面，通过设立专项生态技术研发重点攻关项目等方法将科研机构和企业组织到一起，为企业和科研机构创造交流和合作的机会，为开发适用技术创造契机。

二是所在地监管部门要在奖惩、监管方面提供强有力保障。通过前面的分析我们发现，企业所在地监管部门对于企业生产废物排放的惩罚措施一定要严厉，尤其是惩罚的金额一定要足够高，这样才能为企业引进技术提供足够的刺激，为监管部门的监管提供足够的资金支持。监管部门对奖惩的各项措施规定要严格、细致、透明，奖惩结果要实时更新、广泛宣传，用激励和惩罚打造良好氛围促使企业自觉保护生态环境。通过京津冀三地互通有无不断完善奖惩措施，利用信息技术、网络媒体等多种渠道收集反馈信息、了解监管成果，有针对性地改进监管方法、提高监管效率，为生态产业链的构建和稳固保驾护航。

7.4　加强企业生态设计管理，提高企业生态经济效率

7.4.1　企业生态设计管理原理和思路

1. 企业生态设计管理原理

在环境、政策和出口壁垒等多重压力下，清洁生产的生态经济发展模式，

已经成为企业可持续发展的必由之路。2015 年，工信部出台了《工业清洁生产审核规范》《工业清洁生产实施效果评估规范》和《生态设计产品》系列标准；2016 年，工信部又先后出台了《工业绿色发展规划（2016～2020）》和《绿色制造工程实施指南（2016～2020）》等多个指导文件，大力推动企业的生态发展、可持续发展。

企业生态设计管理是指将环境因素纳入企业整体战略规划之中，从而帮助企业确定整体产品布局和发展方向。企业生态设计管理要求企业不但在项目选择到产品开发的所有阶段均考虑环境因素，而且还要考虑产品包装、运输、仓储、消费、使用乃至报废、回收利用等整个生命周期中对环境的影响，最终从源头上引导经济生产成为一个更可持续性的系统。

在具体实施环节，除了以上述工信部制定的指导标准和指南之外，企业生态设计管理中还需要借助生命周期评价（Life Cycle Assessment，LCA）体系开展生态设计。LCA 评价作为一种环境管理工具，是目前在国际上广泛认可的绿色产品设计和评价工具。能对企业产品"从摇篮到坟墓"的全过程所涉及的环境问题进行评价，不仅在企业产品开发与设计过程中能够起指导作用，而且可以为企业运营管理、战略决策进行有效的定量分析和数据支持，是企业环境管理的重要支持工具。遵循 LCA 体系的思路，发掘企业运营全流程的节能减排节点，从源头展开生态设计，对企业发展的整个生命周期进行生态控制，不再是单纯的"末端治理"。

2. 企业生态设计管理的总体思路

企业的生态设计管理首先要坚持绿色发展理念，以企业生态制度建设为支撑，将可持续发展思想融入企业文化之中。其次，在企业发展的每一个环节都遵循生态设计思想，充分发挥生态设计在战略决策、项目选择、产品设计、材料选择、生产流程、日常办公、产品销售回收等全过程的作用；以绿色技术进步和工艺革新为引擎，使企业建立环境友好型的绿色运行模式；承担企业应肩负的社会责任，努力提升企业的公众形象，形成被市场认可的绿色品牌和扩大产品影响力，最终提升企业的市场地位和影响力。

7.4.2　企业生态设计管理的原则

企业生态设计以实现低碳经济、循环经济为目标，综合 LCA 评价体系，建立企业从产品的生产到回收整个过程的资源消耗管理制度，通过全方位的监督，提高企业生态效率，降低资源消耗。

1. 环境与经济效益兼顾原则

企业的生态设计管理必须将环境效益和经济效益结合起来，将二者作为一个统一整体来考虑。兼顾环境与经济效益原则要求企业从项目选择、产品设计、材料选择、生产与工艺流程、产品包装、运输仓储等整个生命周期内，都基于环境保护的思想展开。一方面力求企业的所有行为对环境造成的危害能够降至最低，提升资源利用率，应用节能技术，降低环境治理成本；另一方面在环境影响最小化的基础上追求经济效益的最大化，首先把握市场需求的动向，使产品能够满足消费者对产品功能、外观、品牌文化与内涵等各方面的要求；其次，降低产品的生产成本和人力、物力等资源的消耗；最后，借助互联网、大数据、人工智能等高新技术提高企业的运行效率、生产效率和生态效率。

2. 资源消耗与成本费用最小化准则

资源消耗最小化准则首先要求企业在生态设计管理中应努力将日常运行和产品生产过程中消耗的各种资源减至最低；其次，要求企业尽可能地使用再生资源，而对于生产过程中必需使用的非再生资源，要节约利用、充分利用，使其最大化循环使用，实现资源的再利用；最后，在产品设计之初就以"适度设计"为基本准则，去除产品的过度设计和"符号"设计，以轻量化、简单化、本质化为设计主导，真正从生态的角度去考虑产品的本质属性。

成本最小化原则要求企业在考虑产品的有形成本如原材料、制造加工成本等历史成本的同时，也应把机会成本、环境成本、使用成本等隐形成本作为重要因素考虑在内。争取用最简单的结构实现最复杂的功能，保证制造中使用材料成本最小，使能源消耗降到最低，在设计过程中也应保证产品的使用过程中，能充分利用资源，从而提高产品的生态性。

3. 健康、安全与美学原则

一方面，企业要强调产品在制造和使用过程中对人体的健康、无害和安全，利于自然环境的恢复和保护功能，保护生态平衡，坚决杜绝污染。另一方面，产品要具有一定的设计美感，融入历史和特色元素，充分考虑到产品和包装的合理性，在健康安全的基础上考虑美学影响。

4. 产品全生命周期的环境优化原则

第一，从产品设计之初就将产品的技术生命周期、使用寿命周期、外观审美周期等都纳入设计考虑要素之中，协调产品能源消耗与使用、美学价值之间的关系，提高产品的利用效率。

第二，通过产品的生态设计，在保证其满足消费者对产品使用、美学价值要求的基础上，使资源消耗实现最小化；在产品生产优化过程中，通过工艺与技术创新，减少原材料、辅助材料和能源消耗，减少废物产生。

第三，采用更少、更清洁和可再生再利用的包装，采用最优化的运输模式、路线和仓储方式，采用高效、节能环保的物流仓储系统和后勤系统，确保产品以最节省时间、最环保、最高效的方式从工厂到达用户手中。

第四，企业在产品的设计和生产过程中就力求避免产品在未来用户使用过程中对环境造成负面影响，使产品使用过程中的能源消耗和辅助品消耗最小化，减少废弃物产生。

第五，要实现产品末端处理最优化，要考虑产品的使用寿命结束后，产品的再利用和废弃处置。产品尽量能够具有可拆解和零部件的升级替换性，具有再利用价值，尽量做到产品的废弃处置过程产生的废弃物对环境产生的影响最小化。

7.4.3 企业生态设计管理的主要任务

企业的生态设计管理是与生命周期设计（Life Cycle Design，LCD）和 LCA 两种方法密不可分的。LCD 主要从生态环境、产品质量、经济可行性等多个角度考虑产品的生命周期。LCA 是对产品的原材料采掘到废弃物最终处理的全过程进行的跟踪与定量分析。

企业的生态设计管理是以 LCD 和 LCA 为基础的、更加具有信心和全局观的企业管理理念，是对产品"前世－今生－来世"的全生命过程的环境控制和管理，是一条企业真正实现可持续发展的路径。企业生态设计管理就是要对企业的文化、战略发展布局、运用于经营模式、产品生产、销售、售后、回收等各个环节的环境污染防控与生态保护结合起来，形成一个系统的过程，主要任务包括以下几点：

（1）将绿色低碳发展理念融入企业文化、使命责任与目标、战略发展布局与规划等顶层设计。

企业的顶层设计中要体现与生态环境的和谐性以及企业发展的可持续性，提高企业的绿色竞争力，注重发展低碳经济和绿色经济。同时，应对企业的设计开发、管理、生产、运输仓储、售后回收等人力资源进行生态环境相关的知识技术培训，将生态环境保护意识渗透企业发展的各个方面。结合激励评价机制，企业的生态设计管理要遵循科学的经营管理、产品生产和废物处理规律，针对运营、产品生产过程中不同的阶段要采取不同的生态环境成本控制方式，尽量采用最实际、最经济的方式将环境污染和生态损害降到最低。

（2）企业的生态设计管理要完善企业的绿色产品设计研发管理系统。

首先，在进行产品生态设计之前，企业要为开发人员进行经常性的培训，使开发人员能够实时掌握最新的环境与生产技术以及市场对产品的最新需求，为产品生命周期的延长和绿色低碳特性提供保障。绿色产品设计研发系统应确保供应商有畅通的渠道向产品研发人员及时传递绿色产品信息，同时确保企业所有环境信息反馈相关管控渠道的畅通。

其次，建立产品生态设计管理体系。产品设计阶段是对产品全生命周期进行规划的重要环节。产品生态设计的指导思想就是生态、绿色和低碳,最大限度地节约资源和能源,降低产品在全生命周期内对环境产生的污染。产品生态设计的策略主要包括:避免有害物质、低能耗、轻量化、功能简捷优化、零件的模块化与标准化以及可回收/可拆卸。产品能否在方便高效地拆卸、维修或价值恢复以及寿命终结后进行废弃回收处理都是由科学合理的产品设计决定的,它是产品全生命周期的环境成本和环境影响的重要因素。

(3)企业的生态设计管理要完善产品的绿色原材料采购和能源利用管理系统。

在与产品相关的污染之中,很多是与材料相关的,建议企业在进行生态设计时要充分考虑产品材料的生态性,对材料的生产过程进行重点监测以最大限度降低对环境的影响。

首先,要制定相应的材料选择和使用标准,建立绿色采购绩效评价指标体系,确定材料的能耗和性能标准,对材料质量和采购过程进行控制。在绿色原材料采购和能源利用管理系统中要充分考虑材料的成本、成分和性能等多方面因素,运用 LCA 评价工具对材料进行全方位的评价,时刻关注材料的环境足迹,识别各种材料背后的碳排放量,使用最低碳环保的原材料进行产品生产,降低对生态环境造成的负担。

其次,在环境保护的要求下,在产品材料的具体选择过程中要在符合产品材料标准的基础上,尽量选择轻质、高强度、性能优越以及可再生材料,同时要制定合理的采购方案,可考虑借助互联网、大数据等电子信息技术,多方掌握材料供应信息,采用网络采购的方式,节省时间,降低采购过程中的各种成本费用,防止人力、物力的浪费。另外,企业还可以通过互联网、物联网等网络信息平台,与供应商建立战略合作关系,与供应商共同承担环境成本和风险。

(4)企业的生态设计管理要建立产品的绿色生产管理体系。

产品生产阶段是产品全生命周期中最核心的阶段之一,也是对生态环境可能产生影响最多的阶段。这个阶段的生态设计管理可以从几个方面着手:

第一,建立明确的清洁生产规范和标准,采用清洁或循环生产模式进行清洁生产,对生产过程进行生产效率和生态效率的双指标体系考核,激励生产效率和生态效率的提高,防止低效生产行为出现。

第二，企业要在绿色生产管理体系中改善产品的生产技术和工艺流程，减少加工工序，简化工艺流程，积极推进先进设备和生产技术的研发，积极淘汰对环境影响巨大的老旧技术和设备。同时，最大程度地降低生产过程中的能源消耗，采用少废、无废技术减少废料的生产工艺或技术，加强对产品生产过程中"三废"的治理，严格控制废物的产生。在生产过程中，发生"三废"排放时，要按照相关法规、规范或标准的具体要求进行，严格禁止废弃物未经处理直接排放到自然环境中，避免增加生产行为对生态环境的影响。

（5）企业的生态设计管理要建立产品包装运输、产品使用与回收的绿色跟踪追溯体系。

首先，企业的生态设计管理要制定一整套包装运输仓储绿色流程体系和环境评价指标体系。一方面对产品包装进行科学合理的设计，在对产品能够起到充分保护和满足用户对包装外观要求的基础上，努力实现产品包装资源消耗和包装废料的最小化；另一方面，在充分考虑产品包装回收处理的基础上，对产品包装材料进行合理选择和改进，提高产品包装材料的重复使用率，最大限度减少产品包装回收处理过程中对生态环境的影响。

其次，确保产品使用过程具有节电、省油、节水、降噪、废弃物最小化等环保性能。在产品生产和使用的资源与能耗最低的前提下，产品使用与回收绿色管理系统要尽量提高产品的可靠性、耐用性和环境适应性，延长产品的使用寿命，降低产品的保养和维护费用以及资源消耗。

最后，优化产品回收处理系统，完善废旧产品的追踪和回收机制。在资源能耗最小化和产品使用价值最大化的前提下，实现零部件可拆卸设计，实现产品主体材料能够回收再利用。在产品的回收过程中还要注意废弃处理的方式方法对环境的影响，做到最终处理的清洁化、低碳化。

（6）企业的生态设计管理要建立并完善企业发展全过程的环境影响追踪、评价和反馈体系。

要真正实现企业全方位的生态环境协调发展的目标，首先在企业的生态设计管理工作中，除了现有的管理方式外，还要提高企业的环境影响追踪能力，提高自身污染监测能力，设定污染监测指标并建立标准体系，针对具有环境污染风险的环节购置或研发环境污染检测设备或监测技术，以利于企业掌握自身经营行为对环境产生的影响，提高企业对生态治理的管控能力和生态效率。此外，要充分利用 LCA 数据库和分析评价工具或借助第三方检测评价机构为企业的生态设计管理提供数据支持和信息反馈。

7.4.4　企业提高生态经济效率的对策建议

在企业发展过程中，生态环境保护既是企业的重要社会责任和义务，同时也是关系到企业能否可持续发展的一项必要条件。企业既要重视、追求经济效益，又不能忽视环境保护，要重视企业的环境效益，避免企业行为对生态环境造成污染和破坏。在生态经济发展模式下，企业必须要积极加强对生态设计管理，强化绿色发展理念，开展企业生态环境全过程控制，从产品生产设计、原材料采购到产品的生产，每一个阶段都必须要坚持绿色、低碳，减少环境成本，促进企业的经济效益和生态效益不断提升。

1. 加强宣传教育，牢固确立生态经济理念

企业要借助多种媒介、途径和宣传形式与手段，从供求两个方面展开生态经济理念的宣传推广。一方面，向企业管理层和全体员工普及推广生态经济知识，在企业的发展思路上重视企业内涵和绿色发展，重视发展过程的低碳、节能和环保，重视企业的环境效益；另一方面，积极教化、培育绿色市场需求，不断将企业倡导的绿色企业文化、绿色品牌文化和生态理念传递给消费者，加强绿色环保理念的宣传，提高公民的环保意识。

2. 加大生态经济技术研发投入，推动环保工艺和技术创新

科学技术是企业发展生态经济的重要支撑。企业应积极借助"外脑"力量，通过产学研结合，组织科研人员攻克制约企业发展绿色经济的核心技术难关，提升企业生态经济效率。

企业要加大对生态科技的研发创新，从产品的设计生产到产品的回收利用的整个生命周期都应严加监控，积极进行有关资源节约、资源再利用，能量梯级利用等方面的技术研发。创新研发一系列经济环境效益好、能耗低、污染少

的实用技术，为生态经济发展提供强有力的技术支撑。

3. 强化企业环境追踪监管，构建企业生态经济评价指标体系

企业是进行经济活动的基本社会单元，也是资源消耗、环境污染的载体。因此，要切实提高生态经济效率，企业必须提高自身的环境影响追踪能力，加强对生产经营全过程对生态环境影响的监管。企业首先要树立经济与资源环境协调发展的意识，提高自身污染监测能力；其次，企业要建立污染监测指标和标准体系，建立健全企业全过程的环境影响评价体系，引入 LCA 评价工具对材料的环境影响进行跟踪评价，追踪产品相关材料的环境足迹，利用 LCA 数据库和分析评价工具或借助第三方检测评价机构为企业的生态设计管理提供数据支持和信息反馈。

参 考 文 献

[1] 白俊红，蒋伏心．协同创新、空间关联与区域创新绩效 [J]．经济研究，2015（7）：174 – 187.

[2] 陈黎明，王文平，王斌．"两横三纵"城市化地区的经济效率、环境效率和生态效率——基于混合方向性距离函数和合图法的实证分析 [J]．中国软科学，2015（2）：96 – 109.

[3] 陈林心，何宜庆．周小刚．省域金融集聚、经济发展与生态效率的时空耦合特征分析 [J]．统计与决策，2018（3）：124 – 127.

[4] 陈兴鹏，范振军，蒋晓娟，董锁成．兰州经济发展与生态环境互动作用机理研究 [J]．地域研究与开发，2005（1）：92 – 95.

[5] 崔和瑞，王娣．基于 VAR 模型的我国能源—经济—环境（3E）系统研究 [J]．北京理工大学学报（社会科学版），2010，12（1）：23 – 28.

[6] 崔和瑞，王娣．基于 VAR 模型的我国能源—经济—环境（3E）系统研究 [J]．北京理工大学学报（社会科学版），2010，12（1）：23 – 28.

[7] 董会忠，王格．山东半岛蓝色经济区经济——环境复合系统仿真与发展对策研究 [J]．软科学，2017，31（2）：103 – 108.

[8] 郭永辉．利益相关者视角下我国生态产业链治理困境与治理模式研究 [J]．工业技术经济，2013（6）：150 – 158.

[9] 郭永辉．自组织生态产业链社会网络分析及治理策略—基于利益相关者的视角 [J]．中国人口资源与环境，2014（11）：120 – 125.

[10] 黄寰，肖义，王洪锦．成渝城市群社会—经济—自然复合生态系统生态位评价 [J]．软科学，2018（7）：113 – 117.

[11] 柯文岚，沙景华，闫晶晶．基于系统动力学的鄂尔多斯市生态经济

系统均衡发展研究 [J]. 资源与产业, 2013, 1505: 19 - 26.

[12] 李从欣, 李国柱, 刘德智. 我国区域科技创新经济效益影响因素研究 [J]. 广西社会科学, 2017 (7): 76 - 80.

[13] 李从欣, 李国柱, 刘文艳. 河北省碳排放因素分解及实证分析 [J]. 科技管理研究, 2014 (8): 238 - 241.

[14] 李从欣, 李国柱. 河北省高耗能行业创新绩效评价研究 [J]. 数学的实践与认识, 2017 (3): 55 - 62.

[15] 李从欣, 李国柱. 京津冀城市群低碳城市组合评价研究 [J]. 调研世界, 2015 (1): 51 - 55.

[16] 李从欣, 李国柱. 科技服务业发展对绿色经济效率影响研究 [J]. 科技管理研究, 2018 (6): 240 - 245.

[17] 李从欣, 李国柱. 省域生态文明建设综合评价研究 [J]. 生态经济, 2017 (10): 210 - 213.

[18] 李从欣, 李国柱. 中国城市化与碳排放的脱钩关系研究 [J]. 数学的实践与认识, 2016 (8): 35 - 42.

[19] 李从欣, 张再生, 李国柱. 中国经济增长和环境污染脱钩关系的实证检验 [J]. 统计与决策, 2012 (10): 133 - 136.

[20] 李健, 邓传霞, 张松涛. 基于非参数距离函数法的区域生态效率评价及动态分析 [J]. 干旱区资源与环境, 2015, 29 (4): 19 - 23.

[21] 李文超, 田立新, 贺丹. 经济—能源—环境可持续发展的系统动力学研究——以中国为例 [J]. 系统科学学报, 2014, 22 (03): 54 - 57.

[22] 李颖. 基于改进 Shapley 值的生态产业链共生耦合稳定性研究 [J]. 生产力研究, 2013 (5): 154 - 156.

[23] 李跃. 城市产业结构形态变迁及其内生动因: 理论与实证 [J]. 现代财经, 2017 (3): 105 - 118.

[24] 刘颖琦, 王静宇, Kokko Ari. 产业联盟中知识转移、技术创新对中国新能源汽车产业发展的影响 [J]. 中国软科学, 2016 (5): 1 - 11.

[25] 母爱英, 何恬. 京津冀循环农业生态产业链的构建与思考 [J]. 河北经贸大学学报, 2014 (6): 120 - 123.

[26] 彭乾, 邵超峰, 鞠美庭. 基于 PSR 模型和系统动力学的城市环境绩效动态评估研究 [J]. 地理与地理信息科学, 2016, 32 (3): 121–126.

[27] 乔文怡, 管卫华, 王晓歌, 王馨. 基于绿色理念的港口城市耦合系统动力学研究——以连云港市为例 [J]. 南京师大学报 (自然科学版), 2018, 41 (1): 140–148.

[28] 史宝娟, 郑祖婷. 创新生态系统协同创新合作机制研究——进化心理学视角 [J]. 科技进步与对策, 2017, 34 (21): 1–8.

[29] 史宝娟, 郑祖婷. 河北省综合承载力分析及对策研究 [J]. 河北经贸大学学报, 2014 (4): 78–81.

[30] 史宝娟, 郑祖婷. 河北省综合承载力评价研究, 商业时代 [J]. 2013 (10): 143–145.

[31] 史宝娟, 郑祖婷. 京津冀生态产业链共生耦合机制构建研究 [J]. 现代财经 (天津财经大学学报), 2017, 37 (11): 3–13.

[32] 孙丽文, 杜娟. 基于推拉理论的生态产业链形成机制研究 [J]. 科技管理研究, 2016 (16): 219–224.

[33] 唐石. 生态经济视角下县域经济发展系统动力仿真研究 [J]. 统计与决策, 2016 (5): 140–143.

[34] 万幼清, 胡强. 产业集群协同创新的风险传导路径研究 [J]. 管理世界, 2015 (9): 278–279.

[35] 王浩宇, 孙启明. 京津冀区域关键产业识别与比较研究—基于复杂网络模型 [J]. 华东经济管理, 2016 (12): 77–85.

[36] 王进富, 侯海燕, 张爱香. 生态产业链共生耦合实现机制及发展对策研究—以西安汽车生态产业链为例 [J]. 科技进步与对策, 2015 (2): 75–79.

[37] 武建鑫. 协同创新中心学科分布与单位组建机理研究——对 38 个国家级协同创新中心的实证分析 [J]. 科技进步与决策, 2016, 33 (8): 11–16.

[38] 项杨雪, 梅亮, 陈劲. 基于价值创造的协同创新本质研究——以浙江大学协同创新中心为例 [J]. 科技进步与决策, 2015, 32 (23): 21–26.

[39] 徐升华, 吴丹. 基于系统动力学的鄱阳湖生态产业集群"产业—经

济—资源"系统模拟分析 [J]. 资源科学, 2016, 38 (5): 871 – 887.

[40] 闫二旺. 焦化循环经济工业园生态产业链运行研究——以山西省为例 [J]. 中国人口·资源与环境, 2014 (3): 388 – 391.

[41] 于会录, 董锁成, 李宇等. 基于生态效率和 C 模式的煤炭资源型城市循环经济比较研究 (英文) [J]. Journal of Resources and Ecology (资源与生态学报英文版), 2016, 7 (5): 323 – 333.

[42] 臧正, 邹欣庆, 吴雷等. 基于公平与效率视角的中国大陆生态福祉及生态——经济效率评价 [J]. 生态学报, 2017, 37 (7): 1 – 13.

[43] 臧正, 邹欣庆. 中国大陆省际生态—经济效率的时空格局及其驱动因素 [J]. 生态学报, 2016 (6): 3301 – 3310.

[44] 张瑞萍. 甘肃省经济增长与生态足迹关系的实证研究 [J]. 兰州大学学报 (社会科学版), 2015, 43 (6): 101 – 108.

[45] 张绍丽, 郑晓齐, 张辉. 互联网环境下国家"开放—共享—协同"创新体系研究 [J]. 科技进步与决策, 2016, 33 (19): 1 – 7.

[46] 张淑敏, 张宝雷. 黄河三角洲高效生态经济区生态经济综合评价 [J]. 经济与管理评论, 2016 (4): 119 – 123.

[47] 张婷婷. 京津冀地区大气环境规制与经济增长关系的实证研究 [J]. 生态经济, 2016, 32 (8): 158 – 164.

[48] 张妍, 于相毅. 长春市产业结构环境影响的系统动力学优化模拟研究 [J]. 经济地理, 2003 (5): 681 – 685.

[49] 郑祖婷, 荆玲玲. 完善我国食品安全监管体系的深层探讨——组织机构的构建 [J]. 改革与战略, 2009 (5): 143 – 146.

[50] 郑祖婷, 郎鹏, 孟琦. 京津冀产业协同创新联盟的发展策略研究 [J]. 中国商论, 2018 (12): 163 – 164.

[51] 郑祖婷, 沈菲. 京津冀固定资产投资对第二产业的影响——基于面板数据的实证分析 [J]. 经济论坛, 2017 (8): 49 – 52.

[52] 郑祖婷, 沈菲. 我国碳交易价格波动风险预警研究 [J]. 价格理论与实践, 2018 (10): 49 – 52.

[53] 郑祖婷, 史宝娟. "四维立体集中化"农业循环经济发展模式研究

[J]. 生态经济, 2009 (4): 139 – 142.

[54] 郑祖婷, 魏厦. 农业资源综合承载力评价研究——基于河北省的实证分析 [J]. 农业经济, 2012 (8): 90 – 91.

[55] Alex Mesoudi. Cultural evolution: integrating psychology [J]. Evolution and Culture Current Opinion in Psychology, 2016 (7): 17 – 22.

[56] Beltrán – Esteve M, Gómez – Limón J A, Picazo – Tadeo A J, et al. A metafrontier directional distance function approach to assessing eco-efficiency [J]. Journal of Productivity Analysis, 2014 (41): 69 – 83.

[57] Brian D. Fath, Yan Zhang, Hongmei Zheng. Ecological Network Analysis of an Industrial Symbiosis System: A Case Study of the Shandong Lubei Eco-industrial Park [J]. Ecological Modelling, 2015, 306 (6): 174 – 184.

[58] Bryan Timothy C. Tiu, Dennis E. Cruz. An MILP Model for Optimizing Water Exchanges in Eco-industrial Parks Considering Water Quality [J]. Resources, Conservation and Recycling, 2017, 119 (4): 89 – 96.

[59] Burton Simon. Continuous-time models of group selection, and the dynamical insufficiency of kin selection models [J]. Journal of Theoretical Biology, 2014 (349): 22 – 31.

[60] Buss, D. M. Evolutionary Psychology: The new Science of the Mind (4th ed.) [M]. Boston: Allyn & Bacon, 2011, 98 – 113.

[61] Council on competitiveness. innovate America: thriving in a world of challenge and change [R]. Washington, DC: Council on Competitiveness, 2004.

[62] Crelis Ferdinand Rammelt, Maarten van Schie. Ecology and equity in global fisheries: Modelling policy options using theoretical distributions [J]. Ecological Modelling, 2016, 337 (10): 107 – 122.

[63] Daniel Conroy – Beam, Cari D. Goetz, David. Why do humans form long-term mateships? An evolutionary game-theoretic model [J]. Advances in Experimental Social Psychology, 2015, 51 (1): 1 – 39.

[64] Daniel Conroy – Beam, Cari D. Goetz, David. Why Do Humans Form Long-term Mateships? An Evolutionary Game-theoretic Model [J]. Advances in Ex-

perimental Social Psychology, 2015, 51 (1): 1 – 39.

［65］ Elias G. Carayannis, Evangelos Grigoroudis, Yorgos Goletsis. A multi-level and multistage efficiency evaluation of innovation systems: A multiobjective DEA approach ［J］. Expert Systems with Applications, 2016, 62 (6): 63 – 80.

［66］ Emil Georgiev, Emil Mihaylov. Economic growth and the environment: reassessing the environmental Kuznets Curve for air pollution emissions in OECD countries ［J］. Letters in Spatial and Resource Sciences, 2015, 8 (1).

［67］ Galeotti M, Lanza A. Desperately seeking environmental Kuznets ［J］. Environmental Modeling & Software, 2005, 20: 1379 – 1392.

［68］ Joel B. Cohen, H. Russell Bernard. Evolutionary psychology and consumer behavior: a constructive critique ［J］. Journal of Consumer Psychology, 2013 (23): 387 – 399.

［69］ Kenrick, D. T., Nieuweboer, S., Buunk, A. P. Universal Mechanisms and Cultural Diversity: replacing the blank slate with a coloring book ［J］. Evolution, Culture, and the Human Mind, 2010, 257 – 271.

［70］ Kristina M. Durante, Paul W. Eastwick, et, al. Pair-bonded relationships and romantic alternatives: toward an integration of evolutionary and relationship science perspectives ［J］. Advances in Experimental Social Psychology, 2015, 53 (9): 1 – 74.

［71］ Lahouel B B. Eco-efficiency analysis of French firms: a data envelopment analysis approach ［J］. Environmental Economics and Policy Studies, 2016, 18 (3): 395 – 416.

［72］ Lujun Su, Scott R. Swanson, Sydney Chinchanachokchai, Maxwell K. Hsu, etc. Reputation and intentions: The role of satisfaction, identification, and commitment ［J］. Journal of Business Research, 2016, 69 (9): 3261 – 3269.

［73］ Mariam Camarero, Juana Castillo, Andrés J, et al. Eco-efficiency and convergence in OECD countries ［J］. Environmental and Resource Economics, 2013, 55 (1): 1 – 20.

［74］ Marianne Boix, Ludovic Montastruc, Catherine Azzaro – Pantel, Serge

Domenech. Optimization Methods Applied to the Design of Eco-industrial Parks: a Literature Review [J]. Journal of Cleaner Production, 2015, 87 (4): 303 – 317.

[75] Martínez C I P. An analysis of eco-efficiency in energy use and CO_2, emissions in the Swedish service industries [J]. Socio – Economic Planning Sciences, 2013, 47 (2): 120 – 130.

[76] Mercedes Beltrán – Esteve, Ernest Reig – Martínez, Vicent Estruch – Guitart. Assessing eco-efficiency: A metafrontier directional distance function approach using life cycle analysis [J]. Environmental Impact Assessment Review, 2017, 63: 116 – 127.

[77] Mikael Ronnqvist, Sophie D'Amours, Andres Wein-traub. Operations Research Challenges in Forestry: 33Open Problems [J]. Annals of Operation Research 2015, 232 (1): 11 – 40.

[78] Narayan P K, Narayan S. Carbon dioxide emissions and economic growth: panel data evidence from developing countries [J]. Energy Policy, 2010, 38 (1): 661 – 666.

[79] Nations Conference, Trade. Integrating Environmental and Financial Performance at the Enterprise level: A methodology for Standardizing Eco-efficiency Indicators [J]. United Nations Publication, 2003. 29 – 30.

[80] Nell C. Huang – Horowitz. Public relations in the small business environment: Creating identity and building reputation [J]. Public Relations Review, 2015, 41 (3): 345 – 353.

[81] Organization for Economic Co-operation and Development. Eco-efficiency [R]. Geneva: OECD, 1998: 7 – 11.

[82] Passetti E, Tenucci A. Eco-efficiency measurement and the influence of organisational factors: evidence from large Italian companies [J]. Journal of Cleaner Production, 2016, 122: 228 – 239.

[83] Patrick Roos, Michele Gelfand, Dana Nau, Janetta Lun. Societal threat and cultural variation in the strength of social norms: An evolutionary basis [J]. Organizational Behavior and Human Decision Processes, 2015, 129 (1): 14 – 23.

[84] Peter T. Saunders. Evolutionary psychology: A house built on sand [J]. Advances in Child Development and Behavior, 2013, 44 (44): 257 – 284.

[85] Piret Kukk a, Ellen H. M. Moors b, Marko P. Hekkert b. Institutional power play in innovation systems: The case of Herceptin [J]. Research Policy, 2016, 45 (8): 1558 – 1569.

[86] Rainer Quitzow. Dynamics of a policy-driven market: The co-evolution of technological innovation systems for solar photovoltaics in China and Germany [J]. Environmental Innovation and Societal Transitions, 2015 (17): 126 – 148.

[87] Ram Ranjan, James Shortle. The environmental Kuznets curve when the environment exhibits hysteresis [J]. Ecological Economics, 2007, 64 (1).

[88] Roger Perman, David I. Stern. Evidence from panel unit root and cointegration tests that the Environmental Kuznets Curve does not exist [J]. Australian Journal of Agricultural and Resource Economics, 2003, 47 (3).

[89] Suvi Lethoranta, Ari Nissinen, Tuomas Nattila, Matti Melanen. Industrial Symbiosis and the Policy Instruments of Sustainable Consumption and Production [J]. Journal of Cleaner Production, 2011, 19 (16): 1865 – 1875.

[90] Szathmáry, E. To group or not to group [J]. Science, 2011, 334 (12), 1648 – 1649.

[91] Szolnoki, A. & Perc, M. Group-size effects on the evolution of cooperation in the spatial public goods game [J]. Physical Review E, 2011, 84 (10): 87 – 102.

[92] Tina Saebi, Nicolai J. Foss. Business models for open innovation: Matching heterogeneous open innovation strategies with business model dimensions [J]. European Management Journal, 2015 (33): 201 – 213.

[93] Tomi Seppälä, Teemu Haukioja, Jari Kaivo-oja. The EKC Hypothesis Does Not Hold for Direct Material Flows: Environmental Kuznets Curve Hypothesis Tests for Direct Material Flows in Five Industrial Countries [J]. Population and Environment, 2001, 23 (2).

[94] Winterhalder, B. Risk and Decision-making [M]. In R. Dunbar &

L. Barrett （Eds. ）. Oxford Handbook of Evolutionary Psychology. Oxford： Oxford University Press, 2007, 132 – 141.

[95] Zheng Zuting, Fu Liping. Path of improving industrial technological innovation capability, International Journal of Applied Mathematics and Statistics [J]. 2013 （12）: 119 – 125.

[96] Zheng Zuting, Lijuan, Study on city's comprehensive carrying capacity evaluation based on correlation matrix factor analysis, International Journal of Digital Content Technology and Its Applications [J]. 2012 （5）: 485 – 491.

[97] Zheng Zuting, Zhang Lihua, Lin Cuidan, Quantitative Analysis of Coupling Degree Between Port Industry and High & New Technology Industry in Hebei, Revista de la facultad de ingenieria [J]. 2017 （12）: 804 – 810.

[98] Zheng Zuting, Zhang Lihua, Shenfei, Research on the coordination degree of industrial economy, social development and ecological environment based on dynamic coupling model, Technical Bulletin [J]. 2017 （6）: 751 – 758.

附录

调查问卷

尊敬的先生/女士：

感谢您在百忙之中阅读并填写该调查问卷！

此项调查是华北理工大学经济学院为深入研究创新生态系统的协同创新而进行的一次专项调查。此次调查主要针对企业、高校及研究机构了解生态创新的情况。为使问卷结论更具科学性，本问卷最好由比较了解企业、高校及科研机构技术创新情况的人员回答，包括企业的中高层管理人员、技术人员、营销人员；高校及科研机构的中高层管理人员、科研人员等。

您的回答对我们的研究结论非常重要，非常感谢您的热情帮助。本问卷纯属学术研究目的，请您放心并尽可能客观回答，问卷不会用于商业目的或涉及商业机密问题。

感谢您对我们的支持！烦请您花几分钟时间填一下问卷，非常感谢！

一、基本信息

1. 您工作单位的性质

企业

高校

科研机构

其他

2. 您工作单位所在地

石家庄

保定

秦皇岛

唐山

廊坊

邢台

承德

张家口

衡水

沧州

邯郸

3. 您的工作岗位

管理人员

技术人员

科研人员

营销人员

其他

二、对协同创新的看法

请勾选您认为最确切的选项

1. 长期合作

我们更愿意与有业务联系的单位合作进行技术创新。

完全同意

同意

一般

不同意

完全不同意

我们更愿意与隶属于同一系统或同一总公司的单位合作进行技术创新。

完全同意

同意

一般

不同意

完全不同意

我们更愿意与跟我们创新观念相似的单位合作进行技术创新。

完全同意

同意

一般

不同意

完全不同意

我们更愿意与跟我们经营理念相似的单位合作进行技术创新。

完全同意

同意

一般

不同意

完全不同意

我们更愿意与跟我们组织文化相似的单位合作进行技术创新。

完全同意

同意

一般

不同意

完全不同意

2. 获取收益

如果同其他单位合作创新能够享受临时性的政府补贴，我们会选择合作创新。

完全同意

同意

一般

不同意

完全不同意

如果同其他单位合作创新，创新产品能够享受一定范围内的税收减免，我们会选择合作创新。

完全同意

同意

一般

不同意

完全不同意

如果同其他单位合作创新能够在征地方面享受政府提供的优惠政策，我们会选择合作创新。

完全同意

同意

一般

不同意

完全不同意

如果同其他单位合作创新能够在建设厂房方面享受政府提供的优惠政策，我们会选择合作创新。

完全同意

同意

一般

不同意

完全不同意

如果同其他单位合作创新能够得到一定范围内的科研资助，我们会选择合作创新。

完全同意

同意

一般

不同意

完全不同意

3. 共同利益

如果金融机构能够为技术创新提供专项低息贷款，但是取得贷款的条件是与其他单位合作创新联合申请团体贷款，我们愿意选择与其他单位进行合作创新。

完全同意

同意

一般

不同意

完全不同意

如果金融机构能够为技术创新提供专项低息贷款，但是取得贷款的条件是与其他单位合作创新共同上交抵押物，我们愿意选择与其他单位合作创新。

完全同意

同意

一般

不同意

完全不同意

如果政府机构能够为技术创新提供专项科研资助，但是前提是需要与其他单位合作创新，分别对新项目按股份投资，我们愿意与其他单位合作创新。

完全同意

同意

一般

不同意

完全不同意

如果政府机构能够对项目创新产品实行税收减免政策，得到政策支持的前提是需要与其他单位合作创新，分别对新项目按股份投资，我们愿意与其他单位合作创新。

完全同意

同意

一般

不同意

完全不同意

4. 商业信誉

与其他单位合作创新的过程中，我们不会因为主观原因单方面终止合作，因为这会影响我们在客户中的口碑。

完全同意

同意

一般

不同意

完全不同意

与其他单位合作创新的过程中，我们不会因为主观原因单方面终止合作，因为这会影响我们在同行中的信用评价。

完全同意

同意

一般

不同意

完全不同意

与其他单位合作创新的过程中，我们不会因为主观原因单方面终止合作，因为这会影响我们在业界的影响力。

完全同意

同意

一般

不同意

完全不同意

与其他单位合作创新的过程中，我们不会因为主观原因单方面终止合作，因为这会降低我们在社会上的知名度。

完全同意

同意

一般

不同意

完全不同意

与其他单位合作创新的过程中，我们不会因为主观原因单方面终止合作，因为这会降低我们的品牌价值。

完全同意

同意

一般

不同意

完全不同意

5. 协同创新

我们愿意与其他单位协同创新以便突破一直困扰我们的技术"瓶颈"。

完全同意

同意

一般

不同意

完全不同意

我们愿意与其他单位协同创新行业领域的核心技术。

完全同意

同意

一般

不同意

完全不同意

我们愿意与其他单位协同创新行业领域的非核心技术。

完全同意

同意

一般

不同意

完全不同意

我们愿意与其他单位协同创新本单位的核心技术。

完全同意

同意

一般

不同意

完全不同意

我们愿意与其他单位协同创新本单位的非核心技术。

完全同意

同意

一般

不同意

完全不同意

后　记

　　本书的编写倾注了我全部的心血，也得到了很多人的支持和帮助。在书稿完成之际，感慨良多！

　　首先要感谢我所在的科研团队，近些年团队一直从事京津冀区域经济发展方面的研究，使得我在该研究领域积累了一定的研究经验和成果，团队成员在确认选题和研究方案设计方面给予我很多的灵感和启示，在理论研究、数据分析等方面给予我很多中肯的意见和建议。感谢郑亚男老师和李从欣老师，是她们辛勤的工作铸就了我今天丰硕的成果。感谢张立华老师在生态经济耦合协调度模型构建方面提供的支持。还要感谢我的研究生沈菲和苏华经，感谢他们在收集和整理资料方面提供的帮助。

　　感谢我所在单位华北理工大学的支持，为我提供良好的工作环境和软硬件研究支持。感谢我的同事们在工作方面对我的帮助，是他们使得我有更多的时间和精力完成著作的编写。

　　本书在编写过程中参考了众多学者的相关研究成果，也得到了很多同行的大力支持，在这里向各位专家、学者、同行表示最诚挚的谢意，感谢在这一研究领域笔耕不辍的专家和学者们，是他们的研究成果给我了重要的启示。

　　此外，本书也是我2018年承担河北省社会科学基金的项目"京津冀生态经济效率综合测度及协同提升研究"（项目编号：HB18YJ064）的研究成果，能得到项目的资助，在此也表达我的感激之情。

郑祖婷

2018 年 12 月